KB265391

또 하나의 미래, 힐빙시대의 도래

초판 인쇄	2013년 10월 15일
초판 발행	2013년 10월 21일
편집위원	강상대, 박헌렬, 이주행, 허숭실
엮은이	국제힐빙학회
펴낸이	최길주
펴낸곳	도서출판 BG북갤러리
등록일자	2003년 11월 5일(제318-2003-00130호)

서울시 영등포구 국회대로 72길 6 아크로폴리스 406호
전화_02)761-7005(代) | 팩스_02)761-7995
www.bookgallery.co.kr
cgjpower@hanmail.net

ISBN　978-89-6495-057-9 03190

ⓒ 국제힐빙학회, 2013

이 책은 저작권법에 의해 한국 내에서 보호받는 저작물이므로
법에 정한 예외 이외의 무단 전제나 복제, 매체 수록 등을 금합니다.

＊저자와 협의에 의해 인지는 생략합니다.
＊잘못된 책은 바꾸어 드립니다.
＊책값은 뒤표지에 있습니다.

이 도서의 국립중앙도서관 출판시도서목록(CIP)은 e-CIP홈페이지
(http://www.nl.go.kr/ecip)와 국가자료공동목록시스템(http://www.nl.go.kr/kolisnet)에서 이용하실 수 있습니다.
(CIP제어번호 : CIP2013020591)

함께한 이　감자꽃스튜디오 / 이음새문학회 / 숲문화연구소 / 잔아문학박물관 / 교수신문 / 지구촌사랑나눔(한국외국인인력지원센터, 지구촌학교) / 갤러리알이랑 / 나봄인성힐링센터 / 화학강사 박상현 / 삼화고전연구소 / 지례예술촌 / 자연에서 생명사랑 / 청운바이오(주) / 오가와류센차(사범, 반미즈호) / 한국연구센터(극동문제연구소, 러시아 과학아카데미) / 자연경영 바이칼연구소(러시아 과학아카데미) / 한국인문고전R&D / 갤러리온 / 어룡농원 / 토드디자인 / CAMP21

또 하나의 미래,
힐빙시대의 도래

BIG 북갤러리

긴요한 힐링 ·
힐빙의 길잡이

　　요즈음 들어 우리 사회에는 '힐링' 이라는 화두와 함께 '힐빙'이 신선한 환경운동으로 부쩍 많이 유행하고 있다. 힐링카페, 힐링투어, 힐빙캠프, 힐빙콘서트 등. 이제 아토피에 걸린 소년도, 암에 시달리는 어르신들도, 공격성에 파김치된 정치인마저 물리적인 병실보다는 원초적인 숲 치유나 자연식 아니면 음악듣기와 시 읽기 힐링—힐빙 프로그램으로 심신을 추스르는 추세들이다. 문학도인 필자는 이런 친환경적인 의미의 용어와 문화 실상을 다행히 2000년대 초엽부터 많이 들으며 나름대로 익혀 왔다. 그것은 21세기 전 무렵부터 오직 같은 대학에 함께 봉직하면서 자주 만난 동료 교수 덕택이었다.

일찍이 국내외에서 화학공학을 전공한 박헌렬 박사는 대학 캠퍼스에서 즐겨 지구환경에 대한 교양강좌를 맡으며 문학에도 관심 깊게 접근했다. 현대학문은 과학과 인문학이 통섭적으로 상생적인 조화를 이루어야 한다는 견해에서였다. 인문학도로서 감화된 필자는 덕분에 박 교수님이 펴낸『지구온난화, 그 영향과 예방』(2003)에 서문도 써서 녹색의식을 새롭게 해오며 그후 수필가로 등단한 그와 더불어 상호보완의 관계를 돈독히 해왔다. 서로 녹색문학과 생태시 내지 환경소설을 이야기하고 지구환경의 오염에 의한 유해식품은 물론 온난화에 의한 엘리뇨 라니냐 현상이나 토네이도의 문제 등도 논의하곤 한다.

금세기 초부터 대학의 '힐텍 · 힐빙 문화연구소장'으로서 여러 번 학술포럼을 개최해온 박 교수께서 마침 2012년 정년 이전에 국제힐빙학회를 창설한 공로는 매우 크다. 21세기 인류문화가 당면한 과제인 지구환경의 위기를 타개하는 긴요성을 지녔기 때문이다. 더욱이 작년 수필집『힐링 · 힐빙의 세계』에 이어서 이번에 펴내는 힐빙교양 서적『또 하나의 미래, 힐빙 시대의 도래』라는 다양한 국내외 사례와 알찬 내용으로 채워져 있다. 따라서 가뜩이나 날로 사막화 돼가는 공해환경으로 심신이 피폐해진 우리에게 좋은 벗으로서 더 없는 힐링이나 힐빙의 오아시스가 되고 남는다고 여긴다. 독자 여러분은 누구나 어느 때든 이 시원한 오아시스에서 일상에 찌든 심신의 아픔과 켜켜이 쌓인 피로의 찌꺼기들을 씻어내고 건강하게 거듭날 수 있을 것이다.

정년을 지낸 이래 필자 스스로 여러 해 계속해 오는 주말농장 행각도 나름의 힐링이나 힐빙효과를 거둘 수 있다고 생각한다. 이러구러 밀린 탓에 연이은 원고 작업으로 서투른 컴퓨터의 자판을 두드리다 지친 심신을 달래는 것이다. 왕복 한 시간 남짓 승용차로 달리는 일탈감 못지않게 마냥 느긋하고 넉넉한 흙의 감촉과 그 싱그럽고 풋풋한 채소들과의 만남이 마냥 흥겹다. 상추, 쑥갓이나 무, 배추 이파리에다 더러는 오이며 가지를 따서 비닐봉지에 담아오는 재미의 쏠쏠함이라니. 어릴 적 고향의 아늑한 정겨움이 고스란히 움터서 되살아나고 적당히 땀 흘릴 만큼 몸도 풀린다. 하지만 이러한 정도로 해결하는 '혼자만의 도심 속 아파트 주민의 일상'으로는 우리 사회의 근본대책에 어림도 없는 것이다.

새삼스럽게 아리송한 '힐링' '힐빙' '힐텍'에 대해 필자는 아마추어다운 생각으로 그 의미를 구분, 정리해 본다. 우선 이 용어들은 모두 건강이나 건전의 의미를 지닌 '헬스'와 연결되어 있다. 공통된 'heal'은 타동사로서 상처와 마음의 아픔 등을 고치거나 천천히 낫게 한다는 뜻이다. 따라서 '힐링'은 낫게 한다는 의미의 형용사 겸 아늑한 치유나 회복이라는 명사형으로 활용되고 있다. 이에 비해서 '힐빙'은 일종의 동명사로서 '힐링'에다 이전의 안정된 복지적 삶의 질 향상 수준의 '웰빙'을 더한 합성어로서 치유를 통한 진정한 21세기적 새 참살이를 뜻한다. 개인적으로 잘 먹고 잘 살자는 단계를 넘어서 사회 성원 모두가 아우러서 함께 무공해와 안정된 문화 환경 속의 참살이 생활을 누리자는 차원의 의미를 지니고 있다. 그리고 '힐텍'은 치유, 회복하는 것에다 과학기술적인 요소를 가미한 개념으로서 인문사회과학과 예술문화 내지 생명과학에 걸친 다양한 분야의 지식과 정보를 융합하고 통섭한 학문인 것이다.

바야흐로 21세기 문화의 세기에도 세계 각 지역의 분쟁과 화석자원의 무절제한 사용 등으로 우주 유일의 생존 터전인 지구는 오래 전부터 몸살을 앓고 있는 실정이다. 인류 또한 종잡을 수 없는 이상기온으로 인한 가뭄과 홍수, 태풍 내지 폭염이라는 자연재앙 공포 속에서 숱한 사회 조직생활 중의 스트레스나 첨단 기기 활용을 통한 각종 문명병에 시달리며 살고 있는 것이다. 뿐만 아니라 가뜩이나 서구화된 인스탄트 식품과 화공약품에 절은 농산물에 길들여진 청소년들의 신체건강과 정서적인 장애 등 심각한 부작용들 또한 결코 남의 일이 아니다. 이런 요소들은 가족과 이웃에 폭력을 휘두르는 사회문제로까지 이어지고 있는 현실이다.

이번 힐빙교양서는 우리가 당면한 문명적인 위기상황을 여러 방면의 전문가들이 환경문제의 이슈들을 체계적으로 살펴서 보고하고 구체적인 대처방안도 제시한다. 지구환경에 상관된 자연의 본질과 인류와의 관계를 철학적인 거대담론으로부터 실제적인 우리 먹거리에 이르도록 자상하게 다루고 있다. 인간-자연-문화란 큰 틀에서 전통문화의 상호관계를 투우에 흥미롭게 연결지어 접근하는가 하면, 현대 시나 대화법을 통한 힐빙적 치유법도 흥미롭다. 중남미나 우리의 숲과 문명의 변천상을 설득력 있게 만나며 심리적 안정과 더불어 생태계를 활용한 자연결핍증 치유 역시 실감난다. 또 친환경 농법으로 야채들을 가꾸며 건강과 관광효과로 연결시킨 지혜들도 신선하고 유익한 정보로 다가온다.

사람이 책을 만들고 책은 사람을 만들 듯, 우리는 이 책에서 건강한 지구가 행복한 인류를 북돋고 지키는 관계 못지않게 하나뿐인 지구를 올바로 가꾸는 방법과 제대로 지켜야 할 필요성에 공감하게 된다. 이제 힐링과 힐빙은 단순한 관념이나 아리송한 구호일 수만은 없다. 새 시대 더 나은 참살이의 길잡이인『또 하나의 미래, 힐빙 시대의 도래』를 필독서로 벗삼아 환경과 건강회복 문제에 관심을 가지고 우리 삶의 패러다임을 바꾸어 나가기를 소망한다.

2013년 10월

이 명 재
문학평론가, 중앙대 명예교수

머릿말

지구촌 곳곳이
이상기후 탓으로
몸살을 앓고 있다.

극심한 홍수와 한발, 지구온난화, 이상고온 등의 현상이 식량부족, 물부족, 전염병의 창궐로 이어져 인류의 생명을 앗아가고 환경 난민이 곳곳에서 늘어나고 있다. 왜 이런 현상이 금 세기에 와서 눈에 띄게 심해졌을까. 자연환경 가운데 이전과는 달리 무엇이 얼마나 달라졌기에 이토록 오늘날의 끔찍한 기후재앙을 몰고 왔을까?

거기에는 다양한 이유들이 있을 것이다. 그 원인들이 서로 얽혀 복합적인 현상이 전개되며 나타나는 것이 기후이다. 기후변화의 주 원인은 뭐니 뭐니 해도 인간의 행위에서 비롯된 자연과 생태계의 균형 파괴에서 그 출발점을 찾아 볼 수 있다.

원래 인간과 동물, 식물은 눈에 보이지 않게 밀접하고 끈끈한 관계를 이루면서 서로 도움을 주고받으며 살아왔고 살고 있다. 그런데 농경문명사회를 이룩한 이래 인류는 자신이 원하는 대로 숲을 파괴하고 동물과 식물을 마구 죽이거나 이용해 왔다. 자연에는 나름대로 보이지 않는 불문율이 있다. 이 불문율은 자연의 질서를 형성하고 유지해 온 원리이자 힘이다. 이 힘은 인간과 자연이 조화로운 삶을 이루어 갈 때, 무한하고 아름다운 위력을 발휘한다. 그러나 인간이 자연을 존중하지 않고 자신의 목적만을 위해 제멋대로 황폐화시킬 때 오묘한 자연의 질서는 깨어진다. 그래서 자연은 제 기능과 역할을 다하지 못하고 병들어 처참한 모습으로 우리에게 나타난다.

이러한 자연의 현실을 생각하며 우리가 사회의 현 상황을 생각해 볼 필요가 있다. 올해 들어 매스컴에서는 힐링에 대한 논의가 활발하게 진행되고 있으며 온통 '힐링' 열풍에 휩싸여 있다고 해도 과언이 아니다. 작년 런던올림픽에서는 대한민국 선수들이 흘린 땀과 노력, 인고의 결실이 금메달 열 세 개라는 대박을 터뜨리며 세계 5위로 우뚝 섰다. 얼마나 장하고 자랑스러운 업적이요 영광인가! 우리 선수들의 올림픽 경기가 진행되는 내내, 4년간 땀 흘린 결실이 대한민국 그리고 대한민국 국민들을 기쁨과 흥분의 도가니로 몰아넣었다. 그래서 그동안 쌓인 고통과 슬픔, 반목과 갈등을 말끔히 씻어 내고 우리를 힐링시켜 주었다. 이 얼마나 역사적인 사건인가. 왜 이런 힐링 바람이 기다렸다는 듯이 우리 사회 곳곳에서 환호하고 있는 걸까.

우리는 올림픽 경기에서의 성공과 아울러 어느 한 선수의 좌절을 동시에 볼 수 있었다. 베이징 올림픽에서 금메달을 목에 걸고 애국가를 울리게 했던 장미란 선수가 런던에서의 동메달 도전에 실패하던 장면을 함께 시청했다. 부상당한 왼쪽 어깨와 팔에 힘을 싣지 못해 어깨까지 올린 바벨을 힘껏 들어 올리다가 실패하여, 안타까워하며 눈물을 글썽이던 장미란을 보면서, 그녀의 아름다운 도전에 온 국민은 "당신에게서 우리는 힐링을 느낍니다." "대한민국의 힐링입니다." 라고 공감하던 마음은 어디에서 연유한 것일까.

인간과 자연의 관계에서도 이러한 성공과 좌절이 음양 관계를 이루고 있다. 우리가 물질문명의 성공을 구가하고 있는 동안에, 자연은 파괴의 늪으로 빠져들고 있었다. 문제는 바로 여기에 있다. 자연이 처해있는 좌절, 이 문제가 해결되지 않는 한 어느 날엔가 다시 회생할 수 있다고 누구도 장담할 수 없다. 힐빙은 자연과 인간의 건전한 관계 속에서만 성립되는 것이다. 지난 세기에 과학과 기술이 고도로 발달함에 따라 우리는 다종다양한 상품을 생산, 소비하며 편의적이고 안락한 생활을 구가해 왔다. 여기에는 과다한 유해화학물질과 에너지 소비가 뒷받침되어 가능했다. 그런데 그 부작용과 폐해도 극심하게 나타났던 것이다. 결국 오염으로 얼룩진 자연과 달콤한 현대문명생활에 빠져있던 우리들의 건강은 피폐해져만 갔다. 지금 우리는 바로 이러한 문제를 해결해야 할 아주 긴박한 상황에 놓여있다.

여기에 해결 방안의 하나로 힐텍 분야와 힐빙에 대한 생각을 전개하고 '힐빙학'을 발전시켜야 된다고 확신한다. 이와 관련해 힐빙교양 시리즈로서의 첫 단행본인 이 책은 자연과 인간이 당면한 문제들에 대한 해결책과 새로운 비전을 찾아 제시하는 데에 발간의 목표를 두고 있다.

무더위를 무릅쓰고 교정작업에 오랜기간 애쓰신 강상대 선생과 발간비용을 지원해 주신 '정해영선생장학문화재단'에 감사를 표합니다.

2013년 10월

국제힐빙학회장 박 헌 렬

목차

인간·자연·문화
- 투우와 전통문화를 중심으로 -

김신자

▶ 전 비엔나대학 교수, 철학박사(예술철학, 비엔나대학)
　저서 : 「Das Philosopische Denken von Tasan Chong」, 「다산 정약용의 철학사상」

바르셀로나의 마지막 투우

투우장에 쏟아지는 햇살과
그곳을 가득 채운 열기.

이전 같으면, 큰 대회 앞에서 투우사들은 흥분을 누르며 가벼운 마음으로 임했을 것이다. 그러나 오늘, 이 투우경기의 주역 투우사 중 하나인 세라핀 마린(Serafin Marin)은 전과 달리 아주 침통한 얼굴을 했다.

"마지막 투우는 나를 아주 슬프고 고통스럽게 한다. 이 바르셀로나의 투우장에서 내가 마지막 투우용 황소를 죽여야 할 것을 생각하면 슬프다. 사람들은 나의 직업인 투우를 더 이상 못하게 했다. 그리하여 그들은 나의 삶에서 귀중한 과거와 미래의 한 부분을 빼앗아 버렸다."

유명한 투우사인 Serafin Marin은 조력자의 도움으로 화려한 투우사의 옷을 입으면서, 마지막 투우에 대한 인터뷰에서 말했다. 바르셀로나 투우의 종결과 더불어 그는 마드리드나 안달루시아 또는 포르투갈, 프랑스나 남미의 국가들에서 새로운 주역 투우사의 자리를 찾아야 하는 처지가 되었다.

투우. 거대하고 야생적인 투우용 황소와 싸우는 투우는 인간의 용기와 의지 그리고 강인함을 보여주는 경기이다. 투우사의 정열을, 그리고 관객을 열광의 분위기로 몰아넣는 투우경기가 바르셀로나에서는 2012년 1월부터는 금지되었다.

2011년 9월 24일 (토) ~ 25일 (일) 양일간. 바르셀로나에서는 이 금지 결정에 따른 마지막 투우경기가 열렸다. 바르셀로나는 스페인의 동북부에 위치한 카탈로니아 주의 수도이며, 1914년에 문을 연 이곳의 모뉴멘탈 경기장은 웅장하고 세계적으로 유명한 투우 대회장이다. 역사적으로 마지막이 되는 모뉴멘탈 경기장에서의 투우 대회를 관람하기 위해서 수많은 관객들이 몰려들었다.

약 18,000여명으로 추산되는 국내의 투우 팬들과 유럽 다른 지역과 세계 각처에서 몰려든 여행자들이 거대한 대회장을 가득 채웠다. 기대와 호기심 그리고 전율에 찬 시선들이 넓은 경기장을 주시했다. 손에 땀을 쥐게 하는 긴장의 20여분이 계속 되었다. 그 시간은 마치 흐르지 않고 영원히 정지된 듯 깊은 침묵 속에 잠겨 있었다.

용감한 투우사들과 거칠고 야생적인 투우용 황소와의 대결과 투쟁.

만물의 영장인 인간들과 황소들과의 투쟁은 극적인 전율의 순간들을 느끼게 하지만, 그것은 대부분 인간의 승리로 끝난다. 그렇지만 이 대결과 투쟁이 때로 예측을 불허하는 상태로 바뀌는 때도 아주 가끔 있다. 죽음 앞에선 황소가 온 힘을 다 해 투우사에게 도전하는 것이다. 이러한 황소의 마지막 사투는 인간의 힘으로 감당하기 어려운 의외의 결과를 가져 온다. 그리하여 이 무서운 투쟁에서 아주 가끔은 실제로 투우사의 죽음을 불러 오는 일도 있다. 이런 참담한 비극을 방지하기 위해서 투우사들에 대한 보호책은 철저하다. 조직적으로 훈련된 투우사들과 그들의 조력자들. 그들은 투우용 황소들을 죽음으로 몰아넣기 위해 최선을 다 한다.

인간들의 치밀하고 조직적인 공격에서 황소의 마지막 투쟁은 죽음으로 끝난다. 즉 황소들의 막강한 힘과 그의 단순한 행동은 무의미하리만치 비참한 좌절로서 끝을 맺게 되는 것이다.

바르셀로나의 마지막 경기에서도 창과 칼에 찔린 황소들의 피어린 죽음이 마지막을 장식했다. 두 마리의 말들이 마지막으로, 역사적인 모뉴멘탈 경기장에서 죽은 6마리의 황소들을 끌고 나갔다. 이것으로 카탈로니아의 투우 시대는 막을 내렸다. 말하자면 스페인 동북쪽 지역에서의 투우는 일요일 (9월 25일) 저녁의 마지막 대회로 끝을 맺은 것이다.

또 하나의 미래, 힐빙시대의 도래

투우의 역사

"투우"하면 사람들은
맨 먼저 스페인을 연상한다.

그리고 이 연상에 걸맞게 스페인의 투우는 오랜 전통과 역사를 지니고 있다.
그로 인해서도 더 유명하다.

투우는 600 kg의 몸무게를 지닌 투우용 황소를 상대로 싸우는 내용의 경기로
서, 그것은 스페인의 전통적인 의식儀式이다. 그것은 기사들의 놀이로서, 말을
탄 투우사가 황소에 대항하여 싸우는 것에서 시작되었다. 단순한 놀이에서 시
작 된 투우는 오늘날 다양한 내용과 수입원의 의미를 지닌 것으로 발전했다.
오늘날과 같은 투우는 18세기 초 Francisco Romero에 의해서 발전 되었다.
그리고 1749년에는 투우만을 위한 전용경기장도 세워졌다.

Karl 4세 왕은 투우를 금지 했었다. 그러나 그의 후계자였던 Ferdinand 7세
왕은 그것을 다시 허용하였다. 1796년에 Jose Delgado가 처음으로 주역 투
우사 (Matador)에 대한 규칙을 만들었고, 그것을 문서화 하였다. 스페인의 투
우는 초석이 되는 이 규정에 따라서 오늘날까지 시행이 되고 있다. 1830년에
Francisco Romero의 손자인 Pedro Romero는 세빌라에 첫 번째 투우학교를
세웠다. 마드리드에 있는 투우학교는 해마다 100명의 학생을 받아들이며, 4년
간 투우에 대한 교육을 실시한다. 투우는 폴투갈, 남불 그리고 이전의 스페인
식민지들이나 스페인의 영향을 받은 남미 지역들에서 개최된다. 이 중에서도
가장 유명한 것이 스페인의 투우다. 해마다 스페인에서는 2000여회에 달하는
투우 대회가 열린다. 투우는 그것만을 위한 전용 경기장에서 이루어지는데, 여
기에서는 대부분 3명의 주역 투우사와 그들의 조력자들 그리고 6마리의 황소
들이 등장하여 투쟁을 벌인다. 투우사들과 황소들 사이의 피어린 투쟁은 약 20
분간 계속 된다. 이번 카탈로니아의 마지막 대회에서는 세 명의 유명한 투우사
들이 황소들과의 투쟁을 보여 주었다.

투우와 경제

스페인에는 약 1200개의 투우 사육 업체들이 있으며 약 70,000여명이 그에 종사하고 있다. 투우를 통해서 들어오는 수입은 연간 15억 유로에 달한다고 한다. 스페인에서 투우용 황소를 사육하는 업자들은 유럽연합 (European Union)으로 부터 보조금도 받는다. 각 투우경기에는 6마리의 투우용 황소가 이용되며, 유명한 사육업자인 Victorino Martin은 6마리의 황소에 대한 대가로 150,000 유로를 받았다.

긴 역사를 가진 투우는 일반적으로 관객들을 위해 다양한 내용으로 변화하였고, 중요한 경제적 수입원이 되는 사업으로 발전 되었다. 그리하여 이것은 견고한 성장도를 지니고 있으며, 마드리드와 안달루시아에는 아직도 많은 투우 지지자들이 있다. 그리고 이웃 나라인 프랑스와 남아메리카에서는 이에 대한 관심이 증가하고 있다. 갤럽조사에 의하면 70%를 넘는 스페인 사람들은 투우에 관심이 없으며 오히려 거부적이라고 한다. 그럼에도 불구하고 투우경기는 붐을 이루고 호응자가 많다. 1985년에는 다만 800회의 투우경기가 있었고, 경기의 횟수는 그 후로 점점 증가하였다. 가장 큰 투우경기장은 마드리드에 있는 것으로서 24,000명의 관객을 수용할 수 있다. 입장권 가격의 종류도 여러 가지이다. 맨 앞줄에 있으며 차양을 친 관람석은 115 유로이다. 그리고 가장 싼 자리는 3 유로로서 가장 윗줄에 있으며, 뜨거운 햇빛이 비치는 곳이다. 판매 관리 해제 후, 모뉴멘탈 경기장의 입장권은 즉시 다 팔렸고, 그 가운데 몇 개의 입장권은 1500유로에 팔렸다고 한다. 밀려드는 관객들로 투우경기 주관자들은 해마다 막대한 수익을 얻는다. 마드리드 시는 투우에서 들어오는 수익금 가운데서 많은 액수를 세금으로 거두어 간다. 팜플로나 시에 있는 투우경기 조직 기관은 유일하게 공익적인 것이며, 그의 수익금으로 가난한 노인들을 위한 양로원을 운영한다.

또 하나의 미래, 힐빙시대의 도래

투우의 금지와 장려

국가 재정의 한 몫을 담당하며
거대한 투우용 황소와의 투쟁에서
인간의 의지를 보여주는
투우경기.

　　그럼에도 많은 사람들은 그것이 동물의 학대와 잔인성의 표출이라는 부정적인 이미지를 가지고 있다. 그리고 그에 대한 반대와 금지를 주장하는 캠페인을 벌였다. 이에 반해서 투우는 예술의 자유와 전통 문화의 독자성을 고수하는 것이라고 그것의 장려를 주장하는 긍정적인 견해를 가진 사람들도 있다. 이 상반되는 특성들의 주장으로 인하여 투우경기는 끊임없는 논란을 가져왔다. 실제적으로 투우경기에 대한 논란은 벌써 1990년대 부터 시작 되었다. 1991년에는 스페인령 카나리아 제도에서 처음으로 투우에 대한 공식적인 금지가 자율적으로 이루어졌다. 그리고 그에 일치하는 동물에 대한 보호법이 1991년 4월에 통과되었다.

2008년. 카탈로니아 주에서는 투우의 금지에 대한 국민 청원을 실시하였는데, 180,000명이 이에 참가하였고 서명을 했다. 카탈로니아 주 의회는 이에 대한 토론을 거쳐 2010년 7월 동물의 보호법을 수정한 후 통과시켰다. 이 결정에 대한 주요한 이유로서 주 의회는 투우경기의 잔인성을 들었다. 2010년 10월. 50명이 넘는 스페인의 상원의원들이 카탈로니아 주의 투우금지에 반대하는 소송을 제기 했다. 그들의 주장에 의하면, 투우 금지는 문화 행사에 대한 권리와 예술의 자유에 대한 그리고 투우경기 개최자들의 권리 등을 침해하는 것이며, 이는 많은 법조항에 어긋나는 것이라고 하였다. 그럼에도 카탈로니아주는 이에 개의치 않고, 바르셀로나의 투우경기는 2011년 9월 25일로 마지막 행사가 될 것이라고 공고를 하였다. 그리하여 2012년 1월부터의 금지로 카탈로니아 주는 스페인 본토 가운데서 투우의 전통과 역사를 깨뜨린 첫 번째 주가 되었다.

<h2 style="text-align:center">투우의 과정</h2>

우리는 투우 반대론자들의 주장을 이해하기 위해서 먼저 투우의 과정을 짧게 살펴보기로 하자.

스페인의 투우경기는 17세기의 화려한 복장을 한 투우사 그룹의 경기장 입장으로 장엄한 개막을 한다.

첫째 부분에서 투우사는 겉은 진한 빨강색이고 안은 노란색으로 된 큰 천을 이리저리 흔들면서 황소를 자극하고 그를 추적한다. 투우사 옆에 있는 두 명의 말을 탄 창기병들은 말을 향해 돌진하는 황소의 목 부분과 어깨쭉지 사이를 창으로 찌른다. 이 목과 어깨 근육의 상처 때문에 황소의 머리는 아래로 깊이 떨구어 진다. 그래서 마지막 투우사는 칼을 가지고 그것을 죽일 수 있는 가능성을 갖는다.

둘째 부분에서는 다양한 색깔의 천으로 장식된 창을 가진 사람들이 나타나서 황소의 등과 목을 찌른다. 셋째 부분에서는 주역이 되는 투우사 (Matador)가 상처로 인해 상당히 자극이 된 황소에게 접근한다. 그는 장대에 묶여져 있는 짙은 붉은색 천과 칼을 손에 들고 있다. 주역 투우사는 그 천을 가지고 황소를 일정한 선에 다가 오도록 자극하며 유치한다. 그런 다음에 마지막으로 그는 칼을 가지고 황소의 목 가운데와 어깨쭉지 사이를 깊이 찌른다. 이를 통해서 황소의 머리가 아주 아래쪽으로, 앞 발굽 쪽으로 떨구어지게 한다. 투우사는 계속하여 칼로 어깨쭉지 사이를 위에서 아래로 가르며, 황소의 심장에 까지 도달할 수 있도록 깊이 찌른다. 이로 인하여 황소는 죽게 되며, 관객들은 투우사에게 함성과 박수를 보낸다.

특별한 트로피로서 그는 황소의 한쪽 귀나 또는 두 귀 그리고 꼬리를 보유하게 된다.

<h2 style="text-align:center">반대론</h2>

투우 반대론자들은 투우를 잔인한 행위로서 불필요한 것이며 원시적인 방법

또 하나의 미래, 힐빙시대의 도래

으로 동물을 학대하는 것이라는 주장을 편다.

넓은 경기장에서 이루어지는 투우사들과 황소들의 투쟁. 죽음의 마지막 순간까지 칼과 창으로 괴로움을 당하는 황소들. 이 처참한 광경을 직접적으로 목격할 때, 사람에 따라서는 의문을 가질 수도 있을 것이다.

무엇을 위해 투우는 존재해야 하나. 왜 짐승들은 잔인한 방법에 의해서 죽어야 하는가. 경기 자체를 위해서?

때에 따라, 아주 드문 일이지만, 투우사가 죽음을 무릅쓰고 마지막 순간까지 황소의 공격에 대항하여 싸우다가 죽는 경우도 있었다. 이런 경우, 사람들은 당황함에도 불구하고 투우사의 용감성과 그의 장쾌한 행동을 갈채로써 극찬한다. 그와 반대의 경우, 앞에서 말한 것처럼 무죄한 짐승의 비참한 죽음 앞에서 투우에 대한 회의와 이의를 제기하는 사람들도 있다. 그리하여 극단적인 논의로서 잔인성, 잔학한 행위에 대한 반대론이 성립된 것이다.

황소들은 다만 경기장에서만 괴로움을 당하는 것이 아니다. 투우경기가 시작되기 전에 사람들은 며칠 동안 황소들을 어둠속에 가두어 놓는다. 그리고 투우사들의 위험방지를 위해 그들의 뿔은 갈아진다.

황소들은 경기장 안에서 다른 돌파구를 갖지 못하고 있다. 이러한 현실성과 옆에서 창으로 찌르는 사람들의 끊임없는 자극들은 황소들의 자연스러운 도피 충동 마져 막아 버리는 요소가 된다. 황소가 마침내 바닥에 쓰러지면, 그의 죽음이 확실하다는 확인도 하지 않은 채 트로피로서 꼬리와 귀들을 자른다.

동물들의 고통은 다만 투우용 황소에만 한정되지 않는다. 이 투우경기에 투입되는 말들이 당하는 고통 때문에 투우경기는 또한 비판의 대상이 되었다.

황소들의 돌진 앞에서 두려움을 피하고자 하는 말들의 자연적인 도피 본능을 막기 위해서 그들의 눈과 귀는 보호용 안전막으로 가리어진다. 그럼에도 불구하고 말들이 자주 죽거나 중상을 입게 된다. 말들은 피부에 깊은 상처를 입기도 하고 그들의 갈비뼈가 부러지는 일도 생긴다. 투우에 관심을 가졌고, 그에 관해 글을 썼던 작가 헤밍웨이는 보호용 안전막은 아무런 의미가 없다고 하였다. 그에 의하면 그것은 다만 투우 비판자들을 무마시키기 위한 것에 불과하다는 것이다. 이 보호용 안전막은 진실된 의미에 있어서 말들이 당하는 극심한 부상이나 그로인한 죽음과는 거리가 먼 것이라고 한다.

2010년 8월에 발생했던 큰 사고는 동물 보호자들의 투우경기에 대한 비판과 강한 반대를 불러일으키는 계기가 되었다. 북스페인 Tafalla시의 투우경기에서 자극에 의해 성이난 황소가 경기장 가운데로 부터 달려 나왔다. 그리고 관중의 안전을 위해 세워놓은 2m의 담을 넘어 관중석으로 뛰어 들었다. 그로 인해서 40여명의 관객이 다쳤고, 어떤 사람들은 부분적으로 심하게 다쳤다. 그 황소는 나중에 단도로 찔려 죽었지만, 그 광경을 본 사람들은 괴롭힘을 당하는 야수가 복수를 한 것이라고 말했다는 것이다.

2011년 1월. 스페인의 국영 방송은 아이들을 위해 더 이상 투우경기를 생방송하지 않고, 다만 뉴스 시간에 그에 대한 보도만 할 것을 결정 하였다.

찬성론

찬성자들은 비판자들과 달리 투우를 예술과 문화적인 전통과의 연관 가운데 강한 의미를 둔다. 이런 의미에서 투우경기는 보유 되어야 한다고 주장하였다.

2011년 9월 25일. 바르셀로나의 마지막 경기 후, 열성적인 애호자들은 투우의 금지에 대해서 격렬하게 항의를 했다. 경기의 금지와 경기장의 폐쇄는 우리가 피카소의 작품들을 쓰레기통에 집어 던지는 것 이상이라고 한 사람은 말했다. 그리고 이들은 투우에 의한 예술의 자유와 문화적인 전통을 강조하였다. 그리고 마드리드 국회가 카탈로니아주의 투우 금지에 대한 폐지를 논의할 수 있도록 서명운동을 벌리고자 하였다. 찬성론자들에 의하면 황소와의 투쟁은 동물의 학대가 아니라 경기 자체로서 통일을 이루는 완성된 예술 형식이라는 것이다. 그들은 말하기를 관객들은 투우에서 동물의 고통을 즐기지 않고, 오히려 그 반대라고 하였다. 관객들이 생각할 때 동물들이 쓸데없이 다친다거나 필요한 때에 빨리 죽지 않으면, 휘파람으로 투우사를 벌준다는 것이다. 또한 찬성

또 하나의 미래, 힐빙시대의 도래

자들은 투우와 스페인 문화의 동일성을 중요한 이슈로 내세우면서 투우의 계속적인 유지를 주장하였다. 갤럽여론조사에 따르면 72%의 스페인 사람들은 투우에 관심이 없으며, 오히려 거부적 이라고 하였다. 그럼에도 불구하고 대다수의 사람들은 이 전통을 포기할 자세가 되어 있지 않다는 것이다. 즉 투우는 스페인의 오랜 전통이기 때문에 찬성하지 않으면서도, 그것은 계속되어야 한다고 사람들은 생각하는 것이다. 이것은 바로 전통에 대한 맹목적인 태도에서 기인하는 것이다.

투우경기에 나가는 황소들은 오직 짧은 시간만 경기장에서 고통을 겪는다고 사육자들은 말한다. 그 황소들은 경기에 나갈 때 까지 그들의 본성에 맞게 한가로이 초원에서 풀을 뜯으며 산다고 하였다. 그러므로 투우용 황소의 경우는 일반 소들이나 돼지, 닭 등 사육되는 동물들과는 다르다는 것이다. 또한 투우경기가 없어지면 투우용 황소의 품종은 사라질 것 이라고 그들은 주장한다. 이러한 이유들로서 투우 찬성자들은 경기의 계속을 주장하며, 카탈로니아의 결정에 반발을 했다. 그럼에도 투우에 대한 일반인들의 관심, 특히 젊은 층의 무관심 내지 후퇴적인 경향은 심한 편이다.

스페인의 투우경기에는 아직도 많은 애호자들이 있지만, 그것은 현실적으로 어려움에 처해있다. 2007년부터 2010년에 이르기 까지 스페인 전 지역에서의 투우경기 축제는 1700회로 34%가 줄어들었다고 한다. 관객들의 감소는 경기장 운영을 어렵게 하는 원인이 되었다. 실제로 카탈로니아의 투우경기는 법적인 조처 이전에 벌써 죽은 것이나 마찬가지라고 할 정도로 어려움을 겪고 있었다. 대부분의 경기장들이 운영의 어려움으로 해서 문을 닫거나 헐려졌다. 카탈로니아에서 제일 큰 바르셀로나의 모뉴멘탈 경기장도 수개월 동안 임대료 지불 때문에 어려움을 겪었다고 한다.

인간과 자연

이 모두를 직접 눈으로 보는 관객들은 사람에 따라서 많은 생각과 착잡한 마음을 가지게 될 수 있는 것이다.

투우 찬성자들은 생각할 것이다. 이것은 단지 전통적인 문화로서 하나의 경기일 뿐이라고. 그에 반해서 반대자들은 의문을 가질 것이다. 이 잔인한 광경들은 무엇을 위해서 그리고 누구를 위해서 인가. 외적인 면에서 볼 때 투우는 인간이 황소를 상대로 하여 싸우는 단순한 경기에 지나지 않을 수도 있다. 그러면 그것이 전부인가?! 아니다. 내용적으로 우리는 그것을 또 다른 의미에서 생각해 볼 수 있다. 즉 투우의 중심이 되는 인간과 황소의 본향이 되는 자연에 대해서 생각을 할 수 있으며, 또 생각을 해야만 한다.

인간과 자연의 공존

Karl Jaspers에 의하면 인간은 물질로서의 육체를 지니고 있다.

인간은 생동적이고 끊임없이 활동하는 생물이다. 이러한 면에서 인간은 동물의 일종이며 자연에 속하는 존재이다.

거대한 세계로서 우리 앞에 펼쳐져 있는 자연은 모든 것을 포괄하는 존재이다. 그 안에는 우리 인간을 비롯하여 식물과 동물이 살고 있으며, 그들은 자기대로의 삶을 형성하고 이끌어 가며 공존한다.

인간과 동물, 식물은 눈에 보이지 않는 가운데 밀접하고 끈끈한 관계를 이루며, 서로 도와가면서 살아간다. 그러므로 이 자연 가운데서는 인간만이 살아야

또 하나의 미래, 힐빙시대의 도래

한다는 특정의 법이 없다. 또 인간은 그가 원한다고 해서 동, 식물을 함부로 죽이거나 자연을 파괴해도 된다는 법도 없다.

자연에는 자기 나름대로의 불문율이 있다. 이 불문율은 자연의 질서를 형성하고 유지하는 힘이다. 이 힘은 인간과 자연이 조화된 삶을 이루어 갈 때, 무한하고 아름다운 위력을 발휘한다. 그러나 인간이 자연을 존중하지 않고 황폐화 시킬 때, 이 질서는 깨어진다. 그에 의해서 자연은 병이 들고 그의 위력은 전혀 다른 모습으로 나타난다.

식물과 동물은 인간이 이해할 수 있는 표현 방법을 갖고 있지 않다. 그러나 우리가 그들의 말을 이해하지 못할 뿐이지, 그들 세계에도 말이 있고 감정이 있다. 사람들은 흔히 동, 식물은 아무것도 모르기 때문에 마구 취급해도 된다고 생각한다. 이것은 과연 옳은 생각인가. 이것은 일방적인 인간 위주의 판단에서 연유하는 큰 잘못이다. 이 잘못은 도처에서 자연의 파괴 행위나 동물의 학대 등으로 나타난다. 투우는 그 중의 하나이다. 투우는 인간과 황소의 투쟁을 보여주는 일종의 경기이다. 이것은 절실한 필연성을 포함하고 있는 것이 아니다. 필연성은 삶과 죽음 같은 절박한 내용과 목적이 전제 된다. 투우경기에서는 대부분의 경우 승자로서의 인간과 패자로서 비참한 죽음을 당하는 황소를 보여 줄 뿐이다. 그것은 관객에게 긴장감을 갖게 하고 스릴과 나아가서 연민의 마음을 갖게 할 수 있다. 그러나 그에는 인간이 반드시 황소를 죽이지 않으면 안 된다는 절실한 필연성이 없으며, 무조건적인 당위성도 없다.

투우에서도 아주 가끔 절박한 필연성이 짧은 현실로 나타나는 경우도 있다. 투우사가 황소의 공격으로 죽는다든가, 안전벽을 뛰어 넘은 황소가 관객들을 심하게 다치게 한 일 등등. 이 황소는 즉시 죽음을 당하였지만, 그는 말하고 싶었을지도 모른다. 이 의미없는 투우를 즉시 중단시켜야 한다고. 뜻없는 시도가 각자의 삶을 방해 하거나 그들의 삶이 추구하는 정당성에서 위배 된다고 생각할 때, 짐승도 우리 인간처럼 반발할 수 있는 것이다. 이러한 자연에의 의식에 반하여 찬성자들은 투우 전체가 하나의 완성된 예술 형식이라고 극히 심미적인 해석을 한다. 그들이 생각하는 완성된 예술 형식이 어떠한 의미와 내용에 의한 것인지, 우리에게는 의구심을 갖게 한다. 아니면 즉흥적인 표현에 의한 것이라는 말이 나올 수도 있을 것이다.

자연은 모든 생물들의 생생한 삶이 펼쳐지는 곳이다. 이곳에는 오직 서로에의 공존을 위한 하모니만이 중요한 관건이 된다. 만일 그들의 삶을 형성하는 구성 요인들이 부당한 경우를 당할 때, 그로 인해서 그들의 위계질서가 깨어질 때, 자연은 상상을 불허하는 방법으로 그들의 꿈틀거림을 보여준다.

자연의 소리

　살아있는 존재들은 소리로써 자신을 표현하고 알린다. 아기들은 태어나자마자 울음소리로써 자기의 존재를 알게 한다. 그리고 인간들은 말로써 그들의 생각을 표현하고 알린다.

짐승이나 곤충들도 그들 특유의 소리를 낸다. 새들의 지저귐이나 곤충들의 미세한 소리, 큰 짐승들의 으르렁거림 등. 그들은 소리를 냄으로써 친구를 부르고, 위험을 방지하며 또한 자기의 존재를 알린다.
우리는 숲에서 들꽃과 잡풀들의 낮은 속삭임 그리고 바람에 흔들리는 나무 가지들의 살랑거림을 듣는다. 어느 화가는 이것을 나무들의 이야기로서 작품 가운데 표현을 했다.

자연계는 소리의 숲이며 소리의 오케스트라이다. 이제는 비자연적인 기계 소리까지 겹쳐져 우리의 귀를 아프게 하고 신경을 자극한다. 이것은 우리를 기쁘게 하고 평온함을 갖게 하는 자연의 소리와는 전혀 다른 톤으로 울린다.

투우용 황소는 다만 경기를 위해서 사육되는 소이다. 600 kg의 덩치와 힘센 그도 투우사들의 줄기찬 공격을 당해내지 못하고 비참한 죽음을 맞는다. 죽을 때 그는 소리를 질렀을까. 그의 아픔을, 최후를 소리로써 알렸을까. 그는 분명히 소리를 냈을 것이다. 죽음의 늪에 잠기고 있는 그의 마지막 소리를 우리가, 가해자인 인간은 못 듣고 지나쳤을 뿐이다. 우리는 고기를 먹는다. 그것이 어떠한 과정을 거쳐 우리의 식탁에까지 오르게 되는지를 우리는 알지 못하며 알려고 들지도 않는다.

아주 어렸을 때의 일이다. 동네의 끝에 서있는 외딴 집에서 돼지를 잡는다고

또 하나의 미래, 힐빙시대의 도래

하였다. 마치 투우를 보러 오는 관객들처럼 사람들은 구경하러 간다면서 아이들을 데리고 그 집을 향해 갔다. 어린애들은 그런 것을 보면 안 되니까 우리는 집에 있자는 어머니의 말씀에 따라 우리들은 집에서 놀았다. 점심때쯤부터 돼지는 소리를 지르기 시작했고, 몇 시간이나 계속되었다. 단 한두 시간이었을 텐데, 그 시간은 나에게 아주 길게 느껴졌다. 멀리 떨어진 곳이었음에도 돼지의 절망적인 소리는 온 동네의 구석구석으로 울려 퍼졌다. 우리는 그 소리를 듣지 않으려고 귀를 막으며 이방 저방의 구석진 데를 찾아가 서 있었다. 얼마나 시간이 흘렀을까. 어느 사이에 그 소리는 멈추어 졌다. 저녁 시간에 맞추어 주문한 고기가 배달되었다. 저녁 밥상에 고기찌개가 놓여졌다. 찌개 속의 고기를 보는 순간 돼지의 비명 소리가 다시 나의 마음을, 귀를 뒤흔들었다. 나는 그 찌개에 전혀 수저도 대지 않았다. 수십 년이 지난 오늘에도 돼지고기를 보면 그 비명 소리가 들리는 듯하여 가끔 움찔해 진다. 돼지는 죽음 앞에서 온 힘을 다 해 구원을 외친 것이다. 황소에 비하면 훨씬 작은 돼지이지만, 그의 소리는 온 마을을 뒤덮었고, 사람들의 마음으로 깊이깊이 스며들었고 우리를 뒤흔들어 놓았다.

황소는 생명을 가진 존재로서 자연의 작은 구성 요인이다. 거대한 자연의 부분적인 이 존재는 투우사들에 의해 고통을 당하며 죽는다. 우리가 들을 수 없는 소리를 지르면서. 사람들이 귀머거리 인가 아니면 죽음과 더불어 그를 통한 자연의 소리가 태양빛 가운데 빨려 들어간 것인가. 그의 소리는 구원을 외치는, 황폐함 앞에 선 자연의 소리로서 우리에게 젖어 들었지만, 우리는 귀머거리가 되어 그것을 듣지 못하고 있는 것이다.

자연에의 도전과 상업주의

투우경기에서는 엄청난 액수의 돈이 움직인다고 한다. 그리고 그 돈은 국고로, 개최자인 단체에게로, 사육사들에게로 그리고 투우사들에게로 분배되어진다. 큰 수익의 수혜자인 투우경기는 상업주의의 또 다른 화신이다. 투우용 황소의 피로 얼룩진 돈을 거두어들이기 위해서 큰 경기장이 세워진다. 그리고 투우사들에게는 화려한 복장을 갖추게 한다. 장엄하고 화려한 투우사들의 입장에 이어 대부분 어두운 색의 투우용 황소들이 등장한다. 죽음과 희생의 심볼인 듯 어두운 색 그대로의 몸체로서. 이 색들로 인한 명암이 엇갈리는 입장식 그리고 바로 이어서 이루어지는 투우경기. 그것은 색채의 화려함과 생동감 그리고 어두운 색이 보여주던 신비스러움과 환상을 뒤엎으며 무서운 현실을 보여 준다.

우리 인간들의 중요한 규범인 가치도 윤리도 투우사와 황소의 잔인하고 참혹한 이 경기 앞에서는 빛을 잃는다.

생명과 자연에의 존중 그리고 자연의 소리를 듣고 싶어 하는 우리의 열망은 차가운 상업주의 앞에서 무의미함과 무력함을 드러낼 뿐이다. 이 상업주의의 여러 얼굴들은 투우경기장에만 나타나지 않는다. 그의 수 많은 얼굴들은 도처에서 인간과 자연과의 관계를 망가트리는 행위로서 현실 가운데 나타난다. 이 냉혈적인 모습은 실제적인 삶 가운데 이미 확고한 자리를 차지한 채 여기저기에서 실루엣처럼 비쳐질 뿐이다.

소들이 도축장으로 운송될 때, 긴 거리에서는 24시간 이상이 소요된다고 한다. 소들은 그 긴 시간 동안 선 채로, 움직일 수도 없이 꽉 끼인 상태에서 물도 못 얻어먹고 도축장까지 실려 온다. 내려진 다음에서야 겨우 그들에게는 먹을 물이 주어진다. 동물 보호론자들은 당연히 이를 비판했고, 오스트리아에서는 7~8 시간에 한 번씩 소들에게 물을 먹이고 쉬도록 하는 새로운 법을 만들었다. 시간을 아낌으로써 운전수나 운송회사에의 지불을 줄이고, 빠른 시간 내의 운송을 서두르는 상업주의는 짐승들의 고통에는 전혀 아랑곳하지 않는다. 도축장에로   실려 가는 소들이나 경기장에서 죽음을 당하는 황소들이나 이들이 당하는 고통에는 큰 차이가 없다. 하나는 짐차에 흔들리며 24시간 이상 선 채로 목마름을 견디어야 하며 차에서 내린 후의 그들에게는 죽음만이 기다리고 있다. 다른 하나는 20여분간 창, 칼에 찔리는 고통을 당하며 경기장에서 죽는다.

상업주의의 보이지 않는 힘은 현대의 인간들을 의식하지 못하는 사이에 이익의 심연으로 떨어뜨리고자 갖가지 방법을 다 동원한다. 그것은 우리의 눈을 현란케하고 머리의 기능을 정지시키며 마음을 차가운 이기주의의 높은 담으로 둘러싸게 한다. 또한 그것은 고귀한 인간의 본성과 자연과의 사이에 뛰어넘을 수 없는 한없이 높은 담을 쌓도록 우리를 충동질 한다. 이로 인하여 인간과 자연은 더 이상 친화적인 관계가 아닌 적대 관계로 변화되고 있다. 그 변화를 통해서 인간들은 상업주의의 물결에 휘말리며 부지불식간에 돌이킬 수 없는 그

또 하나의 미래, 힐빙시대의 도래

길을 향해 내닫고 있는 것이다.

투우경기에 대해서 많은 스페인 사람들은 거부적이고 무관심하다. 특히 젊은 층들에서는 투우에의 외면이 표면적으로 드러나고 있다. 이전에 투우는 젊은 이들이 즐겨하는 경기였고, 유명한 투우사들은 그들의 우상이 되기도 했다. 그러나 오늘의 젊은이들은 자의식을 통해서 자기 세계를 찾고자 한다. 그들에게는 가슴 깊이 스며드는 팝송가수들의 노래가 더 매력적인 것이다. 그들에게 매력적인 또 다른 것은 넓은 운동장을 힘차게 달리며 하루 아침에 스타가 되고 부자가 되는 축구이다. 젊은이들 세계의 우상이 투우사에서 팝송 가수, 축구 선수로 바뀐 것이다. 젊은이들다운 태도로서 충분히 이해할 수 있다. 황소들의 잔혹한 죽음 앞에서 그들은 거부 반응을 보여주는 것이다. 그들은 보다 인간적인 삶의 전개에 더 관심을 갖는다. 그들은 아름다운 삶을 위해서 자기 세계를 추구하며 그 가운데서 의미와 보람을 찾는 것이다. 투우경기에 대한 젊은이들의 관심이 후퇴적인 경향을 띠고 있다는 것, 그것은 바로 상업주의와 냉혹한 현실을 보여주는 투우에 대해서 그들이 냉담한 시선을 보내고 있다는 표시이다. 따라서 요즈음의 투우장 관객은 주로 나이든 사람들과 이웃 나라의 사람들이나 관광객들이다.

자연과 문화

투우 · 문화 · 예술의 자유

투우 찬성론자들은 투우를 통한 문화적인 동일성의 유지를 강조했다. 그들은 투우와 스페인의 고유한 전통 문화를 동일한 선 위에 놓고 본다. 말하자면 찬성자들은 투우를 통해서, 그리고 그에 의한 표출에서 예술의 자유와 전통 문화의 보유를 보는 것이다.

인간들에게 독자적인 개인의 삶과 역사가 있는 것처럼 민족도 그 마다 각기 다른 삶의 내용과 전통 그리고 역사를 갖는다.

한 민족의 고유한 삶의 내용과 역사는 오랜 세월에 걸쳐서 수용과 거부, 수정에 의하여 전통으로서 계승된다. 그리고 이 전통을 바탕으로 하여 인간의 생각, 표현력, 창의력 등은 다양하게 발전하며 그를 통해 독자적인 문화를 형성한다. 전통은 바로 문화의 근원이 되며 창조적인 활동에 의해서 그것은 문화로서 새로운 의미의 꽃을 피운다. 문화는 인간이 자기 자신과 그들의 세계로부터 창조적으로 만들어 낸 것이며, 그에 대해서 생각하고 말하는 것이다.

"문화는 자연적이 아니다. 그것은 인간의 설계에 따라서 수행되고 창조되는 것이다."
(Reinhart Maurer)

우리는 창조적인 설계를 통해서 우리의 사상과 전통을 새롭게 해석하고 표현하며 문화로서 표출 시킨다. 그것의 바탕은 인간의 의식이다. 우리의 의식은 시대 상황에 따라서 그리고 시간과 더불어 발전하고 변화된다. 그러므로 오랜 세월 전, 우리의 의식 세계를 지배했던 전통과 그에 따른 문화의 내용들이 오늘에 그대로 적용되기를 바랄 수는 없다. 그것은 수정에 의해서 전혀 다른 모습으로 다시 나타나게 되며, 때로는 거부로 인하여 소멸되기도 한다.

다양한 문화의 발전과 기술문명의 첨단을 가는 현 시점에서 투우에 대한 사람들의 생각과 그에 대한 관점도 달라질 수 밖에 없다. 18세기 말의 경기장 건립과 더불어 투우경기는 많은 사람들의 관심과 호응 속에서 그의 자리를 굳건히 유지할 수가 있었다. 그것은 열광적인 애호자들의 지지를 받았고, 주역 투우사는 젊은이들의 선망의 대상이 되기도 했다. 그러나 복합적인 현대 사회에 있어서 사람들의 취향은 바뀌고 있다. 그들은 다양한 프로그램들 가운데서 자기의 개성에 맞는 것을 찾는다. 또한 사람들은 자신과 자기를 둘러싸고 있는 자연, 그리고 생명의 존중에 대해서도 생각하고 관심을 갖게 되었다. 이러한 인간 의식의 흐름 앞에서 투우에 대한 열광은 빛을 잃어가고 있는 것이다. 예술의 자유를 구가하고 전통 문화의 고수라는 명분하에 펼쳐지는 잔인성에 많은 사람들은 부정적이며 회의적인 시각으로 맞서는 것이다. 왜냐하면 투우는 자연에 반하고 진선미를 추구하는 인간의 본성을 벗어나며, 우리의 윤리 가치 의식에 맞지 않기 때문이다.

또 하나의 미래, 힐빙시대의 도래

자연과 문화의 일치

　인간은 진, 선, 미에의 추구와 그의 전개를 위해 끊임없는 노력을 기울인다. 이 진선미에의 동경이 꽃피워진 사회가 바로 우리의 염원인 이상적인 사회이다. 그러나 이 동경을 향하는 염원과 가치 체계는 걷잡을 수 없는 소용돌이에 휘말리고 있다. 이 소용돌이는 우리의 주요한 가치 체계와 윤리 의식에 대한 도전으로 나타나고 있다. 나아가서 이것은 자연과 인간의 하모니를 적대 관계로 이끌어 가기 위해서 끝없는 노력을 기울인다.

자연은 우리 앞에 펼쳐진 현상 세계이다.

이 다양한 현상 세계로서 특성을 가진 자연 세계가 인간의 생각과 창의력에 의해서 창조적으로 표현된 것이 문화이다.

Rickert는 문화란 가치와 연관되어 있으며, 이것은 정신적인 가치와 물질적인 가치를 포함하고 있다고 하였다. 특히 이 정신적인 가치가 창작의 과정을 통해 발전되고 꽃피워진 것이 우리의 문화이다. 이 정신적인 가치 위에서 이루어진 문화는 그에 대한 평가와 보존이 강조된다. 정신적인 가치에 반해서 물질적인 가치는 우리의 눈앞에 보여지는 객체들에 포함된 것이다. 이 객체에게는 일반적으로 인식된 가치나 또는 그들에 의해서 구성된 형상이 구체화 된다.

투우는 문화적 동일성의 근원이라는 면에서 정신적 가치를 지니고 있는 것으로 볼 수 있다. 또한 재정적인 근거가 되는 물질적인 가치도 포함하고 있다. 그러므로 투우에서는 이 두 가치가 불가분의 관계로 나타나고 있다. 얼핏 보면 이 두 가치를 포함하고 있는 듯 하므로 투우는 이상적인 가치의 형식을 지니고 있는 것처럼 보여진다. 그럼에도 투우를 비판하는 소리가 높아지고, 중단의 요구가 끊임없이 나오고 있는 이유는 무엇인가.

아무리 투우가 예술성, 전통적인 문화성, 물질성을 가지고 있다 해도 거기에는 중요한 점이 결여되어 있다. 생명의 존중이라는 중요한 윤리, 가치 의식이 송두리째 부정되고 있는 것이다. 반대로 생명에의 경시가 강하게 부각되고 있다.

아무리 투우경기를 위해서 존재하는 짐승이라 할지라도 자연의 표상인 황소를 무자비하게 죽이는 것은 잔인성 그 자체이며, 생명의 경시이다. 다만 전통 문화의 고수 또는 그의 의식이라는 미명하에서.

생명의 경시는 자연에 대한 경시 풍조와 연결되며, 전쟁에 의한 인명의 살상과도 연결 된다. 특히 상업성과의 관계에 따른 이 경시 풍조는 자연을 파괴시키는 주 원인이 되고 있다.

남아메리카 열대 우림의 마구잡이 벌채는 열대 우림의 황폐를 가져오고 있다. 그리고 털 코트의 제조를 위해서 많은 남, 북극의 짐승들이 살육 되었다. 욕심과 이기심의 화신이 된 사람들의 생각은 간단하다. 짐승은 필요에 따라 마구 죽여도 되고 나무들은 잘라 버려도 괜찮다고. 미래를 전혀 염두에 두지 않는 이 짧은 생각들은 두려움 없이 자연의 파괴를 일삼고 있으며, 생태계까지 파괴하고 있다. 자연과 생태계의 파괴는 곧 인간 삶의 터전이 상실됨을 의미하며 또한 인간 세계의 종말을 암시하는 것이다.

인간과 자연은 더불어 산다. 이 조화로운 공존 가운데서 우리의 열망인 평화와 이상 세계는 성립되고 구현될 수 있다.

인간의 세계와 자연의 세계, 자연과 문화는 뗄래야 뗄 수 없는 불가분의 관계이다. 이들은 무관심에 의한 방관주의의 평행선 위에 머무르는 것이 아니다. 그것은 더욱이나 적대적이 아니며 또 적대적이 되어서도 안 된다. 우리가 투우에 대해서 깊이 생각하고 반성해야하는 것이 바로 이 점들이다.

인간과 자연의 관계는 자연과 문화의 일치 가운데 그리고 정신적인 가치와 물질적인 가치의 합일 가운데서 다시 해석되고 고찰이 되어야 한다. 이를 통해서 현저하게 또 다른 의미에서의 변화는 이룩될 것이며, 인간과 자연은 그들의 본향을 다시 찾게 될 것이다.

또 하나의 미래, 힐빙시대의 도래

언제나 곧은 길로 나아가라.
곧은길은 순리에 따르는 자연스러움이며, 말하고 행하는 모든 것이 올바른 이성에 부합함을 뜻한다.
이러한 목표는 사람으로 하여금 괴로움. 전쟁. 모든 계략과 과시에서 벗어나게 할 것이다.

(도덕경)

자연과 환경윤리의 철학적 초석

박이문

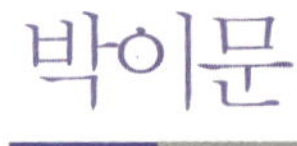

▶ 박 이문 : 필명 (본명 – 박 인희)

1930년 충남 아산 생
Sorbonne 대학 – 불문학 박사 1964
남가주 대학 (University of Southen University) – 철학박사 1979
1957년 이화대학에서 불어를 시작으로 1968년부터 R.P.I 공과대학 (Troy, New York),
Simmons College(Boston), Postech, Internatinal Christian University (Tokyo), 연세대 철학 교수
저서 다수 : 시집, 철학서적 다수. (한국어, 영어, 불어 등 3가지 언어로)

또 하나의 미래, 힐빙시대의 도래

천체 물리학자
조지 가모우(George Gamow)는
우주의 탄생과 죽음에 대해
다음과 같이 말한다.

　그에 의하면 방대한 우주는 150억 년 전 극히 미세한 물체의 폭발로 생겨났으며, 아득한 언젠가는 다시 축소되어 사라질 것이라고. 자신을 비롯해서 모든 살아있는 것을 귀중하게 생각하고, 별이 총총한 밤하늘의 우주에 매료되는 사람이라면 우주의 죽음은 슬픈 것이고 그것의 소멸이 걱정스럽지 않을 수 없다. 만약 그런 과학적 이론을 유치원에서 배우고 쓸쓸하게 집에 돌아온 어린 아들이나 딸이 방구석에 쭈그리고 앉아 슬퍼하고 있다면 우리는 아이들의 그러한 생각과 행동에서 그들의 사유의 큰 변화를 새삼 발견하게 될 것이다. 지금 아이들이나 부모의 중요한 문제는 150억 년이 아니라 10년 후에 좋은 대학에 입학하고 좋은 직장에 취직해서 90년 혹은 100년을 건강하고 넉넉하게 사는 데 있기 때문이다.

지금 우리가 환경윤리 혹은 생태계 파괴의 문제를 걱정하는 것을 마치 유치원 애들이 우주의 종말을 슬퍼하는 행위처럼 어리석은 일로 치부하는 이들이 대부분일 것이다. 왜냐하면 대부분 사람들의 절실하고 현실적 문제는 당장 내일의 끼니, 당장 오늘 애인을 만나는 일, 가족과 즐거운 주말을 보내는 일, 다음 학기 등록금이나 노부모의 병원비 준비를 걱정하거나 노약자들이나 이웃 빈곤층의 아픔을 배려하는 윤리적 덕목, 국가의 안녕과 번영을 강구하는 애국심이지 자연생태계나 생활환경에 관한 윤리 도덕적 문제 혹은 몇 십 억년 이후의 우주의 소멸에 관한 걱정과 슬픔이 아니기 때문이다. 윤리도덕이 인간적 삶에서 떠날 수 없지만 필연적으로 인간과의 관계에 제한된 문제이며 인간 이외의 동물이나 산천초목은 윤리적 배려 대상에서 벗어나기 때문이라는 것이다. 그런데도 지구 온난화, 야생동물, 생태계, 자연파괴, 더 일반적으로 말해서 환경윤리를 걱정한다는 것은 당장 식구도 먹여 살리지 못하는 가장이 집에 돌아와 국가의 경제, 세계빈곤의 문제로 걱정에 빠져있는 것과 마찬가지 격이다. 더 정곡을 찔러 말해서 '환경윤리'라는 개념은 논리적으로 어불성설이라는 것이다. 윤리의 문제가 기쁨과 아픔, 쾌락과 고통을 인지하는 주체적 존재인 인간으로서의 다른 존재의 아픔과 기쁨이 걸려있는 문제라면, 그것은 필연적으로 나 아닌 다른 존재의 아픔과 기쁨을 경험할 수 있는 유일한 동물인 인간으로서만 의미를 갖고 적용될 수 있는 개념이다. 윤리적 문제는 산천초목이나 인간 이외의 동물에서 제기될 수 없고, '오직 인간의 기쁨이나 아픔과 관련 해서만 의미를 갖는다'고 할 수 있다.

'윤리'라는 개념에 관한 위와 같은 주장은, 불교와 동아시아와 미국 인디언의 전통사상을 제외한 그 밖의 모든 전통적 종교나 사상체계에 깔려 있는 잘못된 세계관과 인간관에 근거한다. 그리고 그러한 세계관과 인간관은 21세기 생태계 파괴, 자연의 죽음, 환경위기의 심각성이 끊임 없이 의식되고 있는 오늘날에도 깊이 뿌리 박혀있다. 현재 세계적 특히 한국적 맥락에서 나는 '환경윤리'라는 개념이 충분한 의미를 가질 수 있으며 그러한 윤리의식과 실천 없이는 우리가 처한 문명위기를 극복 할 수 없음을 다음과 같은 방식으로 주장하고자 한다.
이 글에서 나는 첫째, 21세기 현재 인류는 문명의 종말을 함축하는 '환경위기'라는 역사적 도전을 받고 있음을 주장할 것이다. 둘째, '환경위기'의 근원적 원인이 인간 이외의 다른 동물에 대한 윤리적 배려의 부재에 비롯되었으며, 인간중심주의에 있음을 폭로할 것이다. 셋째, 환경윤리의 철학적 정초를 생태중심적 세계관에서 찾을 것이다. 넷째, 그러한 환경윤리에 바탕을 두지 않는 한 환경문제 해결이나 문명의 위기 극복방법에 관한 모든 논의와 프로젝트는 근시안적으로 땜질된 사상누각이라는 경고를 하고자 한다.

환경 문제

: 21세기의
절박한 도전

　한 개인의 일생의 과정이 그러하듯이 모든 문명사는 토인비의 말을 빌리자면 문명과 시대에 따라 가변적인 "도전과 그에 대한 응전", 즉 어떤 역사적 지점에서 도출되는 핵심적이고 특정한 문제와 그것의 가장 적절한 해법의 성공적 발견 혹은 실패의 반복된 역사로 볼 수 있다. 특정한 시대의 한 문명이 제시하는 도전의 핵심을 놓치거나 그것에 대한 대응이 잘못되었을 때, 그 문명은 쇠퇴하거나 아주 소멸하게 될 것이다.

세계가 지구촌으로 통일되고 다양한 지역적 문명들이 단 하나의 세계문명으로 융합되고 있는 21세기 초엽, 인류전체에게 던져진 가장 보편적이고 근본적이며 긴급한 문명사적 도전은 생태계 교란과 자연파괴의 극복이다. 최근 '환경친화적'이니, '녹색산업'이니 '그린 도시', '건강음식 녹색관광' 등의 낱말들이 한 국가, 한 지역의 모든 경계를 넘어 지구적인 차원에서 난무하면서 학계, 교육계는 물론 산업계, 정치계, 건축계 그리고 그 밖의 모든 인간 활동의 영역에서 논의되고 있는 데서 알 수 있듯이, 지금 인류가 풀어가야 할 문제는 한 없이 많지만, 그 중 가장 핵심적인 문제는 '자연의 보존'을 뜻하는 생태계 보호이다. 편의상 이 두 가지 문제를 통합해서 환경문제라는 말로 묶어 부를 수 있다.

개발, 산업화 그리고 궁극적으로는 '발전' '진보' '행복' 등의 이름 하에 자연이 급속도로 파괴되고 자연적 자원이 황폐해 가고 있다. 아무리 뛰어난 기술이 발명되더라도 하나 밖에 없는 생명의 거처인 지구는 더 이상 인간은 물론 하등 동물들 조차도 생존할 수 없는 무덤의 공간으로 변하게 될 것이 불을 보듯 뻔하다. 그렇다면 이미 큰 병에 든 생태계 그리고 자연의 보호와 보존은 21세기 인류에게 던져진 가장 어려운 도전이자 우리가 풀어야 할 과제이다.

150억 년이 된 우주의 역사, 46억 년 된 지구의 역사, 35억 년 된 생명의 역사에 비하면 한 찰나에 지나지 않은 시간이지만 10만 년이란 장구한 기간을 통해서 가속적으로 발달해 온 찬란한 문명사는 곧 인류가 지구상의 모든 동물, 생물들은 물론 지구자체를 포함해서 방대한 우주까지 독점하고 그것을 완전히 지배하게 된 과정의 역사이다. 이것은 인류의 영광스러운 힘이 팽창해온 역사와 일치하며. 인류는 지구만이 아니라 우주의 독재적 황제로 군림하기에 이르렀다. 그러나 뒤 늦게 20세기 후반 즉 약 반세기 이전에서야 인류는 비로소 자신의 자랑스러운 문명사를 반성적으로 뒤돌아보기 시작했고, 문명의 역사가 생태계 교란, 자연의 파괴, 문명의 종말, 인류의 멸망을 재촉하는 역사적 과정과 일치하는 것임을 깨닫게 되었다. 이러한 문명사 위기의 징조는 여러 가지 구체적 현상에서 읽어낼 수 있다. 지난 50년 간의 인구증가는 그 이전의 인구증가보다 크다. 1 백 만년에 걸쳐 만든 양의 화석 연료는 단 1 년 동안에 써버린다. 지구상에 존재하는 생물 중 매년 2만 5천에서 5만 종이 멸종한다. 날로 활기를 찾는 산업화와 개발에 따른 이산화탄소 분출로 인한 지구 온난화, 그로 인한 북극과 남극의 해빙, 지구의 지붕 히말라야 산맥을 비롯한 알프스 산맥 등의 해설(解雪)에 따른 기후의 갑작스러운 환란, 개발의 이름으로 지구의 마지막 허파인 브라질 및 보르네오 등의 우림 파괴 아프리카대륙과 몽골 및 북부 중국의 사막화 등으로 인해 위기에 놓인 농업과 음료수마저 부족할 지경이 된 가뭄의 재앙이 생긴다.

산업계와 경제적, 의학적 및 사회적 차원에서 새롭게 발견되고 만들어지는 화학물질의 증가로 인류는 수 많은 새로운 질병을 겪고 있다. 문명의 맹목적 추진이 인류의 멸망을 재촉하는 위험성이 있음을 의식하기 시작한 것은 겨우 반세기 이전부터이다. 그 이전에도 물론 인류 생존을 위한 환경과 생태계 파괴에 관한 경종이 언급되기도 하였지만 동서양, 남녀노소, 민관, 노사, 산학 등등이 예외 없이 모든 차원에서 '녹색' '친환경' 등의 명목으로 떠들어대기 시작한 것은 겨우 최근의 일이다. 게다가 현재에도 반환경적 반생태적 삶의 양식, 반문명적 경제적 및 사회적 구조가 크게 뒤바뀌는 조짐은 아직도 보이지 않는다. 문명이 지금의 형태로는 무한히 계속될 수 없으며 인류의 존속이 보장될 수 없다는 사정은 달라지지 않는다. 과학기술 문명의 가속적 발전이 날로 더 위험한 부메랑이 되어 문명의 종말을 재촉하고 있다.

생태계의 파괴, 자연의 죽음과 더불어 문명은 붕괴되고 인류도 그와 더불어 운명을 함께 하여 지구상에서 사라질 개연성이 크다. 이런 점에서 볼 때 현재 문명의 상황은 빙하에 부딪쳐 파선하여 거의 모든 승객들이 아수라장 속에 익사하게 될 것을 모르고 호화로운 유람선에서 먹고 마시며 춤추고 노래하는 손님들을 태운 타이타닉 호에 비유될 수 있다. 이 같은 오늘의 문명사적 상황은 과장된 엄살로 들릴지 모르지만, 앞날의 인류의 운명을 생각 할 때 상당히 절박하다.

위와 같은 개연성이 절실한 현실로 다가오지 않는 한 인류는 아직도 생태계, 자연 그리고 우주의 중심에 제왕의 자리를 차지하고 있는 것처럼 생각한다. 인류는 궁극적으로 한편으로는 지구 생태계의 암이 되고, 문명은 자연의 독약이 될 수도 있다. 그렇다면 우리는 현대 문명에 등을 돌리고 동굴 속에서 살던 원

또 하나의 미래, 힐빙시대의 도래

시시대로 돌아가야 할 것인가? 결코 그렇지 않다. 모든 결함에도 불구하고, 인류는 이 지구상의 생태계적 고리 중에서 아직까지는 가장 아름다운 꽃이며, 자연 속에 가장 귀중한 보석으로 존재한다. 옛날 조선조의 대표적인 아동 교과서였던 [동몽선습童夢先習]의 첫 구절대로 인간은 '최귀最貴'한 동물이며, 서양 종교의 바탕인 [성경]이 말하듯이 하느님의 특별한 그리고 유일하게 귀중한 창조물이다. 인류의 탄생은 우주의 축복이며, 인류가 발명한 문명은 자연의 환호이기도 하다. 인류와 문명은 아무리 보아도 우리가 사는 지구에서, 아니 우주 안에서 가장 신비롭고 가장 귀하고 가장 빛나는 기적적 사건이다. 이러한 사실은 인류가 존속되어야 하며 문명은 어떤 일이 있더라도 보존되고 발전되어야 함을 의미한다. 문명 위기의 문제가 치료의 문제라면 우선적으로 중요한 것은 먼저 그 위기의 원인에 대한 명확한 진단이다.

환경위기의 근원적 원인으로서의 과학기술 혹은 인간중심주의

오늘 우리가 개인적, 국가적 그리고
지구적 차원에서 직면하여
피부로 절실하게 의식하는 환경위기의
원인은 어디서 찾을 수 있는가?

그것은 가시적이며 구체적인 과학기술문명과 비가시적이며 추상적인 철학적 세계관이라는 두 가지 차원에서 고찰할 수 있다.

환경위기 원인으로서의 과학기술

오늘의 환경 위기의 원인은 먼저 그리고 쉽게 과학기술문명에서 찾을 수 있다. 문명다운 문명이 나타난 것은 호모사피엔스가 일정한 지역에 정착하여 농업을 짓기 시작했던 약 만 년 전으로 추정된다. 명실상부한 문명의 발생은 중동의 수메르 강, 아프리카의 나일강, 인도의 갠지스 강, 중국의 황하 등에서 시작되었으며, 6천 년 전 밖에는 되지 않는다. 그 후 문명이 근대적 의미의 과학적 세계관과 기술을 갖추고 산업혁명을 통해서 자연을 마음대로 조작하며, 상업혁명을 성취하여 자연의 절대적 지배자로서 지구를 완전히 정복하고, 과거에는 상상조차 할 수 없었던 지구자연과 우주에 대한 지식과 경제적 부를 창출할 수 있게 된 것은 겨우 300년 전부터이다. 르네상스 운동에서부터 근대문명은 오늘에 이르기까지 가속적으로 발전한 과학기술의 싹을 틔울 수 있었다. 과학기술의 발전이 없었더라면 오늘과 같은 놀랍게 화려한 문명은 발전하지 못했을 것이다. 그렇다면 최근에서야 그 심각한 의미를 새삼 의식하게 된 생태계 교란, 자연파괴, 문명의 위기, 인간의 종말 가능성과 같은 문제들의 결정적인 원인은 근대 과학적 세계관과 기술에서 찾을 수 있으며, 우리가 현재 직면한 문명의 위기를 극복하는 방법은 과학 기술문명을 거부하는 데 있다는 주장이 나올 수 있다. 하지만 그러한 주장은 두 가지 이유에서 적절치 않다.

첫째, 인류는 과학기술문명에 너무 익숙해 왔을 뿐만이 아니라 그 문명의 혜택을 만끽해 왔기 때문에, 5천 년 전은 물론 300년 이전의 세계로 자진해서 되돌아가서 살수 없는 상태이다. 둘째, 설사 우리가 되돌아 갈 수 있다고 가정하더라도 되돌아가서 근대적 과학기술 문명에 등 돌려서는 안 된다고 나는 생각한다. 근대과학기술 문명에 온갖 문제가 있더라도 그것을 이유로 근대문명 자체를 부정해서는 안 된다. 그것은 아기의 몸을 닦아 더러워진 물을 버린다는 이유로 물통에 든 아기까지 버리는 것과 같은 격이 될 것이기 때문이다.

오늘날 우리가 깨닫게 된 생태계의 교란, 자연의 파괴, 환경오염과 같은 막중한 문제들은 과학기술문명의 한 결과라는 사실은 부정할 수 없지만, 그렇다고 과학기술 문명이 필연적으로 오늘의 문명사적 위기를 초래한 것은 결코 아니다. 우리가 좀더 현명했더라면 과학기술문명은 오늘의 문제를 낳지 않고도 충분히 발전할 수 있었을 것이다. 많은 인문학자, 시인, 예술가들, 적지 않은 일반대중 그리고 일부 과학자들이 주장하는 바와 같이, 과학기술의 발달과 그 활용이 현재의 환경, 생태계 악화로 나타난 문명사적 위기의 중요한 원인 이었다는 사실에는 틀임이 없으나 과학기술이 오늘의 자연적 및 사회적 환경 악화로 나타난 문명과 인류 생존 위기의 근원적인 원인은 결코 아니다. 핵폭탄 제조의 과학기술이 있었기에 일본에 원자폭탄 투하가 가능했던 것은 분명하지만, 그

또 하나의 미래, 힐빙시대의 도래

파괴 사건의 원인은 핵무기 제조 원리를 개발한 물리학자나 제조기술자나, 그것을 투하한 공군비행사에 있는 것이 아니라 그러한 폭탄의 사용을 결정한 당시 미국정부, 더 궁극적으로 미국 대통령의 도덕적 선택에서 있는 것과 마찬가지다. 19세기, 20세기 그리고 21세기를 거치면서 인류가 거시적이고 원시적인 안목에서 과학적 지식과 기술을 종교적으로나 윤리적으로 지혜롭게 활용했었더라면 오늘과 같은 심각한 종말론적 문제는 발생하지 않았을 것이다. 과학기술문명이 한 요인이 되어 많은 문제를 만들어냈다 하여 과학문명을 통째로 부정하고 거부하고 저주한다는 것은, 마치 입에 쓰다 해서 목숨을 살릴 수 있는 약물을 마시지 않은 어리석은 행위와 마찬가지다. 그것의 부정적인 면을 인정하더라도 지난 한 세기 동안 개발된 과학지식과 기술로 인류는 그 이전에는 상상조차 할 수 없을 만큼 큰 혜택을 누려왔다. 문제는 과학기술자체가 아니라 우리가 그것을 얼마만큼 그리고 어떻게 활용하느냐를 결정하는데 있다.

환경위기 원인으로서의 인간중심적 세계관

궁극적 그리고 직접적인 원인은 결국 인간 자신, 더 구체적으로 말해서 인간의 정신, 가치관과 지혜의 미숙함에 있다. 지금까지 인간은 기술적으로는 놀라운 수준에 도달했지만, 정신적으로는 그러한 수준에 이르지 못했었다. 한마디로 지금까지 인류는 기술적 차원에서 기적에 가까운 발전을 해 왔고, 물질적으로는 한 세기 전만해도 상상할 수 없던 풍요를 누리고 있게 됐지만 철학적으로 깊고 투명한 사고력, 도덕적으로 슬기로운 가치관을 갖추지는 못했다.

3만 년, 아니 5천 년 전까지만 해도 인생이란 수 많은 종류의 야수들과의 끊임없는 싸움의 과정이었지만, 인간과 동물간의 결정적인 승부는 이미 끝이 났고, 아직도 계속되고 있는 싸움은 인간들 간의 싸움뿐이다. 이런 과정에서 우리는 인간이 자연의 꽃이 아니라 독일 수도 있다는 것을 깨닫게 되었고, 진, 선, 미의 창조자가 아니라 자연의 파괴자일 수 있다는 것을 의식하게 되었다. 과학기술문명은 축복일 수 있지만 동시에 재앙일 수 있다는 것도 알게 되었다. 자연이라는 관점에서 볼 때 우리는 자연의 중심도 아니며, 우주의 복판에 있는 것도 아니다. 또한 우리는 자연의 임자도 아니며, 우주의 주인도 아니다. 우리는 자연의 변두리에 위치한 우주의 미세한 측면에 지나지 않다는 사실에 이제 눈을 뜨게 되었다. '자연'이라는 낱말이 물질을 비롯한 모든 종류의 생명체들의 거처를 지칭하는가 하면 그런 것들의 총칭이기도 하며, 인간은 모든 생명체들, 산천초목과 함께 자연의 일부이며, 인간이 구축한 문명과 문화도 자연의 연장된 일부라는 사실을 깨닫게 되었다. 모든 물질들이 인과적 법칙에 의해서 기계적이면서도 유기적으로 서로 얽혀있으며, 흙이나 물과 같은 물질들부터 풀, 나무, 동물 등의 동식물과 원숭이나 사자 같은 동물들, 그리고 인간에 이르기까지 모든 존재는 먹이사슬이라는 유기적인 순환적 관계, 즉 상호의존적인 관계로 얽혀있다. 인간은 모든 존재들 간에 단 하나의 고리에 불과하다. 이런 관계를 생태계라고 부르며, 인간의 존재가치를 다른 생물체의 그것과 전혀 다르지 않다고 보는 세계관을 '생태학적'이라고 부른다. 인류라는 종이 다른 생물체들보다도 지적으로 놀라운 진화를 해 왔다는 것은 자명한 진리이지만, 그러한 사실은 진화과정에서 나타난 우연의 산물에 불과하지, 다른 생물체에 비해서 인간이 특별한 존엄성이나 권리를 타고 난 것을 입증하는 것은 결코 아니다. 인간은 자연과 우주의 주인이 아니라 바로 그것들의 미세하고 또 미세한 한 일부에 지나지 않다. 그런데 경이로운 과학기술을 개발하고 그것을 무모하게 개입시킴으로써 인간은 생태계를 파괴하였다. 이런 과정에서 많은 종의 생명체들이 멸종되었으며, 자연적 자원이 고갈되었고, 지리적, 기후적으로 큰 변화와 재앙이 닥쳐오게 되었다. 지금 자연과 더불어 인간이 죽어가고, 인간과 더불어 문명이, 문명과 더불어 우주가 울면서 죽어가고 있다. 인간은 대부분의 동물들을 잡아 죽이고, 찢어먹고 구워 먹는다. 자연에서 인류보다 더 야만적이고 무모한 횡포를 부리는 동물은 없으며, 인간은 가혹한 독재자이고 더 매정한 제국주의자이다. 우리는 늦게나마 이와 같은 삶의 질의 향상이 문명의 발달과 진보에 힘입은 것이며, 문명의 발달과 진보는 자연의 무한정한 착취, 생태계 파괴, 지구온난화, 기후교란, 환경오염 등의 혼란을 대가로 치러야 한다는 사실을 깨닫게 되었다. 그렇다면 오늘의 문명사적 위기가 자연훼손과 생태계 파괴를 동반하고, 그 직접적 원인이 산업혁명과 뗄 수 없으며, 산업혁명이 근대적 과학지식 및 기술에 기초하고, 과학이 기계론적 유물론의 자연관을 전제하는 이상, 오늘의 문명위기의 책임은 근대과학의 유물론적 세계관에 돌려야 할 것이다. 그러나 이러한 연쇄적 논리로는 타당치 않다.

과학적 세계관과 그런 세계관에 기초한 과학적 기술개발 없이는 폭발적 산업혁명이 없었을 것이며, 산업혁명이 없었더라면 오늘과 같은 생태계 위기나 자

또 하나의 미래, 힐빙시대의 도래

연훼손이 생기지 않았을 것임은 분명하다. 하지만 과학적 세계관, 과학적 지식의 발견, 과학적 기술의 발명이 자동적으로 자연훼손, 생태계 파괴, 문명의 종말위기로 곧바로 이어지는 것은 아니다. 핵무기를 만들 과학적 원리의 발견과 그런 무기를 만들 기술을 갖고 있더라도 사회는 자신들의 목적, 기획에 따라 그런 지식과 기술을 슬기롭게 사용할 수도 있고 거절할 수 도 있다. 인간이 단순히 그냥 물질이거나 그냥 기계가 아닌 이상, 이러한 결정은 궁극적으로 인간의 지혜와 의지에 달려있다. 그것은 인간이 문명을 자신의 자율적 결정에 따라, 자신이 의식하지 못하고 있는 상태에서 오늘날의 위기 즉, 생태계 교란과 자연의 황폐, 궁극적으로는 문명의 종말과 인류의 죽음이라는 위험수준으로 잘못 몰고 왔음을 의미한다. 또한 이러한 사실은 아무리 생각해도 놀라운 지능과 사유력을 갖고 태어난 인류였지만, 그의 사유와 기획과 그의 세계관과 인생관에 치명적이고 결정적인 결함을 가지고 있었음을 말해준다.

왜곡된 인간관과 자연관

인간중심주의라는 형이상학적 망상

3만 년 전에 그린 것으로 추정되는 프랑스의 라스코와 쇼베의 동굴들과 스페인의 알타미라 동굴에서 발견된 벽화들은 그 구도나 세련도, 사실성, 색깔의 면에 있어서 그리스나 로마의 벽화나 르네상스의 거장들의 그림들만큼 환상적이고 현대적이다. 신의 창조 혹은 빅뱅 폭발로 시작된 우주의 무한히 긴 시간에 비할 때, 3만 년이란 시간은 눈 깜짝할 만큼 짧은 순간보다도 훨씬 더 짧은 기간이다. 그러나 이 놀라운 그림들을 그린 화가들은 동굴에 사는 원시인들이었으며, 밤낮으로 수 많은 종류의 짐승들로부터 생존의 위협을 받았던 털 없는 원숭이에 지나지 않았었다. 그러나 약 만 년 전 아프리카의 나일강, 중동의 바빌로니아 강, 인도의 인더스 강, 중국의 양자강에서 문명의 씨를 뿌렸던 인류는 그리스 · 로마의 서양문명, 인도와 중국의 동양문명, 근대 유럽의 과학기술문명, 21세기 첨단 과학기술문명을 통해 하루가 다르게 새롭고 화려한 기적에 가까운 꽃을 피우고 있다. 이런 문명사의 가속적 과정을 통해서 3만 년 전에 동굴 속에서 살아왔던 털 없는 원숭이는 지구상의 모든 다른 동물들을 완전히 제압하게 되었으며, 지구 전체와 더 나아가서는 우주공간을 독점하고 그것들을 자신의 욕망충족을 위한 활동무대이자 도구로 사용할 수 있게 되었다. 이 짧은 기간에 인간은 지구만이 아니라 우주 안에서 유일한 권력자, 지배자로서 그 외의 모든 존재 위에 군림하여 신과 같은 위치에 서게 되었다. 이런 점에서 인간이 스스로를 만물의 영장, 하느님의 특별한 아들로서 자연에 대한 특권을 확신해 왔던 것은 당연하다. 우주 안에서의 "인간은 물질적으로는 우주에 비해 보잘것없이 무에 가깝게 작은 존재이지만, 그러한 물질적 우주를 머리 속에 넣고 생각할 수 있는 동물이라는 점에서 그는 우주보다도 위대하다"라는 파스칼의 주장은 옳다. 우주 안에서 오로지 자신만이 갖는 위대성에 자부심을 가지고, 그것에 부합하는 특권을 주장해도 마땅하다.

어쨌거나 인류가 그 동안 성취한 종교적 철학적 예술적 창조물, 과학적 지식과 기술, 그리고 그러한 인프라 위에 이룩한 물질적 및 정신적 구축물들의 화려함과 정교함, 견고함과 신통함을 인정할 때, 개인적으로 그리고 육체적으로 아무리 빈약한 인간도 인류라는 종으로서의 각자 '나'의 힘, 위대함, 신성함에 대한 자부심을 느끼지 않을 수 없다. 우리는 무한한 종류와 개체 생명체들 가운데서 유일하게 뛰어난 존재라는 것을 깨달으면, 그럴수록 우리의 자부심과 오만은 상대적으로 풍선처럼 부풀어진다. 인간은 스스로를 자연의 주인이며, 감히 우주를 인간의 마음대로 주무를 수 있는 소유물로 확신하게 되었다.

도대체 인간이라는 이 놀라운 괴물은 어떤 존재이며, 자연과 우주 안에서 그의 힘과 횡포는 무엇을 의미하는가? 아무리 생각해도 말이 되지 않는다. 이러한 상황보다 더 부조리한 것은 생각할 수 없다. 오늘날 인류에게 자기반성, 자연과의 생태학적 관계에 관한 근본적인 자기 성찰보다 더 중요하고 시급한 것은 없다.

인간은 자신의 욕망충족을 위해서 인간 외의 모든 동물을 지배, 조작 및 활용할 수 있는 능력·힘을 갖고 있다. 인간은 인간 이외의 다른 생명체(동물)에 대해서 도덕적 의무가 있다. 인간이 다른 동물을 오로지 자신의 욕망을 위한 수단으로 간주할 수 있다 하더라도 인간은 동물에 대한 도덕적 의무가 있다. 동물은 윤리적 주체가 되지 못하더라도 윤리적 객체로 존재하고 따라서 윤리적 배려의 대상이기 때문이다.

우리가 지금 직면하고 있는 위기는 인류생존의 위기이며, 인류생존의 위기는 과학기술의 위기이다. 또한 과학기술의 위기는 인간중심주의의 위기이며, 인간중심주의 위기는 잘못된 세계관과 인간관의 위기이다. 그리고 잘못된 세계관과 인간관의 위기는 근시안적 세계관과 미시적 인식론에 뿌리를 두고 있으며, 근시안적 세계관과 미시적 인식론은 잘못된 가치관에 뿌리를 두고 있다.

인간중심주의에서 생태중심주의로의 전환

전통적 동아시아의 자연중심적 세계관

전통적인 인간중심주의는 인간의 오만이 만들어낸 착각이다. 인류는 우주의 중심이 아니라 가장자리에 있으며, 인류의 기적 같은 진화는 유대-기독교-이슬람이 전제하고 있는 바와 같이 초월자의 선택에 의해 결정됐거나 힌두-불교가 주장하고 있는 것과는 달리 자연의 우연한 산물이다. 우주적인 관점에서 볼 때 인류의 가치는 동물의 가치와 근원적으로 차별되지 않으며, 그의 존엄성은 다른 동물의 존엄성과 근본적으로 차등 지을 수 없다. 위와 같은 사실들은 현대과학 특히 천문학, 물리학, 화학, 생물학 등의 과학 분야에서 이미 수 없이 발견되고 있으며, 앞으로도 계속 발견될 것이다. 또한 동북아시아 사상의 뿌리를 이루고 있는 노장사상 즉, 철학적 도교(Philosophical Taoism)에서 두드러지게 나타나 있다. 정통적 노장사상은 전통적 사상가운데서 가장 과학적인 즉, 비 의인적인 동시에 가장 자연중심적이며 생태학적이다. 적어도 이런 점에서 동아시아는 새로운 문명의 싹을 틔울 수 있다.

자연은 한 없이 아름답고 자비롭다. 미국 원주민이 대지를 '어머니'라고 부르는 것으로 알 수 있듯이 자연은 모든 생성의 원천이자 젖줄이다. 그것은 대자연 즉 산천초목이 보면 볼수록 느끼면 느낄수록 생각하면 생각할수록 신선하고 풍요하기 때문이다. 자연은 무한히 조용하면서도 생기에 넘치고, 무한히 소박하면서도 환상적으로 아름답고 장엄하고 거룩한 모든 것들의 모체이자 그것들 자체이다. 자연은 영혼을 가진 인류를 비롯한 유인원, 그 밖의 수 많은 종류의 식물과 동물들 및 신비롭고 거룩한 모든 생명체의 고향이자 거처이며, 일터이자 휴식처이고, 행복의 둥지이며, 영혼을 가진 인간이 태어났던 땅이기 때문이다. 자연은 모든 존재의 터전인 동시에 그 원리이며 그러한 것들의 궁극적 의미이기도 하다.

수 많은 시, 특히 낭만주의적 문학예술 작품에서 나타나고 동아시아 사상, 노장사상의 근본적인 바탕으로 깔려있듯이 자연은 생명 그 자체의 활기, 존재 자체의 아름다움의 표상이다. 또한 그것은 인간이 배워야 할 진리이며 모든 행동의 도덕적 및 실용적 규범이며 지침이며 길이다. 바로 이런 관점에서 노자와 장자는 '자연스러움' '억지 없음'을 지적, 윤리적 미학적인 최고의 미덕으로 삼았으며, 그러한 삶이야말로 바른 삶의 양식 즉 도(道)임을 우리에게 가르쳐주려고 했다. 노자와 장자는 우리에게 모든 행동을 자연스럽게 하고 언제나 자연스럽게 살라고 일러 준다. 자연은 정복과 활용이 아니라 감사와 보존의 대상이다. 그러나 '자연스러움의 기준'은 대체 무엇인가? 어떻게 '자연스러움'과 인위적임을 구별할 것인가? 바로 여기에 낭만적, 노장적 자연관의 철학적 관점에서 본 결정으로 어려운 문제가 있다.

무정한 자연의 측면

보기에 따라 자연은 무정하고 잔인하기 때문이다. 그렇게 아름답고 거룩하며 그렇게도 싱그럽고 조용한 자연은 헤아릴 수 없이 많은 생명체들 약육강식의 피비린내 나는 경쟁을 벌이는 싸움의 원칙이며 마당이기도 본보기이기도 하기 때문이다. 자연은 모든 종류의 생명체들이 밤낮을 가리지 않고 포식자와 피식자, 쫓는 자와 쫓기는 자, 먹는 자와 먹히는 자들 간의 싸움이 벌어지는 전선이기도 하기 때문이다. 위와 같은 치열한 자연의 원리는 야생적 동물들의 세계만이 아니라 견고하고도 정교한 문명과 우아하고도 화려한 문화를 창조한 인간세계도 똑같이 반복된다. 인류의 역사는 인간들, 인간 집단들 간의 잔혹한 약탈과 살육의 피비린내 나는 싸움의 마당인 동시에 그러한 과정으로 기술될 수 있다. 그런데도 자연은 자신의 생존과 번영을 의탁하고 있는 인간을 비롯한 모든 동물, 모든 생명체의 희로애락에 무관심하며 인간의 기쁨과 아픔에 냉정하다. 어째서 모든 생명체들은 서로 경쟁하고 약탈하며 살아야 하는가? 왜 동물들의 새로운 생명의 탄생은 산고를 치러야 하는가? 생로병사가 인간을 포함한 모든 동물의 과정이라면, 어째서 자연은 그러한 과정을 만들어 냈는가? 어째서 무고한 사람이 병들어 죽고, 어째서 벼락같이 닥쳐 온 지진과 쓰나미는

또 하나의 미래, 힐빙시대의 도래

한 마을 한 도시를 순식간에 죽음의 폐허로 만들며, 왜 불같이 뜨거운 햇빛은 아프리카의 초원과 맹수들을 죽게 만드는가?

자연은 한 없이 삭막하다. 현대과학이 보여준 대로라면 자연은 모든 삶의 원천이기는커녕 양자역학이 말하는 분자, 원자, 쿼크 등과 같은 점차적으로 미세해지는 극히 작은 미립자들의 다양한 집합에 불과하다. 첨단 물리학에 따르면 자연이나 그 안에 살아가는 인간을 비롯한 환상적인 모든 생물들과 그것들이 펼쳐 보여주는 기적 같은 능력과 아름다움은 인간의 상상력이 만들어낸 환상에 지나지 않다. 이러한 자연은 의인화된 신화적 이야기나 위대한 시인들에 의한 감동적이고 아름답지만 비논리적인 노래로 서술될 수 있는 것이 아니라 건조한 철학적 개념, 더 나아가서 수학적 기호로만 인지되고 기술될 수 있을 뿐이다. 과학의 눈으로 볼 때 자연은 살아 움직이는 거대한 하나의 생명체가 아니라 물리학자들이 다루는 죽은 미립자들의 총체이다. 이러한 사실은 16세기 코페르니쿠스의 지동설로 시작하여 뉴턴의 만유인력과 고전역학을 거쳐 20세기 아인슈타인의 상대성원리와 보어와 하이젠베르크의 양자역학의 발견, 최근 개발되고 있는 생명공학, 인지과학, IT 산업의 폭발적 성공으로 더 이상 의심할 수 없는 사실이 되었다. 나는 현대과학에 전제된 유물론적 형이상학과 기계론적 자연관이자 우주관, 세계관, 인간관에 동의한다. 하지만 나는 확신한다. 자연과학의 자연관은 자연과 인간을 포함한 존재일반 전체에 대한 절대적으로 참인 마지막 그림은 절대 아니라는 생각을 누를 수 없다. 자연은 논리적으로 완전히 일관하거나 실증적으로 확실하게 증명될 수 없다고 나는 느낀다. 자연, 세계 그리고 우주전체에 관한 총체적이고 궁극적 진리는 말로나 글로 표현할 수 없는 숨은 진리이기 때문이다. 과학적 자연관은 최고의 그림이 아닐 뿐만 아니라 최후의 그림일 수도 없다. 과학이 제공하는 그림보다 더 나은 자연, 더 참된 우주 전체에 관한 그림이 영원히 존재하지 않는다 해도 결과는 마찬가지다. 그렇다면 무조건 찬미와 보존의 대상이 아니라 정복과 수정의 대상이 된다는 말인가? 그렇지 않다.

자연의 신비와 윤리적 배려대상으로서의 자연

하지만 자연은 또한 궁극적으로 '신비'롭다. 새들이 둥지를 틀고, 거미가 거미줄을 쳐서 먹이를 잡고, 몇 만 마리의 꿀벌들이 한데 엉켜있으면서도 여왕벌을 중심으로 각자 기하학적으로 정확하게 설계된 집을 짓고 살며 세대를 이어가는 모습을 보면 어찌 자연을 거대한 정밀기계의 아주 극미한 부속품으로만 볼 수 있겠는가? 이러한 의문은 인간을 비롯한 모든 동물이나 새들, 꿀벌을 비롯한 곤충들의 살아가는 모습을 관찰해보면 불가피하게 나온다. 예를 들어 보자. 산새 한 마리가 암놈을 유혹하여 짝짓기를 하고 세대를 이어가고자, 멋있게 둥지를 틀고 그것을 온갖 것들로 장식을 하는 모습은 보면 그 새가 단순한 물질의 기계적인 집합체로만 볼 수는 없다.

몇 만리 태평양을 돌아다니다가 때가 되면 자신들이 태어났던 강물에 떼를 지어 목숨을 걸고 돌아와 거기서 암컷은 알을 쏟아내고 수컷은 그 알 위에 정자를 뿌려 수정토록 한 후에 그 자리에서 죽어 사라지는 연어의 모습을 보면, 그것들이 그냥 물질이 아니라 영물이라는 것을 인정하지 않을 수 없다. 생물계나 동물들의 행동을 조금이라도 주의 깊게 관찰해보면, 누구나 그들이 단순한 물질로 환원되는 세포, 분자, DNA의 집합물로만 볼 수 없다는 결론에 이르리라고 믿는다. 만약 모든 것이 물질로 환원될 수 있다면, 물질이라는 존재와 그것의 기계적 구조는 그 자체가 신비롭다. 모든 것이 과학이 전제하는 물질로 환원될 수 없고, 모든 현상이 합리적으로만 설명될 수 없다는 뜻에서 '신비스럽다'는 말이다. 자연 앞에서 인간은 헷갈린다.

도대체 자연이란 무엇인가? 이렇게 보거나 저렇게 보거나, 이렇게 말하나 저렇게 말하나 자연은 '경이로움'(wonder) 그 자체라고 말할 수 밖에 없다. 아름답고 신비스러운 데가 있지만 기적에 가까운 경이로운 첨단과학이 보여주는 자연계는 정서적으로 한 없이 삭막하고 황량하며 딱딱하고 차다. 인간이 거의 신성하다고 할 수 있는 지적, 정서적, 기술적 능력과 종교적 및 윤리적으로 숭고한 정신을 갖춘 신비로운 동물로서 그 속에 포함됐다는 사실만으로도, 아니 그러한 동물이 자연 속에서 자연의 일부로 잉태되고, 자연을 자양으로 그 속에서 진화하고 서식하고 오늘과 같은 과학기술 문명을 구축했다는 사실만으로도 자연은 그냥 물질이나 기계가 아니라 '살아있는 것'이고, 살아있는 존재로서 신비로운 아름답고도 숭고하다. 이런 점에서만 살아있는 자연으로서의 생태계는 그것의 기쁨과 아픔이 우리와 관련되는 한 인간의 윤리적 배려의 대상이 되어야 한다. 자연, 더 정확히 말해서 야생동물도 윤리공동체에 포함시켜야 한다는 것이다. 그것은 곧 인간중심주의적 세계관에서 생태중심적 세계관으로 코페르니쿠스적 인식전환이 필요함을 뜻한다.

또 하나의 미래, 힐빙시대의 도래

환경윤리가 인간 이외의 타자 즉, 인간과 자연 생태계 속에서 더불어 존재하는 모든 동물들의 아픔과 기쁨, 고통과 행복에 관련된 의식과 배려를 뜻한다면, 북미 인디언의 샤머니즘이나 힌두교나 불교 그리고 도교를 제외한 동서의 전통적 어떤 종교, 어떤 철학에도 그런 윤리규범은 존재하지 않았다. 인간의 영혼을 포함한 모든 것이 근본적으로는 존재론적으로 서로 절대적으로 구별할 수 없는 "단 하나"라는 일원론적 형이상학의 신념을 바탕에 깔고 있는 아메리칸 인디언의 샤머니즘, 또는 힌두교, 불교 및 도교 등의 전통적인 동양의 세계관과는 달리 서양의 종교나 철학적 형이상학은 거의 예외 없이 오직 영혼을 가진 인간만이 존재의 존엄성을 가지며 그 자체로 존중되어야 한다고 확신해왔다. 이런 세계관에서 볼 때 인간을 제외한 자연이나 우주의 모든 것은 다만 인간의 복지를 위한 도구로 전락하게 되며 오로지 도구적 가치만을 가지게 된다. 이 같은 신념들은 인간만이 하느님 자신의 이미지를 따라 특별히 창조된 유일한 피조물 즉 아들이라는 기독교적 교리로 뒷받침되고 정당화 되어왔다. 그러나 더 이상 그 주장을 의심할 수 없는 천문학, 물리학, 생물학, 진화론, 인지과학, 지질학, 고고학 그리고 허다한 분야에서의 첨단과학적 발견들은 동물에 대한 윤리적 배려를 거부해 왔던 인간중심주의의 허구성을 이미 폭로했다. 동물에 대한 윤리적 배려의 봉쇄를 뒷받침해 준다고 믿었던 서양 종교적, 철학적 및 대중적 신념들은 결코 진리도 아니며 사실도 아니다. 그것은 인간들이 '옳은 자'가 아니라 오로지 강자로서 지금까지 자신들의 편이를 위해 그것들을 단순한 도구로서 취급해 왔으며 동물들에 해왔던 잔인한 행동을 정당화하기 위해 날조된 사기술이었다는 것이 들어난 것이다.

자연 생태계 파괴와 환경문제, 환경윤리와 관련해서 철학적 차원에서 처음으로 제기한 철학자들 가운데서 가장 잘 알려진 이는 [동물의 권리]를 쓴 피터 싱거(Peter Singer)가 아닌가 싶다. 그는 그 책에서 도덕적 주체자로서 인간은 동물에 대한 도덕적 배려라는 차원에서 덜 잔인해야 할 의무가 있다고 주장한다. 그러나 그러한 도덕적 의무는 동물이 인간과 같이 도덕적 배려를 받을 '권리' 즉, 그가 말하는 '동물권'이 선천적으로 존재해서가 아니라 다만, 그것들이 인간의 경우와 마찬가지로 '기쁨'과 '고통'을 느끼는 존재이기 때문이라는 것이다. 인간이 존재론적으로 윤리적 주체인 동시에 객체인 것과 달리 동물은 윤리적 주체일 수 없으며, 그런 점에서 윤리적 고려대상으로 존재하지 않는다고 그는 주장한다. 이러한 그의 주장에는 윤리적 주체 즉, 자율적 사고를 하고 자기의

식을 갖는 존재로서의 인간만이 윤리적 배려대상이 될 수 있다는 논리가 깔려 있다. 그러나 이러한 주장은 사리에 맞지 않는다. 왜냐하면 이런 논리는 정신 능력이 미숙한 아기나 제대로의 의식 기능을 수행할 수 없는 수 많은 노약자들이나 선천적인 정박아들 역시 윤리적 배려대상에서 제외시키기 때문이다. 따라서 그의 주장을 받아들일 이는 아무도 없다. 비록 그들이 윤리도덕적 주체로 살아갈 수 없더라도 정상적인 성인 가운데서 노약자, 유아 그리고 선천적 장애인에 대한 도덕적 의무가 있다는 것을 부정할 이는 아무도 없다. 윤리도덕적 의식과 의미는 싱거의 환경윤리학이 전제하고 있는 것과 "인간이 고귀한 것은 그가 삼강오륜三綱五倫이라는 윤리적 규범을 갖고 태어난 주체라는데 있다." 라는 [동몽선습]의 핵심적 명제처럼 인간의 존재론적 양식이 '윤리·도덕적'이라는데 있다고 나는 확신하다.

위와 같은 근거로 자연에 대한 인간의 윤리적 의무, 더 정확히 말해서 생태계에 대한 인간의 도덕적 의무는 반드시 필요하다. 그럴 때 비로소 인간은 지금까지 해왔던 것과는 달리 자신의 근시안적인 욕망충족만을 위해서 인간 이외의 생명체들을 오로지 도구로만 취급하여 고통을 주고 파괴하고 죽음으로 몰고 가지 못하게 될 것이다. 확고한 환경윤리의 정립과 실천은 자연생태계의 존중과 보존만을 위해서가 아니라 인간 자신의 존속을 위해서도 절대적으로 요청된다. 그것은 인간중심주의에서 생태중심적 세계관으로의 코페르니쿠스적 인식의 전환을 의미한다.

환경윤리의 실천적 문제

최근 한국의 몇몇 TV 채널에서 질 높고 유익한 계몽적인 다큐멘터리를 자주 방영하는 것은 고무적인 일이다. 나는 환경문제와 문명의 위기를 다룬 이 글과 관련해서 최근 두 개의 다큐멘터리를 보았다. 모두 문학적 상상물이 아니라 실증적인 과학적 연구의 보고였다.

그 하나는 생태계 파괴에 관한 것이고, 또 하나는 기후변화에 관한 것이었다. 첫 번 째 것은 꿀벌들이 사라짐으로 인해 발생하는 생태계의 연쇄적 파괴와 그

또 하나의 미래, 힐빙시대의 도래

것이 인간에게 미치는 치명적 결과에 관한 것이었다. 두 번째는 상상할 수 없이 큰 기후변화가 내년이고 내일이고 벼락같이 닥쳐 올 수 있으며, 지구는 치명적인 변화를 겪으면서 빙하기로 들어갈 수 있다는 것이다.

그러한 대 재앙과 위기는 '설마'라고 그냥 말해버릴 수 있는 것이 아니다. '설마'라는 생각이 사람 잡고 지구를 죽일 수 있다. 우리 눈앞에 닥쳐오고 있는 무서운 가능성을 명심하고 가능한 한 길고 큰 틀에서 대책을 세우고 그것을 작지만 구체적인 실천으로 옮길 마음의 준비를 항상 하고 있어야 한다. 언제 재앙이 닥칠지 정확히 예측할 수 있는 이는 아직 아무도 없지만 말이다. 어쨌든 지구 그리고 인간의 운명은 우리 자신과 자연에 대한 인식과 그에 따른 적절한 우리의 행동에 달려있는 것만큼은 확실하다.

박 이문, 문명의 미래와 생태학적 세계관, (당대, 1997)

박 이문, 자비의 윤리학, (철학과 현실,1993)

박 이문, 더불어 사는 인간과 자연, (미다스북스, 2001)

박 이문. 환경철학, (미다스북스, 2002)

박 이문, 역사적 전환기의 문화적 재편성, (철학과 현실, 2002)

피터 싱거, 동물해방.

한 명희, 환경철학, (철학과 현실, 1997)

한 명희, 환경윤리, (철학과 현실, 1997)

쟉크 모노, 우연과 필연, 김진옥 옮김 (범우사.1985)

제임스 라브록, 가이아, 홍옥희 옮김 (갈라파고스, 2003)

Peter Singer, Animal Liberation, (Random House, 1975)

Jared Diamond, Collapse, (Penguin Book, 2005)

William Barrett, Death of the Soul, (Anchor Book, 1986)

William Barrett, The Illusion of Technique, (Anchor Book, 1978,)

환경이 주는 압박으로 번뇌하고 있다면 재빨리 원점으로 돌아오라.
스트레스가 사라지면 불안도 더 이상 지속되지 않는다.
끊임없이 자신을 돌아봄으로써 조화로움의 경지에 이를 수가 있기 때문이다.

(도덕경)

힐빙 대화법

"상대를 항상 밝은 얼굴로 대하고,
상대의 말에 공감적 경청을 하라"

이주행

▶ 충남 광천 출생, 문학박사, 중앙대학교 명예교수
한국화법학회 회장, 방송위원회 방송언어특별위원회 위원장, 중앙대학교 문과대학 학장 역임

저서 : 「한국어 스피치 커뮤니케이션의 원리」, 「한국어 문법의 이해」, 「한국어 사회방언과 지역방언의 이해」
「소처럼 살다 가리라」, 「향기로운 인연」(공저), 「살리는 말 죽이는 말」(공저)외 다수

또 하나의 미래, 힐빙시대의 도래

말 한마디로 사람이 죽고 산다

우리나라는 뉴 미디어와 정보기술의
발달과 가치관의 급속한 변화로 말미암아
세대간, 성별간, 사회계층간의 갈등이
날이 갈수록 심화되고 있다.

그리고 청소년들 중에 상당수가 사이버 문화를 즐기는데, 노년들 중에는 청소년에 비해 사이버 문화를 즐기지 못하는 이가 많다. 또한 우리나라는 대가족 제도가 붕괴하여 핵가족 제도로 급변하고, 서구의 문화가 유입되면서 집단주의 문화가 점점 사라지고 개인주의 문화가 빠른 속도로 확산되고 있다. 오늘날 우리나라에는 이러한 여러 요인으로 말미암아 크고 작은 정신병에 시달리는 사람이 급증하고 있다. 최근 어느 보고서에 의거하면 우리 국민의 17%가 우울증을 앓고 있다고 한다.

사람은 매우 연약한 존재이다. 인간 언어에는 신비한 마력이 있다. 사람들 중에는 어떤 사람이 무심코 구사한 말 한마디에 쉽게 상처를 받거나, 분개하거나, 슬퍼하거나, 절망하거나, 자살까지 하는 이가 있다. 그러나 말 한마디에 실의에 빠진 사람이 자신감을 가지거나, 희망을 가지거나, 병마를 이기고 건강하게 살아가는 사람도 있다. 이렇듯 말은 공기와 물 이상으로 사람들이 살아가는 데 대단히 중요한 구실을 한다. 그리하여 "말 한마디에 천 냥 빚도 갚는다." "말로 온 공을 갚는다."는 등의 속담이 전해 오고 있다.

육체적인 병과 정신적인 병에 시달리는 사람들 중에는 태어나서 죽을 때까지 무조건 경쟁에서 이겨야 한다는 강박감을 지닌 채 살아온 사람이 많다. 그들 중에서 상당수는 남을 배려하고 양보하고 협동하는 것이 경쟁에서 이기는 것 못지않게 소중한 것이라는 교육을 받은 바가 없다. 그들은 수단과 방법을 가리지 않고 최고의 승자가 되어야 한다는 환경에서 살아 온 사람들이다. 이와 같이 현대인들 중에는 어려서부터 마음에 온갖 상처를 입고 견디기 어려운 스트레스를 받으면서 살다 보니 온갖 질병에 시달리는 사람이 많은 실정이다. 이러한 환자들을 치유하려면 이들과 어떻게 대화하여야 할까?

정신적·육체적인 질병을 치유하는 데 효과적인 대화를 힐빙(heal-being)대화라고 한다. 이 글에서는 힐빙의 대화법에 대해서 살펴보기로 한다.

무엇보다도 인간관계를 잘 맺어라

건강하게 살려면
무엇보다도 인간관계를 잘 맺으면서
살아야 한다.

대화 참여자 간의 인간관계는 힐빙 대화에서 대단히 중요한 비중을 차지한다. 아무리 탁월한 말하기 능력을 지니고 있다고 하더라고 인간관계가 좋지 않으면 힐빙 효과가 있는 말을 할 수가 없다.

대화 참여자 간의 인간관계가 좋아야 대화가 효과적으로 이루어진다. 환자가 화자를 믿고 존경하며 사랑하여야 화자의 말이 힐빙에 긍정적인 영향을 끼친다. 환자가 화자를 불신하고 싫어하면 그 화자의 말은 힐빙에 아무 도움을 주지 못한다. 그러므로 힐빙 대화를 하기 전에 무엇보다도 먼저 대화 참여자들이 서로 믿고, 존경하며, 사랑하는 인간관계를 맺는 것이 대단히 중요하다.

힐빙의 언어는 긍정적인 마음과 사랑의 샘에서 생성된다. 부모의 말이 힐빙 효과가 있게 하려면 부모가 자녀를 믿고 사랑하며, 자녀도 부모를 믿고 존경하여야 한다. 부모와 자녀 간에 늘 따뜻한 정이 오고가야 한다. 직장에서도 동료 간, 상사와 부하 간에 신뢰와 사랑의 다리가 놓여 있어야 한다. 그렇지 않은 직장에서는 정신병에 시달리는 직원이 있기 마련이다. 동료들과 잘 어울릴 줄 모르는 사람은 왕따로 낙인찍히어 온갖 괴로움을 당한다. 상사들 중에는 성질이 괴팍하여 부하 직원이 업무를 제대로 보지 못하면 그 부하 직원을 여러 사람 앞에서 망신을 주는 이가 있다. 기안 서류를 집어 던지거나 심지어 욕설을 퍼붓는 이도 있다. 이러한 상사에게서 모욕을 당한 사람은 엄청난 상처를 받고 그 상사를 무척 증오하고 미워할 것이다. 더 이상 참기 어려울 경우에는 극단적인 언동을 하기도 한다. 그런데 동료 간 상사와 부하 간에 따뜻한 인간관계를 맺고 있을 경우에는 힐빙의 언어가 오고갈 것이다.

학교에서도 학급 친구들과 어울릴 줄 모르는 학생이 왕따가 되는 경우가 많다. 그 학생이 매우 내성적인 사람인 경우에는 특히 그의 부모가 전문가의 도움을 받아 그 자녀가 외향성도 지니도록 양육하고, 담임교사에게 그러한 사실을 미리 알려 주어 담임교사가 그 학생으로 하여금 사회성을 가지고 교우 관계를 잘 맺도록 지도해 줄 것을 요청한다. 그리고 부모는 자주 교사와 면담하여 자녀의 교우 관계와 학교생활의 상태를 알아 긍정적인 방향으로 바뀌도록 적극 보살펴 주어야 한다. 학부모, 학생, 교사가 상호 신뢰와 사랑의 끈으로 이어져 있으면 학교에서 왕따가 사라질 것이다.

공감적 경청을 하라

의사소통에서 말하는 것보다
듣는 것이 더 중요하다.

힐빙 대화에서는 경청이 무엇보다 중요하다. 어떤 화자든지 청자가 자신의 말을 적극적으로 공감하면서 인내심을 가지고 끈기 있게 들어 주면 그 청자와 열린 마음으로 대화를 하게 된다.

이해인 수녀는 모두 13연으로 구성되어 있는 '들게 하소서'라는 시의 제2연에서 남의 말을 정성껏 듣는 사람이 되게 해 달라고 기도하고 있다.

> (1) 내 하루의 작은 여정에서
> 내가 만나는 이의 말과 행동을
> 건성으로 들어 치우거나
> 귀찮아하는 표정과 몸짓으로
> 가로막는 일이 없게 하소서.

초등학교나 중학교·고등학교에 다니는 자녀가 학교에서 있었던 사건이나, 자신의 고민 등에 대해서 이야기하면, 부모는 화가 나는 일이 있고 바쁜 일이 있더라도 부모로서 예의를 지키면서 인내심을 가지고 그 자녀의 말을 끝까지 공감적 경청을 하여야 한다. 공감적 경청이란 상대방의 말에 공감하면서 듣는 것이다. 들으면서 질책하거나, 충고하거나, 비난하거나, 판단하지 않고 화자의 말을 존중하는 태도로 경청하는 것이다. 누구든지 상대가 자신의 말을 존중하고 맞장구치면서 들으면 그는 자기가 상대에게서 공감적 이해를 받고 있는 것으로 생각하고 더욱 열린 마음으로 말을 하기 마련이다.

한국인들 중에는 참을성이 부족하고 성급해서 끝까지 상대의 말을 끈기 있게 듣지 않는 사람이 많다. 부모도 예외가 아니다. 오늘날의 부모 중에는 상당수가 맞벌이를 하다 보니 자녀들과 대화를 할 시간이 별로 없는 이가 많다. 그리고 부모는 직장에서 온갖 스트레스를 받고 지친 몸으로 귀가하는 경우에 자녀를 차갑게 대하거나 특별한 이유 없이 자녀를 학대하기도 한다. 이러한 가정에서 생활하는 유아나 청소년은 정신적으로 문제가 많은 사람으로 성장할 가능성이 매우 높다. 그러므로 부모는 어떤 상황이든 자녀가 하는 말을 공감적으로 경청하여야 한다.

다음의 (2)는 어느 어머니가 중학교 1학년 학생인 아들의 말을 공감적 경청을 한 것이다.

> (2) 아들 : 엄마, 나 학교 가기 싫어요.
> 　　어머니 : 학교에서 무슨 일이 있었니?
> 　　아들 : 우리 반 애들이 날 괴롭혀요.
> 　　어머니 : 무척 괴롭겠구나. 엄마도 마음이 아프구나.
> 　　아들 : 엄마, 괴로워하지 마요. 제가 해결할게요.
> 　　어머니 : 어떻게 해결할 거니?
> 　　아들 : 우선 걔들 중 가장 힘센 녀석과 일 대 일로 만나 그 아이의 말을 들어 봐야겠어요. 왜 나를 괴롭히냐고요.
> 　　어머니 : 아주 좋은 생각이구나.
> 　　아들 : 그래도 효과가 없으면 가장 약한 녀석의 말을 들어 봐야겠어요.
> 　　어머니 : 잘 생각했어. 엄마도 해결책을 생각해 보마.

이상의 (2)에서 '어머니'는 '아들'의 말을 끝까지 공감적 경청을 하였다. 그러나 대부분의 어머니는 그 아들을 책망하거나, 화를 내면서 내일 학교에 가서 담임 교사에게 항의하거나, '아들'을 괴롭히는 학생들을 혼내 주겠다고 말할 텐데, 이상의 (2)의 '어머니'는 분노로 북받치는 감정을 억제하고 아들의 처지를 이해 하면서 끝까지 공감적 경청을 하고 있다. 이와 같이 부모가 자녀의 말을 공감 적 경청을 하여야 그 자녀가 온갖 고민을 혼자 해결하려 하지 않고 부모와 의 논하려고 한다.

정신과 의사가 환자와 상담할 적에 환자의 고민을 아무런 조건이나 비평 없이 긍정적으로 들어 주면 그 환자의 정신병이 치유되는 경우가 많다고 한다. 어느 지방의 '생명의 전화'에서 근무하는 자살 예방 상담원은 자기에게 5년 동안 매 일 전화를 하여 절망에 빠져 죽고 싶다면서 1시간 이상 횡설수설하는 사람의 전화를 공감적 경청을 하면서 끈기 있게 들어 주었더니 그가 자살하려던 마음 을 접고 이제는 건강하게 잘 살고 있다고 한다. 이것은 공감적 경청의 효능을 입증하는 좋은 사례이다.

상대의 말을 정성껏 잘 들으면 상대의 스키마(schema)를 이해할 수 있을 뿐만 아니라 상대가 아파하는 것이 무엇인지, 상대가 원하는 것이 무엇인지를 알 수 있다. 상대의 스키마와 심리 상태를 이해하고 대화하여야 상대의 상처를 아물 게 하는 데 매우 유효하다. 환자의 말을 공감적 경청을 하는 것은 위로를 하거 나 조언을 하는 것보다 힐빙에 더욱 효과가 있다.

침묵하여야 할 경우에는 침묵하라

사람들과 의사소통을 잘하고
원만한 관계를 유지하려면
말해야 할 때와 침묵해야 할 때를
잘 구분하여야 한다.

"침묵은 금이요 웅변은 은이다."라는 격언이 있듯이 때로는 침묵이 힐빙에 도움이 되는 경우가 있다. 말을 해서는 안 되는 상황에서는 말을 하지 않는 것이 말을 하는 것보다 치료에 도움을 더 준다.

상대가 몸이 불편하거나 화가 나 있어서 다른 사람의 말을 듣고 싶어 하지 않을 때에는 말을 하지 않는 것이 좋다. 상대가 듣고 싶은 마음이 없을 때 말을 하는 것은 상대를 고문하는 것과 같다.

잔소리는 역기능을 하는 것이다. 잔소리는 필요 이상으로 귀찮게 늘어놓는 훈계조의 말이다. 상대가 혼자 가만히 있고 싶을 때 잔소리를 들으면 부정적인 반응을 보인다.

화자 입장에서 볼 때 청자에게 도움이 되는, 좋은 이야기라고 판단되어 상대에게 들려주고 싶어도 말을 하기 전에 반드시 상대의 육체적, 정신적 상태를 살펴본 뒤에 상대가 기꺼이 청취하고 싶어 할 때 이야기하여야 한다. 화자가 무척 화가 날 경우에는 감정이 평온해질 때까지 아무 말도 하지 않는 것이 좋다. 화가 날 때 말을 하면 상대에게 상처를 주는 말을 할 가능성이 높다. 어떤 사람은 아내와 언쟁을 하다가 분노가 치밀어 오르면 슬그머니 외출을 하여 분노가 사라질 때까지 아파트 단지를 산책하다가 자기 아내가 좋아하는 음식을 사 가지고 집에 들어가서 태연한 표정으로 아내에게 그것을 준다고 한다. 이렇게 하여 30여 년 동안 결혼 생활을 하면서 아내에게 아픈 말을 한 적이 없다고 한다. 이 부부는 금슬 좋게 노년을 보내고 있다.

이해인 수녀는 '말을 위한 기도'라는 시에서 다음의 (3)과 같이 노래하고 있다. 이 시는 모두 10연으로 구성되어 있는데, 다음의 (3)은 제8연에 해당된다.

> (3) 내가 이웃에게 말을 할 때에는
> 하찮은 농담이라도
> 함부로 지껄이지 않게 도와주시어
> 좀 더 겸허하고
> 좀 더 인내롭고
> 좀 더 분별 있는

사랑의 말을 하게 하소서.

이상의 (3)에서 시인은 함부로 말을 하면 상대에게 상처를 주기 때문에 '사랑의 말'을 하는 사람이 되게 해 달라고 간절히 기도하고 있다. '사랑의 말'에는 겸허함, 인내심, 분별 등이 내포되어 있다. 이런 사랑의 말을 하지 않으려면 침묵을 지키는 것이 낫다.

화자의 입장에서 볼 때 아무리 좋은 이야기라 하더라도 말을 해선 안 될 상황인 경우에는 말을 하지 않는 것이 상대의 힐빙에 도움이 된다.

밝은 표정과 밝은 음성으로 말하라

대화에서 백 마디 말보다
따뜻한 표정, 눈길, 손길 등이
훨씬 더 효과적인 경우가 많다.

통제하기가 가장 쉬운 것은 얼굴이다. 그러나 통제하기가 어려운 것은 음색이다.

표정, 눈 맞춤, 손짓, 발짓 등으로 어떤 의미를 나타내는 것을 신체언어(body langauage)라고 한다. 이것을 비언어(nonverbal language)라고 일컫기도 한다. 어조, 음색, 고저, 장단, 강약 등을 달리함으로써 어떤 의미를 나태는 것을 반언어(semi-language)라고 한다. 반언어를 준언어(paralanguge) 혹은 의사언어(quasi- language)라고 일컫기도 한다. 신체언어와 준언어는 음성언어 못지않게 힐빙 대화에서 중요한 기능을 한다.

쇼펜하우어(Schopenhauer)는 "많이 웃는 사람은 행복하고, 많이 우는 사람은 불행하다."라고 했다. 밝은 표정과 밝은 음성으로 환자와 이야기하여야 힐빙에 도움을 준다. 밝은 표정과 밝은 음성은 상대를 즐겁게 한다. 이와 반대로 어두운 표정과 어두운 음성으로 말을 하면 상대가 침울해하고 불쾌해한다. 아름답고 향기로운 꽃다발을 받는 사람은 누구든지 즐거워한다. 아름답고 향기로운 꽃다발을 줄 때의 환한 표정, 따뜻한 포옹, 다정한 목소리로 환자와 대화를 나누면 힐빙에 긍정적인 영향을 끼친다.

어떤 경우든 차별언어를 사용해선 안 된다

차별 언어는 청자에게 모멸감을 주어
상처를 입히는 언어이다.

절대로 차별 언어를 구사해선 안 된다. 차별 언어에는 성(性) 차별 언어, 사회 계층 차별 언어, 연령 차별 언어, 종교 차별 언어, 인종 차별 언어, 지역 차별 언어 등이 있다.

성 차별 언어는 남성이나 여성을 차별하는 언어이다. 성 차별 언어의 예를 들면 다음의 (4)와 같다.

> (4) ㄱ. "남자가 성형 수술을 받니?"
> ㄴ. "남자가 왜 그리 말이 많아?"
> ㄷ. "남자가 그렇게 힘이 없니?"
> ㄹ. "여자가 담배를 피우니?"
> ㅁ. "여자가 욕을 하니?"
> ㅂ. "여자가 난폭 운전을 하니?"

이상의 (4ㄱ) (4ㄴ) (4ㄷ) 등은 남성 차별 언어이고, (4ㄹ) (4ㅁ) (4ㅂ) 등은 여성 차별 언어이다. 남성 차별 언어를 남성에게 사용하면 그 말을 들은 남성이 상처를 받고 화를 낸다. 여성 차별 언어를 여성에게 사용하면 그 말을 들은 여성도 화를 내거나 상처를 받는다. 환자에게 성 차별 언어를 사용하면 더욱 아파한다. 따라서 어떤 경우든지 환자에게 성 차별 언어를 사용해서는 안 된다.

사회 계층 차별 언어는 일정한 사회 계층을 차별하는 언어이다. 즉 상류 계층
이나 중류 계층이나 하류 계층을 차별하는 언어이다. 특히 우리나라 사람은 학
력이나 직업을 가지고 사회 계층을 차별하는 경우가 많다.

    (5) ㄱ. 대학생이라고 너무 잘난 척하지 마.
       ㄴ. 그는 장사꾼이라 얼마나 짠지 몰라.

이상의 (5ㄱ)은 대학생인 청자를 차별한 말이고, (5ㄴ)은 장사하는 사람을 비
난한 말이다. 이러한 말을 들으면 사람들은 불쾌해하거나 상처를 받는다. 화자
는 환자와 관련되는 사회 계층 차별 언어를 절대로 사용해선 안 된다.
연령 차별 언어는 일정한 세대를 차별하는 언어이다. 청소년이 노인을 폄훼하
는 언어나, 노인이 청소년을 비방하는 언어가 그 보기에 속한다.

    (6) ㄱ. 노인들은 너무나 고지식해.
       ㄴ. 요사이 10대는 무례하기 그지없어.

이상의 (6ㄱ)은 청소년이 노인을 차별한 발언이고, (6ㄴ)은 장년이나 노년이 청
소년을 차별한 말이다. 한국인들 중에는 연령에 대한 편견을 가진 사람이 많
다. 환자에게 이러한 연령 차별 언어를 사용하면 힐빙에 역기능을 한다.
종교 차별 언어는 일정한 종교를 차별하는 언어이다. 즉 일정한 종교를 비난하
는 언어이다. 신도 중에서 자기가 믿는 종교를 차별하는 말을 평온한 마음으로
듣는 이가 거의 없다. 화자는 사전에 환자인 상대가 어느 종교를 믿는지 모를
경우에는 어느 종교도 비난해선 안 된다.

인종 차별 언어는 일정한 인종을 폄훼하는 언어이다. 오늘날 한국은 다인종국
가이다. 일정한 인종에 대한 편견을 가져서는 안 된다. 그리고 어떤 인종이든
지 비난하거나 비방하는 언어를 구사해선 안 된다.

지역 차별 언어는 일정한 지역의 사람을 차별하는 언어이다. 우리나라에는 오
래 전부터 일정한 지역에서 태어나 사는 사람들에 대해 편견을 가지고 차별하
는 언어를 구사하는 사람이 많다. 모든 지역의 사람은 각각 장점과 단점을 지
니고 있다. 일정한 지역민에 대한 부정적인 시각을 버리고 긍정적인 마음으로

대하는 태도를 지녀야 한다. 그리고 일정한 지역의 사람을 차별하는 말을 해선
안 된다.

차별 언어를 구사하는 사람은 일정한 성(性), 사회 계층, 연령, 종교, 인종, 지
역 등에 대해서 편견을 가지고 있다. 차별 언어를 구사하지 않으려면 그러한
편견을 버리고, 상대가 자기와 다른 점을 인정하고, 모든 대상을 긍정적인 마
음을 가지고 상대하여야 한다.

환자에게 차별 언어를 사용하면 상처를 주고, 병을 더욱 악화시킨다. 따라서
환자와 관련되는 차별 언어를 환자에게 절대로 사용해서는 안 된다.

상대에 따라 말하는 방식을 달리하라

남성과 여성은 상대 성(gender)의 특성을 잘 이해하고 대화를 하여야 한다.
남성과 여성의 차이점은 다음과 같다.

(ㄱ) 남성은 서열적 경쟁 관계를 추구하는데, 여성은 대등적 협력 관계를
추구한다. 대부분의 남성은 상대를 제압하고 싶어 하는데, 대부분의 여
성은 상대와 친밀하게 지내고 싶어 한다. 남성은 상대가 자신의 의견에
동의하고 자신에게 순종하기를 원한다. 그렇지 않을 경우에는 불쾌해
하고 상대를 승복시키려고 한다. 그러나 여성은 상대의 의견을 존중하
면서 친밀한 관계를 유지하고자 힘쓴다.

(ㄴ) 남성은 여성이 자신을 신뢰해 주기를 바라고, 여성은 남성이 자기에
게 관심을 가져 주기를 바란다. 남성은 여성이 자신의 언동을 믿어 주는
것을 좋아하는데, 여성은 남성이 자신에게 마음을 써 주길 원한다.

(ㄷ) 남성은 '감정'보다 '사실'에 비중을 많이 두는데, 여성은 '사실'보다
'감정'에 비중을 많이 둔다. 그리하여 남성은 뉴스나 스포츠를 좋아하는
데, 여성은 드라마나 쇼를 좋아한다.

또 하나의 미래, 힐빙시대의 도래

    (ㄹ) 남성은 고민을 혼자 해결하려고 하는데, 여성은 가까운 사람과 함께 고민을 해결하려고 한다.

    (ㅁ) 남성은 직접적 표현에 익숙한데, 여성은 간접적 표현에 익숙하다. 부부가 제주도로 여행을 가자고 말할 경우 대부분의 남편은 "여보, 제주도에 여행을 다녀옵시다."라고 직접적으로 자신의 의사를 표현하는데, 대부분의 아내는 "여보, 우리는 제주도에 여행을 다녀온 지도 참 오래 되었어요."라고 간접적으로 표현한다.

남성과 여성이 대화할 적에는 자기중심적으로 이야기하지 말고 이상의 차이점을 이해하고 상대를 배려하여 대화를 하여야 의사소통이 잘 되어 힐빙 효과가 있다.

청소년과 노년은 다음과 같은 차이가 있다.

    (ㄱ) 청소년은 진보적인데 노년은 보수적이다.

    (ㄴ) 청소년은 수평적인 사고를 하는데, 노년은 수직적인 사고를 한다.

    (ㄷ) 청소년은 현재와 미래에 관한 일에 관심이 많은데, 노년은 과거의 일에 관심이 많다.

    (ㄹ) 청소년은 사이버 문화를 즐기고 *SNS(social network system)로 낯선 사람들과 의사소통을 잘 한다. 그런데 노년은 사이버 문화를 즐기지 않고, SNS로 낯선 사람들과 의사소통을 잘하지 못한다. 또한 청소년은 이메일로 의사소통을 하길 좋아하는데, 노년은 사연을 종이에 쓴 편지로 의사소통하길 좋아한다.

이와 같이 연령에 따라 사고방식, 선호하는 문화와 의사소통 방식 등이 다르다. 사전에 환자의 사고방식, 선호하는 문화와 의사소통 방식을 이해하고 그것들에 맞추어 대화를 하여야 환자의 힐빙에 도움을 준다.

---

* SNS(social network system)란 온라인으로 인맥을 구축할 목적으로 개설된 커뮤니티형 웹사이트로, 미국의 트위터, 마이스페이스, 페이스북, 한국의 싸이월드, 미투데이 같은 1인 미디어와 정보공유 등을 포괄하는 것이다.

상대를 남과 비교해서 말하지 마라

이것은 "말이란 같은 내용이라도 표현하는 데 따라서 듣는 맛이 아주 다르다."라는 의미를 나타내는 속담이다. 대화 상대의 좋은 점과 탁월한 점에 대해서 남과 비교하여 말하면 힐빙에 도움을 주지만, 상대의 나쁜 점과 부족한 점에 대해 남과 비교하여 말하면 상대의 마음에 상처를 준다. "당신은 어느 누구보다도 멋져요." "당신 동창인 철수 아빠보다 훨씬 젊어 보여요." 등은 힐빙에 긍정적인 효과를 가져온다. 그러나 "당신은 당신의 친구인 형준보다 못생겼어요." "너는 네 동생보다 인내심이 부족해." 등은 힐빙에 부정적인 영향을 끼친다. 상대를 가급적 남과 비교하여 말하지 않는 것이 바람직한데 굳이 남과 비교하여 말할 경우에는 남보다 상대의 나은 것, 좋은 것 등에 대해서 이야기하여야 한다.

가까운 사람일수록 존중하여 다정하고 예의 바르게 말하라

가족은 가장 소중한 존재이다. 가족끼리 대화할 때에는 가장 다정하고, 가장 예의 바르게 말하여야 한다. 이러한 가정에서 생활하는 사람들은 정신적으로 아주 건강하다.

사랑으로 맺은 부부는 죽을 때까지 가장 소중히 여기면서 정겹게 살아야 할 텐데 나이가 들수록 서로 미워하고 다투면서 사는 이들이 있다. 이들은 결혼 초부터 상대에게 상처를 주는 언행을 하면서 살아 왔기 때문이다. 다음의 (7)과 (8)은 어느 부부의 실화이다.

(7) 30대 때 남편이 바람을 피워 이혼 직전까지 갔던 어느 여인은 폐경기가 되자 남편의 모든 언동이 싫고 밉기만 했다고 한다. 얼마 후에 그 여인은 심한 우울증에 걸렸다. 그 여인은 몹시 불안하고, 외출하기가 싫고, 밤에는 불면증 때문에 잠을 잘 수가 없었다고 한다. 그러한 아내를 보살피는 남편도 하루하루 사는 것이 몹시 괴롭다고 했다. 이제 그 여인은 적극적인 병원 치료와 가족들의 정성어린 보살핌으로 거의 완치가 되었다. 그러함에도 불구하고 그 여인은 자기 남편을 증오하면서 살고 있으며, 당장이라도 이혼을 하고 싶다고 한다. 그녀의 남편은 매일 아내에게서 핍박을 받으면서 살고 있다고 한다. 화가 나면 이 부부는 심한 욕설을 주고받으면서 언쟁을 벌이곤 한다고 한다.

(8) 결혼 전부터 무척 사랑하여 결혼한 어느 부부는 늘 상대를 배려하고 존중하면서 40여 년을 살아왔다. 그 부부는 아무리 화가 나도 반말을 하거나 욕설을 하는 경우가 없었다고 한다. 그들은 주로 '해요체'로 대화를 한다고 한다. 이 부부는 매일 다정히 대화를 나누고, 매월 한두 번 함께 영화관에 가서 영화를 본다고 한다.

예의범절은 인간관계를 부드럽게 하는 사회생활의 윤활유이다. 부모도 자녀에게 예의를 지켜 언행을 하여야 하고, 자녀도 부모에게 예의를 지켜 언행을 하여야 한다.

자녀는 독립된 인격체이다. 부모가 자녀에게 무례하게 언행을 하면 자녀가 상처를 받고, 자녀가 부모에게 무례하게 언동하면 부모가 상처를 받는다.
특히 자녀는 연로한 부모와 대화할 때에는 예의 바르고 부드러운 목소리로 말하며, 가급적 부모의 말을 정중히 경청하여야 한다.
공자는 다음의 (9)와 같이 부모에게는 부드럽고 공손하게 건의하라고 말하였다.

⑼ 子曰 事父母幾諫 見志不從 又敬不違 勞而不怨(공자가 말하기를 "부모를 섬기되 잘못이 있거든 부드럽게 간하라. 따르지 않으실 생각이 보여도 더욱 공손히 하여 뜻에 거스르지 말 것이요, 수고로워도 원망하지 말 것이다." [論語 里仁篇 18.]

오늘날 부모는 대부분 자녀에게 어려서부터 예절을 가르치지 않고 무례하게 언동하여도 방관하는 경향이 농후하다. 그리하여 그 자녀가 성인이 되어 자신의 부모에게 무례하게 언동하거나 심지어 부모를 학대하는 자녀가 날로 증가하고 있다. 부모가 자녀를 비난하거나 악평을 하거나 다른 형제와 비교하여 부족한 점을 말하면 그 자녀는 상처를 받을 뿐만 아니라 부모를 원망한다. 자녀도 독립된 인격체이다. 부모는 자녀를 대할 때 언제나 자녀의 인격을 존중하고 예의 바르게 대하여야 한다.

어린 시절에 가족에게서 받은 상처는 쉽게 아물지 않는다. 가족의 구성원은 평등하여야 한다. 부모라 하여 자녀들을 억압하고 통제하여서는 안 된다. 가족이 여행을 갈 경우 사전에 가족회의를 열어 여행 기간, 여행 장소 등에 대해 합의를 하여야 한다. 부모가 일방적으로 정해선 안 된다. 가족 구성원들이 의견을 충분히 개진한 뒤에 가급적 많은 사람이 원하는 것으로 결정하여야 한다. 부모는 어린 자녀의 의견도 자기들의 의견과 같은 무게로 존중하여야 한다. 비속어를 섞어서 반박과 질책을 하거나 자녀의 의견을 무시해선 안 된다. 부모는 자녀의 눈높이에 맞추어 의견을 경청하고 이해하기 위해 힘써야 한다. 자녀의 발언을 막거나 자녀의 의견을 무시하면 자녀가 상처를 받는다.

가족 간에는 늘 상대를 존중하고 사랑하면서 서로에게 필요한 것들을 충족시켜 주는 열린 커뮤니케이션을 하여야 한다. 이런 가정에서 생활하는 사람은 정신적인 질환에 걸릴 가능성이 낮다.

또 하나의 미래, 힐빙시대의 도래

상대가 희망과 자존감을 갖도록 말하라

선수들은 더욱 분발하여 우승을 하곤 한다고 한다. 고래도 칭찬을 하면 춤을 춘다고 한다. 이와 같이 사람이나 짐승도 칭찬을 받으면 좋아한다. 환자가 자존감을 가지게 하면 좋아할 뿐만 아니라 힐빙에 도움이 된다.

"전보다 훨씬 좋아졌어요." "참 좋아 보이네요." "어쩌면 그렇게 잘 하세요." 등과 같은 찬사를 아끼지 않고 환자에게 사용하면 병이 빨리 나을 것이다. 이와 반대로 "당신의 상태가 전보다 나빠 보여요." "어쩌면 그렇게 못하세요." "한 말을 또 하니 답답하군요." 등과 같이 절망적인 말을 하거나 흉을 보면 병을 더욱 악화시킬 것이다.

상대의 상태가 점진적으로 좋아지거나, 전보다 나은 언동을 할 때마다 칭찬을 하여 주면 힐빙 효과가 있다. 사소한 일이라도 칭찬할 만한 것을 발견할 때마다 약간 과장하여 칭찬할 필요가 있다.

덮어놓고 '오냐' '오냐' 하지 마라

환자가 하는 언동이 좋은 것일 경우는 칭찬하고, 그가 요구하는 것이 그 사람에게 이로운 것일 경우에는 적극적으로 수용하여 들어 주어야 한다. 그러나 환자가 하는 언동이나 요구하는 것이 그 사람에게 해로운 것일 경우에는 하지 못하게 하거나 거절하여야 힐빙에 도움을 준다.

환자에게 해로운 것과 이로운 것을 구별하지 않고 그의 요구를 무조건 들어 주면 그의 병이 잘 치료될 리가 없다. 환자가 병 치료에 도움이 되지 않는 언동을 할 적에는 못하게 하여야 한다. 그리고 환자가 병 치료에 역기능을 하는 것을 요구할 적에도 거절하여야 한다. 환자로 하여금 어떤 언동을 하지 못하게 할 적에는 그가 상처를 받지 않도록 신중하게 말하여야 한다. 거절할 때에도 환자가 납득하도록 구체적인 이유를 들어 말하여야 한다. 일정한 준거에 따라 병 치료에 이로운 것과 해로운 것을 분명히 구별해서 일관성 있게 환자를 대하면 힐빙 효과가 있다.

환자의 컨디션과 처지를 이해한 뒤에 말하라

동일한 환자라고 하더라도
그의 컨디션과 처지는 수시로 변한다.

힐빙 대화의 요체는 상대의 컨디션과 처지를 이해하고 그것에 맞추어 힐빙에 도움이 되는 언어를 선택하여 효과적인 방법으로 말하는 것이다. 화자가 자기중심으로 일방적으로 말해선 안 된다.

사람들 중에는 어떤 사람을 상대할 적에 그 사람의 컨디션과 처지를 전혀 고려하지 않고 획일적으로, 자기중심적으로 대하는 이가 많다. 이러한 사람일수록 남과 갈등을 빚고 화목하게 지내지 못한다. 또한 그는 환자의 병을 더욱 악화시키는 말을 한다.

힐빙 대화를 하려면 사전에 환자의 컨디션과 처지를 분명히 이해하기 위해 힘써야 한다. 그런 다음에 힐빙에 도움이 되는 언어를 선택하여 적절히 표현하여야 한다.

또 하나의 미래, 힐빙시대의 도래

우리가 진정으로 노력을 기울여야 하는 일은 무엇일까?
오직 한 가지다.
정직하게 생각하고 의롭게 행동하고 속이지 말며 성정을 닦으라.
즉 일어나는 모든 일을 필연적이고 정상적이고 동일한 원칙과 뿌리에서 기인한 이로
여기고 기쁘게 받아들여라.

(도덕경)

숲 훼손과 인류문명의 변천

박헌렬

▶ 부산 출생, 공학박사(파리6대학), 전 중앙대학교 교수, 수필가
'이음새 문학'회 회원, 전 힐텍 · 힐빙문화연구소 소장, 한국원예치료학회 부회장,
국제힐빙학회 회장

저서 : 「지구촌의 환경과 인간」 영풍문고(2000), 「지구온난화, 그 영향과 예방」 우용출판사(2012)

고대 문명과 숲자원

인류는 구석기 시대에
숲과 하천을 떠돌아다니며
수렵과 채취를 하며 살았다.

오랫동안의 수렵채취 생활에 익숙한 인류는 본능적으로 고기를 좋아하였지만 구하는 과정이 힘들어 생명의 위협을 받을 때가 많았다. 그래서 인류는 식량을 쉽게 확보하고 생명을 안전하게 지키기 위한 방도를 찾아 궁리하던 끝에 한곳에 정착하는 생활 형태를 택하게 되었다. 이것이 약 1만 년 전 일정한 지역에서 농업을 시작한 배경이다. 농경생활은 이전에 비해서 여러 가지로 다른 양상을 띠어갔다. 식량 생산을 위해서는 숲을 변형하여 농경지를 만들고 자연을 효과적으로 이용하는 삶을 터득해 나갔다. 이전 생활에 비해 생산한 식량이 많아져 잉여농산물도 생겼기 때문에 지역공동체가 발달하게 되었다. 이 시기에 사람들은 한 곳에서 씨족단위의 마을을 형성해 외부 침략에 공동대처해 협력하면서 공동체생활을 발전시켜 나갔다. 공동체 마을은 점점 인구가 불어났고 증가 인구를 부양하기 위해서는 더 넓은 경작면적이 필요하였다. 이를 확보하기 위해 주위의 자연을 훼손시키면서 숲자원은 점차 줄어들었다.

고대 인류문명사회를 돌아보면 현대 문명에서 차지하는 석유 이상의 역할을 오랫동안 감당해 온 것은 삼림자원이었다. 숲은 우리 생활에 필요한 다양한 물자와 더불어 거주환경을 제공했다. 다시 말하면 숲은 1차 산물 생산을 위한 토대를 마련해 주고 사람들의 건강을 지키고 정서를 편안하게 해주었다. 그래서 삼림은 '인류 문명의 어머니' 라고 불린다. 인류문명은 잉여농산물에 의해 지탱되고 그 증가로 문명이 발달하게 되었다. 문명의 발달과 유지를 위해서는 숲생태계를 잘 관리하고 삼림을 훼손하지 않아야 했다. 그러나 실제로는 광범위한 벌채를 하지 않을 수 없어 생태계 파괴가 서서히 진행되었다.

과거 인류역사에서 수많은 문명이 흥하기도 하고 쇠퇴하기도 하였다. 그리고 붕괴한 문명의 흔적은 대부분 불모의 땅으로 고스란히 남았다. 이를 미루어보면 인류문명의 흥망은 토지생산력을 어떻게 유지하느냐에 달려있었다고 볼 수 있다. 지역공동체의 인구증가로 삼림이 파괴되고 생태계가 붕괴됨에 따라 지력이 쇠약해졌다. 그래서 표토가 유실되고 수자원이 고갈되며 홍수가 빈번하게 일어남에 따라 지역문명이 쇠락하게 되었다. 달리 말해서 토지가 지역문명을 유지하는데 필요한 잉여농산물을 생산할 수 없는 상황에 이르고 나아가 기본식량마저 부족해지면 문명은 붕괴로 이어졌다. 그런데 전쟁이나 천재지변으로 문명이 일시적으로 쇠퇴했다 해도 풍부한 생산력이 남아있으면 그 땅의 문명은 회복될 수 있었다. 뛰어난 문명을 가진 지역이 일시적으로 이민족에 정복되었을 때도 지력이 계속되면 토착 문명은 정복자를 교화해 부흥한 사례를 중국의 역사에서도 볼 수 있었다. 그러나 토지가 피폐되거나 그 생산력을 잃기 시작하면 토착문명도 종말을 고할 수밖에 없었다.

고대 문명의 땅이나 그 수원에는 풍부한 삼림이 있었으나 지역인구가 많아져 삼림을 점차 탕진하게 되면 문명 스스로 멸망했다고 볼 수 있다. 삼림이 풍부하면 주위에 비옥한 토양을 만들고 하류지역에 양분을 계속 공급할 수 있고 토사를 유출하지 않아 수자원이 보호되어 하류 홍수를 방지하게 된다. 삼림을 파괴하면 문명도 붕괴된다고 하는 인과관계가 성립했다고 말할 수 있다.

농경은 약 1만 년 전에 시작하여 유라시아 지역에 널리 보급되기까지 5천년이 걸렸고, 도시혁명은 6천여 년 전에 시작하여 그것이 4대 문명을 일으키는 데에 1500년 정도 걸렸다. 그에 반해 산업혁명의 경우에는 단지 200년 동안에 이루어졌다(이시 히로유키). 인류 역사에서 기술의 진보와 그 전파기간이 문명의 발달과 함께 점점 짧아져 왔음을 알 수 있다. 최근에는 지난 40여 년의 짧은 기간 동안에 신소재와 에너지기술 그리고 우주산업, 정보통신, 생명공학 등의 급속한 발전에 의해 과학기술 혁명은 인류에게 풍요롭고 안락한 생활을 제공하였다. 이러한 과학기술발전의 덕택으로 인류는 농약과 화학제품, 자동차, 정보통신제품 따위의 다종다양한 제품을 무제한 소비할 수 있게 되었다. 이에 따른 부작용과 폐해도 물론 생겨났다. 현대 문명사회에서 물자를 무한정 소비한 후 버려진 에너지와 폐기물은 자연으로 돌아갔다. 자연의 기능은 원래 정화작용이나 대사 작용을 하며 물질과 에너지를 순환시키는 역할을 한다. 그런데 마치 우리가 음식을 과다하게 먹으면 이를 소화시킬 능력을 초과하기 때문에 인체 내에서 비정상적인 문제가 생기는 것처럼, 자연 순환에도 과부하가 걸리면 그 기능이 정상에서 벗어나 폐기물과 에너지가 자연에 쌓이고, 자연이 황폐해

또 하나의 미래, 힐빙시대의 도래

지기 마련이다. 이렇게 오염된 자연환경에서 재배하고 사육해 얻은 농·축산물을 우리가 먹게 되었다. 게다가 현대인들은 인공적으로 만든 각종 가공식품과 화학물질이 첨가된 식품을 좋아라고 무분별하게 섭취하고 있다. 그래서 우리 인체 내에 이전에 없었던 이물질이 축적됨에 따라 전에 볼 수 없었던 새로운 질병이 생겨나 우리 몸이 시달리고 있다.

본고에서는 농경 생활과 고대 문명을 지탱해준 숲 생태계를 살펴보고, 숲 훼손이 인류 문명 붕괴과정에 어떤 영향을 미쳤는가. 또 오늘날 고도로 발달한 과학기술 문명이 현대사회를 어떻게 붕괴의 길로 내몰고 있는지에 대해 고찰한다. 나아가서 오늘날 과학기술문명사회에서 살고 있는 우리들이 겪고 있는 현대 질병과 관련된 복합적인 문제를 미리 예방하고 근원적으로 풀어가기 위한 방안을 탐구해 본다. 그리고 이러한 현상들을 어떻게 치유하여 자연과 인간의 건강성을 회복할 것인가 하는 대안을 제시해 보기로 한다.

인류문명 붕괴 현상

인류는 시대 흐름에 따라서
생활을 영위하기 위해 각종 석기와 토기
그리고 청동기, 철기와 같은 도구를 만들어 사용했다.

인간은 기술을 창안해 도구를 만들었고 제작 기술의 발전과 활용으로 인류 문명은 점점 발달하였다. 또 문명이 발달함에 따라 인간 욕구도 점점 커지고, 산업화를 추진하는데 필요한 물자와 에너지를 조달하기 위해서 자연을 정복하고 자원을 마구 개발하는 형태로 나타났다. 이처럼 인간 활동이 폭넓게 확대됨에 따라 자연생태계는 점차 파괴되어갔다. 여기서 인류 문명의 탄생과 그 붕괴 과정에 대해 이집트 문명과 에게 문명을 포함한 세 가지 사례를 통해 살펴보고자 한다.

문명발달과 붕괴 과정

　　인간이 살아가면서 자신의 생활을 지탱해준 주위 자연 생태계를 회복 못할 정도로 훼손시키면, 그 지역문명은 결국 붕괴된다는 사례들을 과거 인류문명사에서 많이 보게 된다.

일례로서, 지중해 동부에서 발달한 에게문명은 삼림자원이 무성하고 비옥한 토지를 바탕으로 형성되었다. 에게문명의 중심이었던 크레타 섬도 건강한 지력이 뒷받침한 농업생산력에 힘입어 화려한 문명(기원전 2700년~ 1500년)사회를 열었다. 이 문명 세계는 작물 재배에 적합한 온난한 기후지역으로 밀, 보리, 콩과 같은 곡물과 과수로서 포도, 올리브, 무화과를 재배하였다. 그리고 양, 염소, 소, 돼지를 사육하였고 해상교역을 통해서 독자적으로 발달시킨 문명사회를 이룩하였다. 문명 전성기를 맞이한 기원전 1600년 무렵까지 크레타 섬은 자급자족을 하며 살고 있었다. 그러나 문명발달이 오래 지속되고 도시가 비대해짐에 따라 지력이 서서히 감퇴되었다. 그로 인해 농업 생산력이 떨어져 부족한 식량으로 지역사회를 더 이상 지탱할 수 없어 에게 문명은 붕괴되었다. 또한 남미 칠레에서도 유사한 문명현상이 연안에서 3600km 정도 떨어져 있는 남태평양 이스터섬(Easter island)에서 일어났다. 2900년 전에 커누(배)를 타고 상륙한 폴리네시언 정착민들은 우거진 숲과 풍요로운 땅이었던 파라다이스에서 한 때 인구가 만5천 명으로 팽창하였다. 그 당시 사람들은 주 생계 수단인 고기를 잡기 위해 커누를 많이 만들었다. 그들은 숲과 토양이 무한정 주어진 것으로 착각을 하고 배를 만들기 위해 나무를 마구 베어 활용하며, 녹색자원이 스스로 재생되는 속도보다 더 빠르게 숲자원을 이용했다. 그럼에 따라 정착민들은 지속불가능한 생활환경에 직면하게 되었다. 급기야 인구가 급속히 감소하였고 문명이 쇠퇴해 1870년 후반에는 토착민이 100명 밖에 남지 않았다 (Tyller Miller).

세계에서 가장 긴 문명을 꽃피운 이집트문명을 살펴보자.
이집트가 나일강이 가져다 준 비옥한 땅으로 지탱되고 있었다는 사실은 잘 알려져 있다. 이곳은 매년 정기적으로 일어나는 강물의 범람으로 인해 상류지역에서 흘러내려오는 강물과 함께 삼림에서 비롯된 옥토가 운반되고 넓은 평야의 농지에 퇴적되어 땅이 기름지게 되었다. 이집트 농업 생산력은 이렇게 비옥

또 하나의 미래, 힐빙시대의 도래

한 농토 덕택으로 이 지역 사람들과 그 정복자들에게 잉여 농산물을 계속 제공해 왔던 것이다. 19세기 나일강의 원류에 외부문명이 침입해 삼림을 파괴하기 시작하면서 과거에 옥토를 가져다 주었던 강물의 범람은 수해지역으로 바뀌었다. 이에 대한 대책으로 1902년 아스완 하류댐을 건설하게 되었고, 그 후 평야로 토양을 살찌울 물질들이 흘러내려오질 않고 흙이 침적되면서 옥토는 황폐해졌다. 아스완 상류댐 건설은 여기에 설상가상이 되었다. 댐에서 일정하게 흘러나오는 수량과 수온을 유지하던 수로에서 예기치 못한 질병이 발생하기도 했다. 나일강의 생태환경이 이전과 달라짐에 따라 발생한 자연현상으로 볼 수 있다. 이렇게 해서 토양 생산력을 잃은 이집트 문명은 큰 위기에 봉착하여 긴 역사에서 사라지고 말았다.

위에서 기술한 세가지 문명붕괴 사례는 각기 다른 양상을 보여준다. 그러나 이들에 공통된 것은 삼림파괴와 그에 따른 토지생산력의 쇠퇴는 종국적으로 문명의 붕괴를 초래하였다는 사실을 알 수 있다.

관개농업과 목축문명의 한계

농사를 짓는데 필요한 물은 초기에 지표수를 이용했다. 정착농업을 영위하며 점점 늘어나는 인구를 지탱하기 위해 곡물을 많이 생산해야 했고 이에 지표수를 많이 이용하였다. 따라서 지표수는 점점 줄어들 수밖에 없었다. 현재 세계 곡창지대는 대부분 지하수에 의존한 관개농업을 하고 있는 실정이다. 예컨대 중국의 화북평야, 인더스강 유역의 편잡평야, 미국의 곡창지대를 들 수 있다. 이들 지역에서 오랫동안 지속되어 온 농업에 많은 지하수를 소비해왔다. 그래서 현재 지하수 수위가 내려가고 있기 때문에 향후 물 부족 현상이 점점 심해져 사회문제화 될 것이고 관개농업이 점점 심각한 타격을 입을 것이다 . 이 현상은 지구환경 문제의 하나이기도 하다. 원래 인류가 발명한 벼농사는 물을 대기 위해 산에 나무를 심고 거기서 발원한 물을 끌어와서 관개를 하거나 또는 각 유역을 단위로 하여 물을 순환시켜 이용하는 농경사회를 형성하였다.

이상기후 현상으로 인해 식량부족이 나날이 심화되고, 인구는 폭발적으로 늘어나고 있다. 오늘날 지구촌 사회에서 21세기에 발전할 국가는 쌀과 생선을 주식으로 하는 아열대 몬순지역에 위치한 나라들이라는 견해가 있다. 그 이유는 이 지역에 물 제약 조건이 적기 때문이다. 이 지역은 연간 강우량이 풍부해서 작물을 잘 관리하고 통제와 제어를 잘 하면, 물 때문에 겪을 곤란은 적을 것으로 보인다. 이 지역은 작물 재배를 위한 기후와 풍토가 지속가능한 환경의 성격을 띠고 있다. 지속성 문화를 내재하고 있는 지역으로는 동남아시아, 중국, 한국, 일본, 대만, 인도 등이 있다. 이 지역은 지구온난화가 진행되더라도 기후 영향을 덜 받을 것임으로 쌀 생산을 지속할 수 있어서 자급자족이 가능할 것으로 전망된다.

21세기 지구촌 사회의 미래는 물이라는 최대 제약조건과 농업의 지속성 여부에 달려있다고 해도 과언이 아닐 것이다. 그리고 단백질 공급원의 획득이 지속가능할 것인지가 또한 중요한 과제가 될 것이다. 이 지역에서 단백질의 주공급원인 생선 획득은 지속가능성의 특징을 갖고 있다. 이 지역에서는 강 유역단위로 지하수가 아닌 지표수로 관개농업을 하면서 쌀과 생선을 주식으로 하는 생활문화권을 계속 유지해 갈 수 있을 것으로 보인다(이시 히로유키).

이제 목축문명에 대해 살펴보자. 가축과 함께 유목생활을 영위하는 목축문명은 초지가 조성된 지역에서만 지탱이 가능하다. 초지에서 자라는 풀을 사료로 이동하는 가축에게 먹이고, 가축을 주식으로 하여 공동체생활을 영위하는 사회를 여기서 목축문명이라 일컫는다. 목축의 경우, 쇠고기 1kg을 생산하는데 12kg의 사료를 소에게 먹이고, 돼지사육의 경우는 8kg의 사료, 닭의 경우 5kg 정도의 사료가 각각 필요하다. 인간이 채식 대신 육식 위주의 식생활을 하면 자연에서 얻게 되는 식량 효율이 훨씬 떨어짐을 생태계 피라미드로부터 이해할 수 있다. 리프킨은 '육식의 종말'이라는 저서에서 쇠고기가 세계를 멸망시킬 것이라고 경고하기도 하였다.

최근 세계 육식문화는 햄버거라는 대중음식으로 꽃을 피우고 있다. 밀로 만든 빵 위에 쇠고기를 얹어 먹는 햄버거는 아메리카 대륙에서 발달한 대중음식으로 전 세계로 확산, 보급되었다. 온 세계 사람들이 햄버그에 맛을 들인 후부터, 여기에 공급할 쇠고기를 중남미에서 사육하기 위해 열대림을 태워, 대규모 초지의 목장을 조성하였다. 이런 현상은 미국형 햄버거 문명사회의 발전과 깊은 관계가 있다. 열대우림을 훼손시키는 햄버거 문화가 전 세계로 확산되고 있는

또 하나의 미래, 힐빙시대의 도래

현상이 지구환경을 크게 해치고 있다고 할 수 있다.

인류는 1만 년 전에 수렵생활로 고기를 먹는 것을 포기하고, 농업을 하기 시작하여 곡물위주의 식생활을 하기 시작했다. 야생 침팬지를 보면 원래 초식성 동물인데 본능적으로 고기를 좋아한다. 그러나 고기를 구할 수가 없어 초식을 할 수밖에 없었다. 인간의 속성도 침팬지와 유사한 점이 많은 것으로 보인다. 농업을 영위한 이후, 곡물을 먹어왔던 인간은 특별한 날에만 고기를 먹었다. 본능적으로는 고기를 좋아하지만 구하기가 어렵기 때문이다. 지금 세계를 지배하고 있는 인도, 유럽어족은 원래 목축민으로서 육식을 좋아한 민족이었다. 그런데 인도 사람은 갑자기 기원전 5세기부터 육식생활을 포기했다. 자연환경 조건이 인도사람들이 육식 포기를 하지 않으면 식량 부족으로 살아남을 수 없도록 만들었기 때문으로 보고 있다. 그러나 그 이유는 아직 큰 미스테리로 남아 있다고 한다. 육식을 포기한 민족과 육식을 하는 민족은 역시 심성이 좀 다르다고들 얘기한다. 욕망이라는 깊이의 원점이 육식을 하는데 있다고 주장하는 학자가 많다.

〈육식문명의 한계〉

인류가 가축을 이용하기 위해 가축 무리와 함께 생활한 이후부터, 이전에 없었던 결핵이나 천연두와 같은 질병이 생겨났고 가축이 갖고 있는 질병의 공포로부터 벗어날 수가 없었다. 면역력이 원래 없던 인간에게는 어쩔 수 없는 현상이었다. 인류가 어떻게 진화하였나 하는 가설중 하나는 석기 도구를 만들어 냈고 이를 이용해 대형 동물을 쉽게 잡을 수 있게 되었다. 그래서 단백질 섭취를 더 많이 하게 되었다. 따라서 체력이 강해졌고 이 현상으로 인간에게 커다란 진화가 초래됐던 것이다. 인간의 뇌는 총 소모 에너지의 2할을 사용하는 것으로 알려져 있다. 뇌가 크면 클수록 엄청난 에너지를 사용하기 때문에 이 에너지를 공급하기 위해서 고기를 먹지 않을 수 없었다. 그래서 체력도 좋아졌다. 올림픽 경기를 볼 때, 역시 쌀을 먹는 사람과 고기를 먹는 사람과는 체력이 다름을 알 수 있다. 그런데 육식문명은 사료를 많이 필요로 하기 때문에 또 다른 지구 환경문제를 일으켰다. 고기만을 섭취하게 된다면 지구를 지탱할 수 없게 될 뿐 아니라 건강

측면에서도 콜레스테롤이 증가하여 고지혈증이나 고혈압과 암, 심장병 따위의 현대인 질병이 증가하고 있다.

15~17세기 영국에서의 숲자원과 지역 산업문명발달

15세기 영국은 유럽 대륙 국가들에 비해서 후진국이었다. 소금, 철, 유리제품과 무기도 대부분 대륙 제국으로부터 수입하고 있었다. 영국의 삼림자원은 그 당시 풍부하였다. 그러나 16세기 이래, 영국에서는 제철산업이 발달하기 시작했다. 그 계기는 헨리 8세가 대포 등 총포기구의 국내생산을 개시했던 데에 있었다. 제철 공정에는 대량의 연료가 필요했는데 이 당시 연료로서는 풍부했던 나무를 이용했다. 더욱이 엘리자베스 1세(1533~1603년)가 왕위에 오르며 재상 윌리엄 세실(William Cecil)이 입안한 법률에 기초하여 적극적인 국내산업 육성에 착수했다. 소금, 철, 유리 등 그때까지 수입에 의존하고 있었던 제품의 국내 생산에 적극적으로 나섰던 것이다. 이를 위해 영국 해운을 증강할 필요를 느껴 상선의 건조와 함대 규모 확대에 온 힘을 기울였다. 그리하여 16세기 후반 엘리자베스 시대라고 불리는 번성기가 찾아왔다. 이러한 소금, 철, 구리, 유리 등의 제조나 조선(造船)산업에는 대량의 목재가 필요해서 숲은 점차 파괴되었다. 예를 들어 한 척의 함선을 건조하는 데에는 수령이 100년 이상 된 거목이 약 2000그루나 필요했다. 또한 이 시대, 영국 인구는 급증했다. 1500년에 260만이었던 영국 웨일스의 인구는 1650년에는 560만이나 되었다. 이러한 인구 증대와 경제발전에 따르는 건축 러시(rush)와 식생활의 풍요로움을 뒷받침할 양조용 나무통의 수요 증대로 나무를 많이 벌채했다. 이는 숲의 대량 파괴로 이어졌다. 이렇게 해서 영국이 경제발전을 할수록 국내의 숲은 급속하게 훼손되어갔다.

이 엘리자베스 1세 시대에 번영을 이루었던 후유증은, 다음의 제임스 1세(1566~1625년)시대에 나타났다. 그것은 장작 부족 현상으로 이어져 런던 시민생활에 큰 피해를 입혔다. 산업이 발전하는 동안 숲이 거의 파괴되어버렸기 때문에 도시 주변에서 장작을 구할 수가 없게 되어 가격이 급등했다. 장작 부족 현상은 도시뿐만 아니라 시골에서도 마찬가지였다. 그래서 가난한 시민은 장작 없이 생활하는 수밖에 없어 추위에 떨어야 했고, 농민은 장작 대신에 밀

또 하나의 미래, 힐빙시대의 도래

짚(보리짚)을 태워서 겨울의 추위를 견뎌내야 했다. 이러한 현상은 결국 지력 (地力)을 유지하지 못하게 되어 심각한 문제를 초래했다. 원래 밀짚은 밭에 버려져 비료로 활용되었는데 밀짚을 장작 대신 태워버렸기 때문에 지력이 영양분을 공급받지 못해 급속히 저하되었다. 그래서 농작물 수확량이 뚝 떨어졌다. 게다가 돼지의 사료였던 도토리가 숲이 소멸됨으로써 공급되지 못해 가축에게 사료를 먹이는 것도 어려워졌다.

영국이 숲을 손상, 탕진시켜 버려서 농촌에서는 토양의 열화가 일어났고, 도시에서는 장작 부족이 시작되고 있었던 17세기에 설상가상으로 소빙기라고 불리는 한랭기가 불어 닥친 시기였다. 기후 한랭화는 숲 파괴로 토양이 열화된 농촌 사정을 더욱 악화시켰다. 그래서 영국의 밀(소맥) 생산량은 지력 저하와 기후 악화로 인해 설상가상으로 크게 감소했다. 이러한 밀 생산 감소는 가격 앙등을 가져와 도시 시민의 살림을 더욱 궁핍하게 하였다.

런던 시민은 장작과 밀 가격 앙등이라는 이중고를 겪게 되었으며 기아의 유령이 소리 없이 다가오고 있었다. 그러나 이것만으로 끝나지 않았다. 이미 엄습한 기아를 추격이라도 하듯이 페스트가 크게 유행하기 시작했다. 페스트 대유행은 숲 파괴가 우선 큰 요인이 되었다. 다시 말하면 숲이 파괴된 결과로 쥐를 잡아먹는 작은 동물이 격감하게 되었고 또한 장작이 부족했기 때문에 양털 옷을 충분히 말리지 못해 벼룩의 번식을 방지하지 못했다. 벼룩은 페스트를 옮기는 매개체이다. 그리고 무엇보다도 밀 가격 앙등으로 시민들은 충분한 영양을 취할 수 없어 체력이 몹시 약해져 있었다. 그래서 페스트는 사람이 밀집해 생활하는 대도시에서 맹위를 떨쳤다. 그러나 이러한 17세기 소빙기 기간의 위기에서 인류를 구제한 것은 역시 기술 혁신이었다. 제임스 1세는 숲을 보호하기 위해서 유리 제조업자에게 나무를 연료로 사용하는 것을 금지하는 칙령을 발표한다. 부족한 나무 대신에 석탄을 사용할 것을 장려했다. 그러나 제철하는 과정에서 석탄을 사용하는 데에는 많은 어려움이 뒤따랐다. 그것은 연료인 석탄에 포함된 불순물인 유황이 함유돼 있어 유황 때문에 철이 변질되기 때문이다. 그러나 석탄에서 불순물을 제거한 코크스 제조방법을 개발하여 이를 적용함으로써 영국은 연료 문제에서 해방 되었다. 그래서 산업혁명을 달성하는 일이 가능했던 것이다. 영국이 근대 공업기술 문명의 선두에 설 수 있었던 배경에는 삼림자원의 부족과 기후 악화에 의한 위기가 오히려 전화위복이 되었다.

영국 사람들은 경제적·사회적 위기를 위와 같이 기술을 혁신함으로써 극복하였던 것이다.

17세기 유럽사회의 세계관

17세기 기후악화기(소빙기)에 사람들은 페스트가 유행하여 굶주림과 죽음의 공포에 벌벌 떨면서 지냈다. 이 당시 인류를 구제하려는 새로운 정신세계의 사조가 일어났다. 악조건의 기후에다 페스트가 유행하던 시기에 인간이 자연의 맹위에 굴복당한 것으로 보였다. 그 당시에 자연의 법칙을 탐구하고 자연을 지배 대상으로 간주하며 인간 왕국을 건설하자는 근대 문명의 효시가 되는 사상이 일어났다. 이것은 나약해지고 패배주의에 젖은 그 당시 사람들에게 큰 용기를 북돋우며 공감을 크게 불러 일으켰다.

영국의 프랜시스 베이컨(1561~1626)은 "아는 것이 힘이다" 라며 사람이 과학적 사고방식을 발전시켜, 자연을 지배하고 통제할 왕국을 건설할 것을 주창했다. 그리고 프랑스의 르네 데카르트(1596~1650)는 몸(물질)과 영혼(정신)의 이원론에 입각해서 기계론적 자연관을 제안했다. 그것은 자연을 기계대상처럼 여기고 인간이 원하는 적절한 방향으로 자연을 정복하고 이용하려 했다. 그리고 그의 유명한 철학적 표현인 "나는 생각한다. 고로 존재한다." 라는 말에서처럼 유일한 절대적 존재는 인간의 자아라고 여겼다. 그것은 페스트가 크게 유행하고 추운 바람이 사납게 몰아칠 때에, 어두운 불이 켜져 있는 방안에서 막다른 궁지로 수세에 몰렸던 인간이 용기를 갖고 난국을 극복할 수 있는 말로 받아들여졌다. 그 당시 베이컨의 '자연지배 사상'(또는 인간중심주의)과 데카르트의 '기계론적 자연관' 이야말로 근대 문명을 발전시킨 원동력이 되었다.

이 두 사상은 인간이 지구상의 자연을 지배하고 인간왕국을 건설하는 세계관으로 급속하게 널리 퍼졌다. 그리고 이 두가지 사상이 그 후 현대에 와서 지구환경문제를 야기시키는 원인을 잉태시킬 줄이야 누가 예측할 수 있었겠는가.

20세기 한 방향으로만 내달리며 질주해온 과학기술문명에 예상치 못했던 여러 가지 폐해와 부작용이 드러나게 되었다. 21세기에 현대문명은 자연과 인간이 공존하지 못하는 늪에 빠지게 되었다. 그 당시 인류에게 자신감과 희망을 안겨줬던 두 사조가 오늘날의 문명사회에 어두운 그림자를 드리운 단초를 제공한 것이다.

현대 문명의 붕괴

문명전환기의 공통 요인

고대문명의 붕괴로부터 중세 유럽 문명 종말기, 그리고 근대 유럽 문명의 탄생기에는 아래와 같이 공통적 요인과 유사한 과정(process)이 존재함을 인식할 수 있다. 그 과정이란 인류의 문명이 발전함에 따라 동반해 진행된 흐름인데, 인구 증가 → 삼림 파괴 → 토양 열화 → 돌발적 기후 악화 → 식량 부족과 기아의 빈번한 발생 → 체력 저하와 면역력 저하, 이어서 질병 만연 → 인구 급감 → 민족 대이동의 차례로 진행됐던 것이다. 중세 유럽문명의 종말로부터 위기를 구하고 새로운 시대를 열었던 민족이동이 일어날 때, 각 지역 사이에 문명의 교류와 변용이 있었다. 이러한 과정에서 17세기 이후 구체적인 현상으로 나타난 게 기술혁신과 세계관의 전환으로 나타났다.

앞서 고대문명이 어떻게 붕괴되었으며 중세 유럽문명을 종말로 이끈 요인들과 현상에 대해 성찰한 것을 토대로 해서, 현대문명이 영향을 끼친 자연과 인간사회시스템에서 나타나고 있는 현 상황과 비교, 분석함으로써 우리가 어떻게 대처해야 할지에 대한 대안을 찾는데 큰 도움이 될 것이다.

현대문명사회의 전개 양상에는 에이즈로 상징되는 전염병, 종교분쟁, 민족 분쟁, 환경난민의 발생과 20세기 이래 폭발적인 인구 증가, 화석연료 과소비에 기인한 이상기후 현상, 열대우림 파괴로 대표되는 삼림파괴와 토양의 열화 등이 있다. 그리고 인공적으로 합성한 화학물질을 지나치게 남용하고 소비한데 기인해 발생한 토양이나 지하수의 오염뿐만 아니라, 방사능 오염 확산으로까지 확대되어 대기나 해양 오염까지에도 심대한 영향을 미치고 있다.

오늘날 이러한 토양, 지하수, 대기, 해양의 오염을 일으키는 수많은 요인들의 등장과 함께 이전 시대에는 출현하지 않았던 예기치 못한 새로운 지구오염 현상들이 오늘날 지구촌 곳곳에서 펼쳐지고 있다.

20세기 과학기술문명사회의 부작용

인류 문명은 농업을 해오던 '인력과 축력 시대'에서 벗어나, 18세기 기계동력장치를 발명한 후에 '산업화 시대'로 전환되었다. 18~19세기에 기계를 이용하면서부터 농업, 제조업, 광산 및 교통 분야에서 큰 변화가 일어났고 경제적, 문화적으로 사회에 지대한 영향을 미쳤다. 영국에서 시작된 산업화는 뒤이어 유럽 대륙과 북미로 확산되었다. 영국에서 초기에 기계장치를 돌리기 위해 사용하던 연료인 장작이 고갈되면서 석탄으로 대체되기 시작했다. 땔감을 대주던 삼림자원의 고갈은 숲 훼손을 초래하였고, 이 현상으로 인하여 토양에 양분을 충분히 공급하지 못했다. 이에 따라 토양의 침식과 열화가 일어남으로써 농작물 수확이 감소할 수밖에 없었다. 이러한 변화의 영향은 공장지대 뿐 아니라 도시에도 미쳤다. 장작이 부족해 석탄을 많이 소비하게 되었고 석탄 연소 후, 공기 중으로 분진과 아황산가스가 대량으로 방출되었다. 이에 따라 대기오염 문제가 발생하여 도시민들이 천식, 기관지염 등의 호흡기 질환으로 고통을 받으며 건강이 나빠졌다. 산업혁명이 시작된 이후, 농촌 인구는 도시로 모여들면서 인구가 가파르게 증가하였고 생활수준도 빠른 속도로 향상되었다.

지난 200여 년 동안 급속하게 발달한 과학기술문명은 인류에게 일찍이 경험하지 못한 속도의 변화를 겪게 했다. 20세기에 들어서 인구의 급격한 증가, 대도시의 발달, 산업화의 가속화, 물자와 에너지의 대량 소비 등 모든 분야에서 일어난 변화의 속도가 19세기에 비해 비교할 수 없을 정도로 빠르게 진행되었다. 이렇게 급속도로 산업화가 이루어진 것은 인류가 자신의 수요와 욕망을 충족하기 위해 자연 환경과 자원을 제멋대로 개발, 이용하고 약탈함으로써 가능했다. 그런 과정에서 우리는 합성물질인 농약, CFCs, 인조비료를 비롯한 합성수지, 합성섬유, 합성고무 등 다종다양한 제품을 만들어 소비하였고, 물질적 풍요를 누리면서 안락한 생활을 구가하는 만족감에 빠져들었다.

또 하나의 미래, 힐빙시대의 도래

20세기에 고도의 과학기술발달로 등장한 현대문명사회는 후반에 들어서, 인류는 '소비가 미덕' 이라는 사조를 풍미시키며 대량소비시대로 접어들었다. 대량소비시대의 수요를 충족시키기 위해서는 수많은 제품을 대량생산해야 했고, 또한 이를 위해서 엄청난 에너지와 천연자원을 개발, 이용하였다. 물자의 대량소비로 인하여 막대한 양의 폐열과 폐기물을 자연으로 무한정 방출하여 점점 축적되어 갔다. 그래서 20세기 후반, 이에 대한 부작용과 폐해가 나타났고 급기야는 자연환경에 큰 영향을 미쳐 지구 환경문제가 돌출하기 시작했다.

일례를 들면 일정한 온도를 유지하며 평형상태에 있던 지구—대기 시스템에서 에너지 흐름과 물질순환에 큰 혼란이 일어났다. 달리 표현하면 에너지와 물질 흐름이 정상적인 상태에서 벗어나 다른 상태로 바뀐 것이다. 이런 현상은 자연 자체 내에서 그동안 작용하던 대사 작용과 정화작용의 정상적인 기능이 마비되었음을 의미한다. 그래서 지금까지 유지해 오던 에너지 평형과 생태계 평형이 깨어지고 20세기 후반 들어 여러 가지 부정적인 지구자연 오염현상이 나타났다. 예를 들면 오존층 파괴와 그에 따라 지표로의 유해자외선 증가가 우리의 건강과 생태계에 부정적인 영향을 미치고 있다. 이는 냉장고, 에어컨의 냉매로 유용하게 쓰이며 현대 문명의 꽃을 피우는데 기여한 CFCs(프레온가스)가 성층권에 있는 오존층의 오존량을 줄였기 때문이다. 그 밖에도 산성비에 의한 자연환경의 산성화현상, 온실기체 방출에 의한 이상기후와 자연재앙 급증, 생물다양성 감소, 인체에 유해한 화학물질인 환경호르몬 확산에 의한 생물 기형체 증가, 천연자원 고갈, 물 부족 현상 등 지구환경문제들이 우후죽순처럼 나타났다.

풍요로운 사회 속의 현대인 질병

20세기 초 본격적인 산업발달로 서민들의 의 · 식 · 주 생활에서 기초 수요를 거의 충족할 수 있게 되었다. 미국을 비롯한 유럽 국가들은 물자와 에너지 소비가 늘어나면서 사회의 부(富)도 그만큼 늘어났고 사람들의 생활 수준도 눈에 띄게 좋아졌다. 이에 따라 자연에 엄청나게 배출된 유해한 화학물질이 자연에 축적됨으로써 토양과 초목, 강과 해양은 오염되었다. 오염된 자연에서 기르고, 사육하고, 재배한 농산물, 축산물, 임산물, 수산물 등을 우리들은 섭취하지 않을 수 없었다. 우리가 오염되고 황폐해진 환경에서 얻어진 1차 산물을 섭취하는 동안에 우리들의 건강은 피폐해지고 각종 질병과 암을 얻게 되었다. 그래서 이전에 없던 이상한 질병도 생겨나고 중병 환자도 그 수가 날로 늘어만 가고 있는 추세이다.

근대 산업 사회에서 사망의 주된 원인이 높은 유아 사망률과 감염성 질병이었으나, 이제는 암과 심혈관질환으로 바뀌었다. 이 두 가지 질환은 오늘날 현대 사회에서 나타나는 사망의 3분의 2를 차지하고 있다. 이러한 변화는 산업화가 진전됨에 따라 자연환경이 오염된 것도 하나의 원인이다. 그리고 우리 식생활이 육식을 많이 하며 서구화된 현상도 중요한 요인이다. 현대인에게 육식 증가로 섬유질이 부족해지고, 설탕 소비와 지방질, 가공 식품 섭취가 증가하면서 내장 질환과 대장암 등이 더 많이 나타났다.

설탕 소비의 증가는 인체에 해로운 영향을 끼쳤다. 유럽인들은 17세기 브라질과 서인도 제도에서 개간한 플랜테이션에서 사탕수수를 재배하기 전까지 설탕 사용법을 알지 못했다. 그 당시에는 음식에 넣는 감미료로 보통 꿀을 사용했다. 1750년 유럽과 북미의 설탕 섭취량은 1인당 한해에 2kg으로 늘어났다. 오늘날에는 이보다 30배나 많은 설탕을 먹고 있다. 그 부작용으로 먼저 충치환자가 급증했고, 당뇨병 환자도 점차 많아져 현대 문명병의 하나로 자리 잡았다. 그 이전에 당뇨병은 매우 희귀한 질병이었는데, 설탕을 먹는 영국의 귀족들에게서 눈에 띄게 나타나기 시작해 20세기 들어서자 세계 곳곳에서 빠르게 증가했다. 당뇨병 환자는 영국에서는 전체인구의 3%인 180만 명이고, 미국에서 7%에 해당하는 2100만 명이며 전 세계에는 1억 5천만 명에 이른다. 우리나라의 경우 당뇨병 환자 수는 2009년에 전체 인구의 10%인 480여만 명인데 이는 2001년에 비해 16%나 증가한 수치다.

상기한 바와 같이 신선한 식품을 팔기보다는 가공 식품 판매에 주력하는 식품 산업의 발달이 건강 악화를 채찍질했다. 20세기 미국인의 가공식품 소비량은 3배로 증가한 반면에 신선한 과일과 야채 소비량은 3분의 1로 줄어들었다. 식품을 가공하는 과정에서 영양분이 줄고 중요한 미량 원소들이 사라지는 반면에 인공적으로 만든 감미료, 향미제, 색소, 유화제, 산화방지제 등 첨가된 화학 물질을 현대인은 많이 섭취하게 되었다. 첨가물 용도는 소비자들의 맛 취향을 맞추기 위해서나, 식품의 저장이나 가공 목적이었다. 소비자들이 자신의 건강

또 하나의 미래, 힐빙시대의 도래

을 해치지 않으려면 인공적인 가공 상품을 멀리하고 과일을 선택할 때도 모양과 색깔이 좋은 것을 선호하는 경향을 멀리해야 한다. 그리고 오래 저장한 상품을 거부하려는 소비자들의 의식 전환이 요청된다.

현대인의 건강성 회복을 위한 대안 탐구

인간이 자연을 존중하고 자연과 상생하려고 했다면 지금과 같이 자연을 오로지 자신의 편리한 도구의 대상으로만 취급하지 않았을 것이다. 파괴된 자연이 본래의 건강성을 상실한 결과는 인간에게 예기치 않은 질병을 안겨주었다. 결국 현대문명 위기의 궁극적 원인은 인간중심주의에서 찾을 수 있다 (박이문).

지금 우리는 황금만능주의와 물신사상에 젖어든 생활에 빠져있다. 그래서 이기주의가 더욱 팽배하고 편의적인 생활방식만을 좇으며 그릇된 풍조 속에서 풍요로움을 구가하고 있다. 예컨대 자동차 보급 급증, 에어컨 보급의 일반화, 일회성 용품 과소비, 전자제품 사용기간 단축의 가속화로 말미암은 폐기물의 대량 방출 등 그 예를 수없이 많이 들 수 있다.

한편 현대인은 정보통신기술 발달로 다종다양한 제품들을 만들어 소비하는 덕택에 문명생활에 탐닉하고 있다. DMB를 이용한 휴대용 IT제품(휴대폰, 노트북, 네비게이션 등), 스마트폰 등 신종 IT제품들이 하루가 멀다 하고 속속 출하되어 소비자들을 유혹하고 있다. 그러나 정보통신이 고도로 발달한 사회에서 인터넷(게임)중독에 의한 정신질환자 급증, 우울증 환자와 자살률도 증가했다. 그 뿐만 아니라 새집증후군에 의한 아토피성 피부질환 급증, 패스트푸드를 과다 섭취함으로써 비만증과 화학물질 과민증 질환자의 증가와 같은 심각한 사회병리적 현상은 더욱 심화되고 있다. 그래서 우리는 병든 몸의 건강회복을 절실히 바라고 있다. 이른바 치유(힐링)를 절실히 갈구하는 사회 환경에 처해 있다. 오늘날 우리는 황폐화된 자연환경과 녹색생태계를 어떻게 보전하고 회복할 것이며 현대인들이 피폐해진 건강을 어떻게 회복할 것인가. 또한 21세기 지속가능발전사회(Sustainable Development Society)를 어떻게 달성할 것이며, 쌓여진 현안들을 풀어가며 새로운 미래를 어떻게 열어가야 할 것인가에 대한 새로운 방안과 비전 제시를 요청받고 있는 시대에 살고 있다.

그 해결방안을 찾기 위해 힐텍 분야를 발전시킬 필요가 있다. 힐텍은 20세기에 오염된 자연과 병든 인간의 몸을 어떻게 치유, 회복할 것인가에 관심을 갖고서 궁극적으로 자연과 인간을 본래의 건강한 모습으로 회복하려는 융합 학문이다. 이 분야는 생명을 존중하는 정신과 이념을 학문 연구와 운영의 기본태도로 삼고 인문학, 사회과학, 생명과학기술, 예술·문화 등 여러 분야의 지식과 정보를 융합/통섭하여 하나의 시스템 속에서 통합적으로 운영하는 특징을 갖고 있다.

오늘날의 세계가 정보통신 제품소비로 IT문화를 구가하고 있듯이 미래에 우리가 행복하고 지속가능한 발전사회를 보장받기 위해서는 웰빙(well−being)과 친환경적인 로하스(LOHAS)제품을 향유하는 시대를 넘어서 힐빙문화시대를 열어가야 할 것이다. 힐빙(heal−being)은 건강문제와 친환경적인 요소, 나아가 치유개념까지 포괄하는 뜻을 의미한다. 여기서 힐빙문화(Heal−being Culture)란 우리 전통의 상생문화에 힐텍과 녹색기술을 접목하고 더욱 발전시켜 피폐해진 자연과 현대문명병에 걸린 인간이 건강하고 행복한 사회를 이룩하면서 미래에 전개될 문화를 일컫는다. 궁극적으로 힐텍 분야의 발전으로 지역간, 국가간의 기술·정보·문화 격차를 해소함으로써 지역간 균형발전과 빈곤과 질병에 시달리는 후진국들의 발전에 기여하게 될 것이다.

지속가능 발전사회에 대비한 힐빙시대 전개

지금까지 필자는 인류 문명과 숲생태계의 변천 양상 그리고 20세기 과학기술 발달이 자연과 현대문명생활에 미친 영향에 대해 살펴보았다. 인공적인 화학제품과 전자제품의 과다 소비에 기인해 생긴 현대문명병을 예방하고 치유하기 위해서 우리는 어떻게 해야 할 것인가. 우선 의·식·주 생활의 개선을 들 수 있다. 그 중 특히 잘못된 식생활의 내용과 습관을 바꾸고 구체적인 실천으로 옮겨야 한다. 두 번째로 근대농업에서 농약과 인조비료와 같은 화학물질을 무분별하게 이용함으로써 오염되는 자연에서 재배, 생산하는 1차 산물의 섭취를 지양해야 한다. 그리고 힐텍적인 방식으로 건강성과 약성이 있는 1차 산물의 소출을 거두기 위해 근대농업 방식을 바꾸어 친환경적인 자연농법과 유기농법을 적극적으로 개발, 전환해야 할 것이다. 끝으로 우리들은 정보통신 제품을 비롯한 생활용품의 과다 소비 생활양식을 과감하게 바꾸어나가고, 지금까지 현대문명을 지탱해온 천연자원과 에너지를 무제한 소비하는 행태와 의식에서도 벗어나 획기적으로 소비량을 줄임으로써 자연을 보호하고 회복하는 길로 적극적으로 나서야 한다.

이러한 제 문제를 극복하고 해결하기 위해서 우리는 자연과 상생하려는 정신과 자세로 전환하고 이를 실천에 옮겨야 한다. 그 해결방안의 하나로 새롭고 창의적인 방식의 통섭학문인 힐텍분야을 탐구, 발전시켜야 할 것이다. 힐텍분야와 힐빙학의 발전으로 미래에 우리 사회가 건강하고 행복한 사회를 이룩하고, 지속가능한 발전사회를 달성해가는 데에 크게 기여하길 기대해본다.

참고 문헌

한승조 , 인류역사와 세계문명, 집문당, 1998

Clive Ponting , 이진아 옮김, 녹색세계사I, 심지, 1995

David Arnold , 서미석 옮김, 인간과 환경의 문명사, 한길, 2006

Ishi Hiroyuki 외 2인 , 환경과 문명의 세계사, 洋泉社, 2001

Yoshiya Tadaki , 삼의문화사, 고단샤 현대신서, 1981

G.Tyler Miller, Jr. and Scott Spoolman, Environmental Science, Brooks/Cole Cengage learning, 2010

박이문, 문명의 위기와 문화의 전환, 민음사, 1996

박헌렬, 지구온난화 그 영향과 예방, 우용출판사, 2003

Jeremy Rifkin , 신현승 옮김 , 육식의 종말, 시공사, 2002

박헌렬, 힐텍을 활용한 지역 문화관광산업 선진화 방안, 힐텍 · 힐빙문화연구vol.1, 중앙대학 힐텍 · 힐빙문화연구소, 2008

나에게 조금이라도 깨달음이 있으면 대도를 행하여 오직 잘못 행할까 두려울 뿐이다.
대도는 심히 평탄한데 백성은 지름길만 좋아한다.

(도덕경)

또 하나의 미래

돌고 돌아보니 그 자리에 내가 있다

박용대

▶ 환원순환동종농법의 창시자, 발명가, 농공학 박사
  신지식농업인章, 농촌진흥청 현장명예연구관, 지기지우마을 총재

  친환경농업전문서적 저술

 '친환경'을 키워드로 하여, 언제나 먹을 수 있는 우리의 참 먹거리를 만들어 보고자 20년의 세월을 보냈다. 우리에게 가장 기초 의학이라 할 수 있는 참 먹거리를 만들면서 환경을 파괴하지 않는 방법을 찾다보니 세월이 약이 되어 '동종순환농법'이라는 시스템을 연구 개발하게 되었다. 이 '동종순환농법'이라는 기초의학 먹거리 재배 시스템을 국제힐빙학회에 소개하고자 한다.

친환경으로 농사를 지어 우리가 섭취하고, 그 영양분은 살아가는 에너지원이 되며, 또한 생산과정부터 그 작물이 가지고 있는 기능성을 최대한 높이고 건강하게 생육함으로써 우리가 모든 질병으로부터 더 보호를 받아 왕성하게 활동할 수 있도록 하는 '잘 먹고 잘살아 보자'는 것이 이 농법의 바탕에 있는 뜻이다. '동종'이라는 말은 현재 의학계에서 사용하고 있는 용어이고, 그 의학적인 원리를 농업에 적용하여 하나의 농산물 생산에 병충해 예방과 생산 비법으로 응용하는 재발견된 농법이다.

서양의 동종요법서 착안한 동종농법

 우리나라의 한의학처럼 서양에서는 중요한 의학 분야로 자리 잡고 있다. 그 원어(原語)인 Homeopathy는 1796년 독일 의학자 사무엘 하네만(Samuel Hahnemann) 박사가 집필한 'Essay on New Curative Principle'에서 기원한다.

동종요법에 의한 치료원리는 특정한 질병과 유사한 현상을 유발하는 물질의 정보를 활용하여 질병을 다스리는 것이다. 하네만은 의사, 실험약리학자, 심리학자, 언어학자 등 다재다능했다고 하며 적어도 7개 국어에 능통했다고 한다.

유럽인들에게 있어서 3개 국어 정도는 대수롭지 않을 수도 있지만, 하네만의 경우는 특히 언어력에 탁월했으며, 동종요법이라는 새로운 치료원리를 개발하기까지 그의 어학적 재능이 중요하게 작용하였다고 한다. 그의 동종요법 원리에 대한 기발하고 새로운 발상이 당시의 가장 권위 있는 문헌들을 번역하는 동안 이루어졌다고 많은 사람들은 추정하고 있다. 이런 의학적인 원리와 우리나라 한의적인 원리, 자연대체의학의 원리 등을 한곳으로 결합하여 농산물, 축산물, 수산물 등의 생산에 응용하고자 수많은 시간 동안 연구한 일부분을 소개하고자 한다.

전 세계적으로 동종요법은 의학적 가치를 높이 평가받고 있어 많은 세계 의료진들에 의해 발전되고 있으나, 농업에 대한 동종요법은 없어 필자는 '동종순환농법'이라는 개념으로 우리농업에 적용하게 되었다. 그래서 필자는, 많은 시간을 바쳐 여행과 연구와 실험으로 도전한 동종농법(끼리끼리 같은 종을 서로 접목하고 그 잔사를 다시 그 작물에게 되돌려주어 힘을 높이고 병해충에 대한 면역력을 높이는 농법)이라는 친환경적, 자연 친화적 농법을 국제힐빙학회 회원들께 공개하고 함께 연구와 토론의 장을 만들어 가고자 한다.

20년 연구의 결실...동종순환농법

필자는 20년 전부터
'대자연의 순환은 원소의 원대복귀'라는 원리를

'환원순환농법의 원리'로 연구하여, 농축산물을 재배하고 가축을 사육할 수 있도록 시스템화 하여 많은 농민들에게 재배법을 권장, 교육하면서 세계 자연의학이라는 분야를 다시 주목하게 되었다.

'동종'이라는 개념이 필자가 하고 있는 연구보다 한 단계 발전한 부분이 있음을 알게 되어 '환원순환농업' 속에 '동종요법'이란 국제 의학계의 자연치료 의학을 다시 도입하여 '동종순환농법'이라는 개념을 정립하였다. 친환경 자연순환 원

또 하나의 미래, 힐빙시대의 도래

리가 접목된 우리 일반적인 농업의 농법은 재배 과정에 따라 크게 다음과 같이
세 가지로 분류하였다.

이종농법

異種 ; ① 다른 종류(種類) ② 변한 종자(種子)

　작물의 병을 치료하는 데, 전혀 다른 방법을 사용하여 병의 원인을 없애거나
제거하는 방법을 쓴다. 현대 화학농약인 살충제, 살균제, 호르몬제, 영양제 등
에 동반되는 대부분의 약품들을 사용하는 치료가 이에 속한다. 이종 데이터베
이스 [異種−, heterogeneous database], 분산 데이터베이스 시스템에서 각 수
액들이 서로 다른 데이터베이스 관리 시스템(DBMS)을 사용하는 것이며, 기존
의 서로 다른 DBMS를 사용하여 구축되어 있는 데이터베이스를 통합할 때 이
종 데이터베이스가 된다. 즉 마늘의 성분 데이터베이스와 고추의 성분 데이터
베이스를 혼합 융합하는 것을 이종농법이라고 한다. 친환경 농업에서 이종 융
합시스템을 응용하여 처리하는 방법들을 잘 활용한다면 친환경 재배에 새로운
시스템의 기능으로 기능성 작물이 되어 우리의 밥상 혁명을 가져 오리라 본다.

역종농법

　작물의 병의 증상과 전혀 반대가 되는 방법을 사용하여 병을 치료하는 것으로,
오이 흰가루병에 수박의 선충약을 살포하는 방법을 써 치료 하는 농법 같은 것이
다. 이런 역종방법은 대체의학농업에 경험이 많은 재배자가 사용하는 방법들이다.

동종순환농법

　작물의 병의 증상과 비슷한 증상을 유발시키는 방법이다. 즉 동종농법의 치
료의 원칙은 유사(類似)법칙이다. 그리스말로 "Similia similibus curentur" 즉
Like cures like이다.

현대 작물 재배에서 치료방법은 작물이 겪고 있는 증상 또는 원인을 억제하거나 또는 증상과 반대되는 작용을 유발시킴으로써 재배하는 이종(異種) 또는 역종(逆種) 농법이지만, 동종농법에 의한 재배·치료는 전통농법에 의한 치료방법과 정 반대이다. 즉 작물이 어떠한 증상을 겪고 있으면 증상을 억제하거나 증상과 반대되는 작용을 유발시킴으로써 재배하는 것(서양전통의학의 치료법)이 아니라, 오히려 작물의 재배상태와 비슷한 증상을 유발시킬 수 있는 동종농법으로, 그 작물의 성분을 찾아 이를 흡수케 하여 작물이 가지고 있는 자가 면역능력을 깨우쳐 줌으로써 스스로 치유하도록 하는 것이다. 바꾸어 말하면 현대 서양 전통 농법의 치료방법은 대부분 증상을 억누르거나(suppression) 또는 부족한 것을 보충(sustitution) 하는 방법이라면, 동종농법에 의한 치료는 작물의 병적상태와 유사한 증상을 유발시킬 수 있는 자연약품을 찾아 작물로 하여금 흡수케 함으로써 작물의 신진대사를 조정해주는 것이라 할 수 있다.

벼농사에 대해 예를 들자면, 수확하여 도정하고 부산물인 왕겨와 쌀겨를 저온 열분해 탄화추출 시스템에 의한 간접 열로 벼 부산물을 추출하여 그 수액을 일정부분 숙성시킨다. 그것을 발효 또는 융합 등의 과정을 통해 살충제, 살균제, 영양제의 동종 물질인 벼 부산물의 기본 값 50%와 살균, 살충. 영양 물질을 융합시스템에 의해 하나인 동종이 되는 융합으로 다시 그 작물(벼)에 돌려주는 농법을 '동종순환농법'이라고 한다.

「작물의 부산물에서 수액(동종수)를 추출하고 그 수액을 다시 그 작물의 인자와 동종으로 선택하여 되돌려 주어, 물질의 신진대사를 촉진시켜 식물의 생장을 돕고 각종 병충해로부터 식물체를 보호하는 농법」

관형농법과의 차이점

현대 관형농법은 대부분 작물의 질병을 비자연적인 화학약품을 사용하여 치료하는 비자연적, 타동적, 일시적으로 억제하는 치료 방법이 대부분이다. 그리하여 관형농법에서 사용하는 살충제, 살균제 등의 많은 성분들이 질병을 근원적으로 치료하는 것이 아니라 일시적으로 억제하는 역할을 한다.

또 하나의 미래, 힐빙시대의 도래

현대 관형농법의 치료 방법이 대부분 증상을 억누르거나(suppression) 또는 부족한 것을 보충(substitution)하는 방법이라면, 동종농법에 의한 치료는 식물이나 광물로 된 자연 약품을 사용하여 작물이나 가축 원래의 신진대사를 조정해 줌으로서 작물, 가축의 자연 치유능력을 유발시켜 스스로 치유 되게끔 하는 자연적 치료방법이라 하겠다. 또한 동종농법 치료는 관형농법과는 달리 같은 병충해 일지라도 같은 작물에 다른 종을 융합 하여 치료하지 않는다.

세계의 작물은 하나도 같은 토양에서 재배 되지 않는다.

같은 병충해 일지라도 토양의 특성, 환경, 물, 자연적 조건 등을 중시하여 작물마다 다른 종류의 약을 사용하여 치료해야 한다. 예를 들어 같은 문고병이라도 사용되는 약의 재료를 사용해야 하는 것이다. 수 십 종이 넘는 여러 가지 약이 있어 작물마다 다르게 치료한다. 다시 설명하면 동종농법은 현대 관형농법과 같이 작물에 나타난 부분적 증상만을 중시하여 치료하는 것이 아니라, 작물 전체를 고려하여 질병이 되는 부분적 증상뿐만이 아니라 작물의 질병과 직접적인 관련이 없는 작물의 과거력, 환경조건, 토양의 특성 까지도 고려한 후 치료약을 선택하게 되는 작물 맞춤 예방 · 치료라 하겠다. 또 다른 점은, 동종농법에서 한 가지 수액이 한 가지 병충해의 치료에만 사용되는 것이 아니라 여러 가지 병충해에 대하여 계통적으로 동시에 작용한다는 것이다. 예컨대, 은행나무의 수액이 5월 단오 전에 채취된 것은 살충제로 사용하고, 단풍이 든 후 채취된 수액은 영양제로 사용한다. 동종농법의 약품은 살충 · 살균에 대단히 효과적인 약이지만 그 외에도 영양, 기능성 등 광범위하여 여러 가지 병충해 치료 및 영양제로 계통적으로 동시에 작용한다. 그러므로 한 작물이 여러 병충해 · 영양 결핍 등을 나타낸다 할지라도 병충해 별로 약을 주는 것이 아니라 작물에 적합한 한 종류의 동종농법 약품을 선택하면 되는 것이다.
동종순환농법 치료의 또 다른 점은, 사용되고 있는 약품들은 관형농법의 화학적 약품과는 달리 부작용이 없다는 점이다. 동종순환농법이 관형농법 치료와 다른 점을 요약하면 다음과 같다.

동종농법	관형농법
자연 치유 능력	화학적
능동적	수동적
근원적	일시적
개별적	획일적
전체적	부분적

그러나 동종순환농법 치료가 관형농법과 치료를 달리 한다 할지라도 동종순환농법이 관형농법을 부정하거나 관형농법을 대체(代替)하는 치료 방법으로 오해 하여서는 안 된다. 동종순환농법을 연구하고 농사짓는 사람들은 친환경 자연의학 등에 대한 연구를 오랫동안 하면서 그 연구 결과를 가지고 있고, 그 결과 환경조건, 토양조건 등에 의한 재배방법, 병충해 예방 치료 등을 이해하게 된다. 즉 작물의 특성, 작물의 환경조건, 토양조건 등에 대한 조건을 알고 재배하는 것이 동종순환농법 재배라 하겠다.

동종순환농법 재배에서는 작물의 진단과 치료가 전문 농업인에 의하여 이루어지고 있다. 작물의 진단도 원시적 또는 민속적이 아니라 현대 과학적인 발전된 진단 방법을 이용하여 진단한다. 일반적 치료도 동종농법 약품만으로 작물의 병충해를 치료하지만, 일부 병충해에는 필요에 따라 현대 관형농법의 약품을 동시에 같이 사용한다. 이러한 점에서 동종순환농법 치료는 국내에서 흔히 대체농법이라는 이름으로 행해지는 비과학적이고 비윤리적인 재배와는 전혀 다르다.

결론적으로 동종순환농법 재배가 다른 점이 많이 있기는 하나, 관형농법을 대체하는 것이 아니라 관형농법으로는 한계가 있는 많은 재배, 병충해 치료 등에 현대 관형농법을 보완하는 역할의 현존하는 최고 보완 대체농법이라 하겠다.

동종순환농법의 장점

앞서 동종농법에 대한 설명 중 직접 또는 간접적으로 언급되었지만, 현대 관형농법의 재배와 치료에 대한 동종순환농법의 재배와 치료의 장점을 결론적으로 요약하면 다음과 같다.

또 하나의 미래, 힐빙시대의 도래

2000년 이상의 역사를 가진 대체의학을 동종농법이라는 농업에 접목하여 우리 먹거리에 대해 대체의학적으로 접근하고자 연구한 의학과 농업의 만남으로, 과학적 근거나 오랜 재배 역사가 없는 농법이 아니다, 200여 년 전 독일에서 시작되어 현재 전 세계적으로 보급되어 흔히 대체의학이라는 이름으로 행하여지고 있는 현대 전통의학과 같이 오랜 치료 경험을 근거로 한 세계적 보완대체의학이 한국에서 동종순환농법이라는 친환경 대체농법으로 다시 태어난 것이다. 한국에서는 동종농법을 환원순환농업이라고도 하며, 생산자와 소비자의 건강 권익보호에 앞장서고자 하는 뜻을 바탕으로 하는 것이다.

– 작물의 자연치유능력을 자극하는 능동적 재배

현대 관형농법의 치료는 대부분 화학적인 약품에 의한 것으로 증상을 억제하거나 완화하는 재배와 치료가 일반적이다. 예를 들면, 현대 관형농법이 살충제, 살균제에 의한 화학약품으로 죽이거나 강제 순환시키는 재배 또는 치료에 의한 농법이라면, 동종순환농법은 자연재료에 의한 재배와 치료로 작물이 가지고 있는 자연치유능력을 자극하여 예방, 치료하는 자연적이며 능동적 농법이다. 현대 관형농법에서는 주로 작물의 부분적 증상을 고려하여 치료하는 경우가 보편적이나, 동종순환농법은 작물의 부분적 증상뿐만 아니라 전체를 중시하는 재배법이다. 자연물질에 의한 재배와 예방, 치료는 작물이 환경조건에서 받는 스트레스를 치유하고, 영양 밸런스를 추구하는 작물의 전인적 농법이다. 이는 세계보건기구(WHO)가 추구하는 건강의 개념이기도 하다.

– 작물의 체질적 특성을 중요시 하는 재배, 예방

현대 관형농법과 달리 같은 병충해를 가졌다 할지라도 작물의 토양, 환경 특성이 모두 다르기 때문에 작물의 토양, 환경 특성에 따라 다르게 예방, 치료 한다. 이러한 점에서 재배, 예방, 치료에 접근하는 철학은 동양의 한의학과 비슷한 점을 가지고 있으나 진단방법과 치료 약품이 다르다.

– 부작용이 없는 자연재배

현대 관형농법의 약품은 그 종류에 따라 많은 차이가 있기는 하나 모든 약이 많고 적은 부작용이 있는 것으로 널리 알려져 있다. 특히 제초제, 강한 살충제(DDT)는 장기적으로 사용할 경우 토양 오염에 의한 심각한 부작용이 경고 되었으며, 그 작물을 섭취한 사람들은 서서히 죽음으로 몰려가고 있다는 사실이 중요하다. 또 항암제와 스테로이드제 같은 약들은 그 부작용이 매우 심각하다. 그러나 동종순환농법은 자연 물질만을 재배, 예방에 쓰기 때문에 만성적으로 사용한다 해도 부작용을 염려하지 않아도 되는 중요한 장점이 있다. 그러므로 순환동종농법 자연물질이 작물의 치료에 효과가 없다고 할지라도 사람들은 그 부작용을 걱정하지 않아도 된다.

현대 관형농법이 난치 병충해를 치료할 수 있는 보완 대체농법으로 급속한 발전을 해왔음에도 불구하고 많은 작물의 치료에서 전과 다름없이 도움이 되지 못하고 있다. 그러나 현대 관형농법에 의하여 치료되지 않는 이러한 병충해들 중 일부에서는 동종순환농법 자연물질에 의하여 치료되거나 최소한 증상이 완화되는 경우가 적지 않다. 그러므로 동종순환농법은 현대 관형농법을 보완 · 대체할 수 있는 농법이다.

　　현대 관형농법에서 치료에 한계점이 있듯이 동종순환농법 치료 또한 마찬가지이다. 그러나 토양이 살아 있어도 작물이 환경적인 영양을 받으므로 그 환경이 오염된 경우에는 동종순환농법에 의해 환경에 적응할 수 있는 자연물질을 주위 환경에 견디는 생리장애의 밸런스를 맞추어주는 재배 방법으로 작물의 안정적 조건을 추구함으로써 작물의 재배환경 향상에 기여 한다. 대표적인 것으로 바이러스가 있다.

　　전 세계적으로 친환경 재정난이 심각하게 대두되고 있다. 선진국인 미국, 프랑스, 독일조차도 이 문제가 심각한 수준이다. 국내에서도 친환경 재정과, 먹거리에 의한 질환의 증가로 의료재정도 고갈 되어가는 상태이다. 그런데 동종순환농법 재배에 사용되는 비용은 현대 관형농법의 병충해 예방, 치료에 비하여 현저하게 저렴하다. 약품 또한 자연 식물, 동물, 광물에서 생산된 것이므로 고가의 약품이 아니다. 그러므로 의료재정이 어려운 국내에서 좋은 보완대체의학이 되리라 생각된다.

동종순환농법의 이러한 장점들로 인하여, 관형농법의 발전에도 불구하고 친환경 농법으로 생산한 작물을 먹고 싶어 하는 것은 친환경으로 재배한 작물 속의 미량원소가 체내에서 합성이 잘 이루어지고, 그 합성물이 인체의 에너지원으로 좋으며, 외부에 대한 저항력도 높아 우리 병에 대한 예방 및 치료 효과가 있기 때문이다. 또한 현대 관형농법의 약물이 앞에서 언급한 바와 같이 죽인다고 다 죽는 것이 아니라 또 다른 균들과 합성하여 토양오염 환경에 의한 각종 병충해 및 바이러스를 만드는 원인이 되기도 한다.

더욱이 치료에 사용되고 있는 보완·대체농법이 합리적이고, 효과가 여러 병충해 치료에서 입증되어 있으며, 안전성이 세계적으로 알려져 부작용이 없다면 주저해야 할 이유가 없다고 생각된다. 다만 대체농법이라는 이름으로 비전문 농업인 및 상인, 연구자들에 의하여 치료행위가 이루어지는 비합리적 또는 비윤리적인 농법은 경계해야 한다.

필자는 지난 20년간 농민들과 함께 한 생활을 토대로 얻은 지식과 경험을 바탕으로, 동종농법(환원순환농법)이 현대 관형농법의 부족한 점과 한계점을 보완할 수 있으며 효과적이고 안전하여 세계적으로 널리 보급되어 있는 최고의 보완·대체농법이라 확신한다.

<h2 style="text-align:center">동종순환농법의 약품</h2>

동종순환농법에 이용하는 치료 약품은 식물이나 광물 즉 자연에서 그 원료를 얻는다. 그러나 동종순환농법에 따라 제조된 약품은 이러한 자연 원료가 그대로 사용되는 것이 아니라 원액을 수만 번, 수 천만 번 또는 그 이상으로 희석(dilution)하고 저온열분해하는 특수 과정을 통하여 제조된다. 이러한 과정을 효력강화(potentization)라고 한다. 이러한 희석과 저온열분해 추출하는 특수 과정이 많을수록 즉 많이 희석되면 희석될수록 동종농법의 약품은 효과가 강하고 오랫동안 작물에서 작용한다. 약품의 희석 정도에 따라 효과가 정해지는데, 그 작물을 기본으로 토양문제, 환경문제 등의 조사를 통하고, 증상에 따라 살균력이 있는 자원을 써야할지 아니면 살충력이 있는 자원을 써야할지는, 작물의 상태에서 융합되어 원액을 1/500 또는 1/1,000 희석하여 사용하는데 작물과 수액이 동종이 되는 점에서 그 희석비율을 맞추어 사용한다. 이러한 점이 한의학에서 사용되는 생약의 개념과는 다르다.

아보가드로의 수에 의해 어떤 약물 1몰에 존재하는 분자 수는 6×10^{23}이므로 10^{24}이상 희석하면 실제 분자는 남아있지 않는다. 그럼에도 불구하고 왜 동종 농법에 약품들이 강한 효과를 나타내는지에 대하여는 아직도 과학적으로 논란이 되고 완전히 해결되지 않은 문제이다.

첫째는 물의 원리이다.

작물은 모든 분자의 95%, 체중의 70%가 물로 이루어져 있다. 프랑스 국립연구소 INSERM Benvenist의 연구 보고에 의하면 물은 전자기장에서 한 덩어리를 형성하며 일치된 운동을 하는데 10^{-6}M 이상 희석하면 덩어리가 안정된다. 물은 과거에 접촉했던 물질에 대한 정보를 가지고 있고 이 정보를 그 작물에 가장 잘 전달할 수 있는 화학적 구조와 성격을 갖고 있다. Benvenist의 이론에 의하면 모든 분자는 고유한 신호를 방출하는데 이러한 모든 생물학적 반응은 물에서 가장 잘 일어난다. 동종순환농법 약품들이 물에서 희석되고 융합 되는 동안에 분자의 고유한 신호가 전달되고 증폭된다. 이렇게 작물 세포에 전달된 분자는 고유의 신호를 작물로 하여금 인식케 하고 작물은 이에 대하여 반응하게 된다.

"아보가드로 수 (Avogadro's number);
　　물리과학 ⇨ 기호 NA. 1몰의 물질입자 속에 포함되는 입자의 수로,
　　　　　　　　$1NA = 6.02252(\pm 0.00028) \times 10^{23}$. = Avogadro's constant

　　의약품학 ⇨ 기호 NA. 6.022045×10^{23}에 상당하는, 원자, 분자, 이온,
　　　　　　　　전자 등 물질 입자의 1몰 중에 함유된 입자의 수.

　　질병의학 ⇨ 물질의 1몰 중에 함유된 어떤 물질의 화학식으로 규정된
　　　　　　　　형의 실재하는 또는 가상적인 분자의 수

희석이 심한 경우에는 동종순환농법의 약품들은 마치 작은 호수 위에 작은 돌을 던지는 것과 비교할 수 있다. 작은 돌은 처음에 호수에 떨어졌을 때는 그 파장이 감지하지 못할 정도로 작다. 그러나 아무리 작은 파장이라 할지라도 점점 파장이 퍼져 전 호수에 미칠 수 있듯이 동종순환농법에서 사용되는 약품들이

또 하나의 미래, 힐빙시대의 도래

작물에 전달되는 분자의 수가 극소량 또는 단지 정보만 있을지라도 전달된 정보는 그 작용을 전 작물에 미칠 수 있다.

다른 예를 들어보자.

상어는 바다에서 수십 킬로미터에 떨어져 있는 아주 소량의 피라도 그것을 감지하고 인식하여 찾아갈 수 있는 능력이 과학적으로 입증되고 있다. 또한 많은 곤충의 수컷들은 암컷들이 아주 먼 곳에 있을지라도 암컷이 방출하는 성 호르몬을 감지하고 인식하여 찾아갈 수 있다는 동물세계의 과학도 증명되고 있다. 즉 동물이나 곤충들은 아주 미소량의 한 분자라도 감지하고 인식할 수 있다는 것이 과학적으로 증명되고 있듯이 우주상에 모든 동물들은 믿을 수 없을 정도로 높은 감각인식능력을 가지고 있음이 인정되고 있다.

동종농법에서 생산되는 약품들이 아주 적은 미소량의 분자를 가지고 있다 할지라도, 또는 한 분자도 존재하지 않아 단지 정보만 남아 있다 할지라도, 동물이나 곤충보다 월등한 식물이 이를 감지하고 인식하여 식물에 이 정보에 대하여 대응하고 반응할 수 있다는 이론은 그리 어렵지 않게 받아들여질 수 있을 것 같다.

현대 관형농법에서도 많은 약들이 어떻게 그리고 왜 작용을 하는지 아직도 설명되어 있지 않음에도 불구하고 병충해 치료에 효과적인 것으로 인정되어 사용되고 있는 것과 마찬가지이다. 잘 알지 못함에도 불구하고 치료에 효과가 있음으로 이러한 약품들이 계속 사용되고 있으며 언젠가는 그 작용 원리가 더 자세하게 밝혀지리라고 믿고 있듯이 작물에서 많은 부분을 이해하지 못하는 것들이 있다는 것을 인정하는 자세가 필요하다고 생각된다. 더욱이 작물들은 병충해 치료에서 어떤 약품이 어떻게 그리고 왜 작용하는지 이해 못한다 할지라도 작물의 병충해 치료에 효과가 있다면 사용하기를 원하는 작물의 절실한 욕구를 생각할 때 동종농법 약의 작용 기전이 현재로서는 다소 이해되지 않는 부분이 있다 할지라도 사용되는 데에는 문제가 없다고 생각된다. 또한 현대 관형농법의 약품과는 달리 동종농법에서 사용되고 있는 약품은 모두 자연에서 추출된 약품이므로 부작용이 없다는 점을 감안할 때 사용에 주저할 이유가 없다.

동종농법에 사용되는 약의 종류는 약 3,000여 가지가 되지만 그 응용 융합법에 의해 더 많은 수의 종류도 될 수 있다. 동종농법의 약품의 형태는 약이 가지는 용도에 따라서 살충제, 살균제, 영양제, 미생물제제 등으로 분류되는데 관주용, 엽면 살포용으로 그 용도에 맞추어 사용한다. 동종농법 약품은 다시 단일 종의 식물이나 광물로 되어 있는지 또는 여러 가지 식물로 복합 구성되어 있는지에 따라 전통 동종농법 약 또는 복합 동종농법 약으로 구분된다.

여기서 우리는 아보로가드로의 수 가설에 대한 이야기를 해보자.

아보가드로의 수는 물질 1몰에 들어있는 입자의 개수다. 19세기 후반 화학자들은 물질의 양을 '그램(gram)-분자' 또는 '그램-원자'라는 용어로 나타내었는데, 1그램-원자 또는 1그램-분자는 원자량 또는 분자량에 해당하는 질량(그램)을 나타내는 것이다.

예로, 산소는 분자량이 32이므로 1그램분자는 32g이다. 아보가드로수는 처음에는 1그램분자에 들어 있는 분자의 개수를 말하였다. 오늘날에는 아보가드로의 수만큼의 입자 묶음을 일컫는 말로 '몰(mole)'이라는 용어를 사용한다. 즉 우리가 12개를 '1다스', 100개를 '한 접'이라 하듯이, 아보가드로수만큼의 입자(예로, 원자 · 분자 · 전자) 묶음을 '1몰'이라 한다. 분자의 경우 1그램분자는 1몰이 된다.

아보가드로의 수는 어떻게 구하였을까?

아보가드로의 수(N_A)는 $6.02214179 \times 10^{23}$/mol이라는 어마어마하게 큰 숫자이다. 이 수는 1909년에 페랭(Jean B. Perrin:1870~1942)이 브라운 운동의 실험적 관찰로부터 처음 구하였는데, 아보가드로를 기리기 위해 그의 이름을 붙인 것이다.

브라운 운동은 액체나 기체에 분산된 입자가 지그재그로 무작위 운동을 하는 것을 말하는 것으로, 식물학자 브라운(Brown)이 1827년에 물에 분산된 꽃가루를 현미경으로 관찰하여 처음 발견한 것이다.
1800년대 후반에는 기체의 몰 수(n), 압력(P), 부피(V), 절대 온도(T) 사이에는 $PV = nRT$(여기서 R은 기체상수)의 관계식이 성립된다는 것이 알려졌다.

한편, 볼츠만(Boltzmann)은 기체 운동에 대한 이론을 전개하여 $PV = Nk_BT$ (여기서 N은 기체 분자의 개수이고, k_B는 볼츠만 상수)라는 식을 얻었다.

$$N = n \times N_A \text{ 이므로, } k_B = R/N_A \text{ 가 된다.}$$

당시 값은 알려졌으므로, 값을 구하면 아보가드로의 수인 값을 구할 수 있게 된다.

아인슈타인은 1905년에 입자의 브라운 운동이 용매 분자와의 충돌에 의한 것으로 보고, 기체 운동 이론을 적용하여 브라운 운동에 관한 이론식을 유도하였다.

이 식에 따르면 반경을 아는 입자가 점성도를 아는 매체에서 보이는 브라운 운동을 관찰하여 k_B 값을 구할 수 있다.

페랭은 자황나무 진(gamboge) 가루에서 천신만고 끝에 같은 크기의 입자를 분리하고, 이 입자의 브라운 운동을 현미경으로 관찰하였다. 그 결과를 아인슈타인이 유도한 이론식에 넣어 k_B를 구하고, R값을 이 값으로 나누어 아보가드로수를 계산하였다. 그 값은 7.05×10^{23}/mol로 오늘날의 정확한 값과 약간의 차이가 있다.

페랭은 아보가드로의 수를 구한 공로로 1926년에 노벨 물리학상을 받았다.

페랭의 실험으로 100년 가까이 지속한 원자나 분자에 관련된 혼란이 끝나고, 분자가 실제로 존재한다는 것이 증명되었다.

애초 페랭은 아보가드로수를 산소 1그램분자(1몰)에 들어 있는 산소 분자의 개수로 하였으나, 지금은 정확히 12g의 순수한 탄소 동위원소 C^{-12}중에 들어 있는 탄소 원자의 수와 같은 수로 정의한다. 원자나 분자 1개의 무게는 1그램원자량 또는 1그램분자량(단위 g/mol)을 아보가드로수로 나누면 얻어진다.
지금은 아보가드로의 가설이 옳다는 것이 증명되어 아보가드로의 법칙으로 불리기도 하지만, 당시의 화학자들은 이 가설을 쉽게 받아들이지 않았다. 그 당시 화학자들은 화학적 방법에 의해 더 단순한 물질로 분해될 수 없는 물질을 일컫는 원소에 대한 정확한 개념이 없었고, 원소를 구성하는 최소 단위 입자인 원자와 두 개 이상의 원자가 강한 힘으로 서로 결합하여 하나의 독립된 입자로 행동하는 원자 집단인 분자에 대한 명확한 구분이 없었다. 돌턴의 실수에 의해 여러 원소의 원자량이 실제와 다르고 제각각이었기 때문에, 화합물의 화학식도 제각각이었고 이는 화학의 혼돈으로 이어졌다. 1861년에 발간된 한 교과서에는 아세트산(CH_3COOH)에 대해 무려 16가지의 화학식을 적기도 하였다.

아보가드로의 가설은 후에 칸니자로(Stanislao Cannizzaro, 1826~1910)의 노력으로 1800년대 후반부터 받아들여지기 시작하였으며, 이로 인해 화학 혼돈이 정리될 길이 열렸다.

멘델레예프(Dmitri I. Mendeleev, 1834~1907)는 아보가드로의 가설을 바탕으로 보고된 원소들의 원자량을 다시 수정하여, 1869년에 원소의 주기율표를 발표할 수 있게 되었다. 참으로 이해가 잘 안된다고 할 것이다. 수의 개념이 동종농법의 이야기이기도 하기에, 잘 알지 못하는 아보가드로의 수에 대한 이야기를 하고, 그 이야기가 동종농법, 환원순환농업 이야기가 된다. 우리가 알고 있는 상식에서 상어가 피의 냄새를 먼 곳까지 알고 찾아가는 것과 곤충들이 미세한 호르몬의 분비를 알고 찾아가는 원리처럼 식물에서도 아주 미세하지만 그 작물의 인자가 인식되면 그 작물의 동종이 되어 그 에너지로 활용되면서 식물의 성장, 영양, 기능 등에 관여하고 있다는 것이다.

이는, 우리가 느끼지 못하지만 대자연의 원리에서 그 작물이 자신의 에너지가 되돌아오는 것을 알고 있다는 것이다.

아주 미세한 물질이 동종으로 되면서 순환하는 이 법칙에서 우리는 아직 그 원리를 구명하지 못할 뿐이다. 즉 고추에서 추출한 수액을 다시 그 종의 고추에 투입하면 그 흡수율이 높은 것이다, 눈으로는 확인이 잘 안 되지만 그래도 수액을 통해서 그 작물의 성장과 생리현상들은 계속되고 있다는 것이다.

작물을 재배할 때 무조건 많이 주면 좋다는 생각은 이제 더 이상 사실이 아니라는 것이 증명되고 있고, 그것이 그 작물에 어떤 영향을 주는지 알 수 있다. 아주 미세하지만 그 작물이 동종 되는 인자만 부여해주면 그 작물은 성장할 것이고 우리가 원하는 최종의 산물을 수확할 수 있다는 사실이 환원순환농업과 동종농법이라는 것이다.

더 쉬운 이야기를 하면 다음과 같다

우리가 집으로 돌아왔을 때 내 가족이 아니면 문어 열어 주지 않는 것과 같다. 또한 이종농법이나 역종농법, 융합농법도, 내 가족이 친구·지인·선후배 등 알고 있는 분들과 함께 집에 오면 문을 열어주는 것은 내 가족이 있기에 열어 주는 것이다. 즉 식물도 자신과 같은 동종을 감지하여 받아 주는 것을 역이용 하여 그 주변에 필요한 인자와 함께 투입하여 작물이 흡수하도록 하고 그 흡수 를 통해 작물은 성장하며 병해충으로부터 보호를 받을 것이라는 이론이다.

왜 물은 4℃에서 가장 활성이 좋은가

물에 대해서
많은 것을 생각하게 한다.

왜 물은 비정상점이라 불리는 영상 4℃에서 가장 밀도가 높고 활성이 좋을 까? 왜 물은 높은 온도에서 바로 증발되지 않고 데굴데굴 굴러다닐까? 왜 강물 은 직선으로 흐르지 않고 뱀처럼 굽이쳐 흐를까? 왜 폭포수는 떨어질 때 한결 같이 원추형 나선운동을 할까? 왜 물은 물질이 혼입될 때 아무리 희석해도 그 것을 인지할 수 있을까? 이러한 문제들을 일반 상식으로 풀어낼 수가 없기 때 문에 물을 하나의 유기적 생명체로 생각하게 만든다. 따라서 물은 상대에 따라 서 변화무상하여 단순히 물질로 볼 수 없다. 오늘날의 생명과학은 주로 사물의 물리적인 형태만 치중하기 때문에 자연이 지닌 무한한 생산성에 대해 "단순히 그렇게 이루어지고 있다"라고 여길 뿐 그 이상의 의미는 전혀 파악하지 못하고 있다. 특히 지구의 내부로 생명력을 공급하는 피와 같은 존재인 물에 대한 새 로운 개념들, 물을 소중하게 다루기 위해서 필요한 새로운 방법들, 그리고 바 이오메스들의 신비한 능력에 관한 내용들은 우리들을 깨우쳐 주기에 충분하다고 생각되어 소개한다.

물의 밀도가 부피에 미치는 신비한 이야기다. 액체로서의 물은 다른 여타 종류의 액체와는 전혀 다르다. 모든 액체들은 온도가 내려감에 따라서 일정하게 밀도가 증가하지만 물만이 예외적으로 4℃에서 최대 밀도를 보여준다. 이온도에서 물이 지닌 잠재력은 최고조에 달하여 최대 영향력을 행사한다. 4℃의 물은 밀도가 0.99996g/㎤로서 단위 무게 당 가장 적은 부피를 이루어서 더 이상 압축할 수 없는 상태에 이른다. 다시 말해서 자연 상태에서 물의 건강, 활력, 생명력이 최고조에 달하면, 물이 지닌 내적 에너지 상태는 더 이상 에너지가 유입될 수 없는 평형에 이르게 되어 공간적으로나 열량에 있어서 중립상태를 취한다. 수온이 4℃ 이상으로 올라가면 물은 팽창한다. 4℃ 이하로 내려가도 물은 팽창하고, 밀도는 낮아져서 가벼워진다. 다시 말해서 물이 0℃에 이르면 더 이상 액체로 머물지 못하고 얼음으로 변하고, 얼음은 물보다 가볍기 때문에 수면 위로 떠올라 수중생물들이 안전하게 살아갈 수 있다. 또 수면 위로 떠오른 물은 차단막을 설치하여 더 이상 수온이 내려가지 않도록 물의 열량을 보온해준다. 바로 이러한 작용으로 말미암아 수중생물들은 추위로부터 안전하게 보호될 수 있다. 0℃에서 물의 비중은 0.99984g/㎤으로서 같은 온도인 0℃에서 얼음의 비중은 0.9168g/㎤보다 훨씬 무겁다. 그 때의 부피 팽창 비율은 0.9168:0.99984로서 약 1/11 정도의 부피가 늘어난다. 이러한 이유로 얼음은 수면 위로 떠오른다.

물의 온도가 증발에 미치는 신비한 이야기다. 1956년 독일의 물리학자 요한 라이덴프로스트(Johann Leidenfrost)는 난로위의 뜨겁게 달구어진 스푼에 물방울을 떨어뜨린 다음, 과연 그것이 얼마나 오랫동안 남아 있을 수 있는지 진자(振子)를 사용하여 측정하였다. 그리고 일정한 한계 내에서는 스푼의 온도가 높을수록, 물방울이 머무르는 시간도 그만큼 길어진다는 새로운 사실을 발견하였다. 얼핏 보기에 모순인 것처럼 생각되는 이 현상을 정작 제과 기술자들에게는 이미 잘 알려져 있는 사실이었다. 그들은 일찍부터 오븐 위에 떨어뜨린 물방울이 2, 3초 안에 증발하면 아직 온도가 충분치 않는 것으로서, 그것이 철판 위를 데굴데굴 굴러다니면서 1분 이상 계속 남아 있을 수 있을 때까지 불을 더 지피지 않으면 안 된다는 사실을 눈대중으로 알아내곤 했던 것이다. 실제로 충분히 달아오른 금속 표면에 물방울을 떨어뜨리게 되면 그 접촉 부분은 곧 증발하여 얇은 증기 층을 형성하는 동시에 금속 표면으로부터 약 10분의 1mm 정도의 간격을 두고 물방울을 위로 떠받치는 역할을 하게 된다. 결국 남아 있는 물방울은 열 전도에 의해 완전히 증발할 때까지 증기 층의 보호를 받으면서 잠시 그동안 그대로 머물 수 있는 것이다. 아울러 이러한 상태에서 각종 액적(液適)이 머물 수 있는 가장 오랜 시간을 그 액체의 라이덴프로스트 점이라고 한다.

싱가포르에서는 1월15일부터 2월15일까지 한 달 동안 타이 족의 풍습에 의하여 '타이뿌삼'이라는 축제가 열린다. 힌두교 신도들은 맨발로 춤을 추면서 시가지를 행진한 다음 2인 1조로 힌두교 사원 경내에 들어와 탑 주위를 세 번 돌아야 한다. 그 곳을 한번 돌 때마다 벌겋게 피어오른 불구덩이(크리켓 경기장만한 넓이) 가운데를 통과하지 않으면 안 되도록 짜여 있었던 것이다. 과연 그들은 발에 화상을 입지 않고 어떻게 불구덩이를 건널 수 있을까? 그 비밀에 대해 좀 더 과학적으로 답을 얻고자 왓슨은 생명의 비밀에서 조심스럽게 의견을 피력하고 있다. 즉, 한 발자국씩 석탄불 위에 발걸음을 내디딜 때마다 발바닥 수분이 일부 증발하여 순간적으로 보호막이 형성될 수 있다는 것이 그 주장의 요지이다. 실제로 건너는 속도만 조절한다면 다음 발걸음을 내딛는 동안 밖으로 배어 나온 땀으로 얼마든지 수분공급이 가능할지도 모른다.

물의 구심운동이 중력에 미치는 신비한 이야기다. 오스트리아의 발명가인 빅터 샤우버그(1885~1958)는 우연한 기회에 깊은 산속에서 목재를 운반하는 일을 맡게 되었다. 대부분 가축을 이용하여 가까운 계곡으로 목재를 운반하고 계곡의 수로를 이용하는 것이 통상적인 운반 방법이었으나 비용이 많이 들어 비경제적이었다. 경제적으로 많은 목재를 짧은 시간에 운반할 수 있는 방법을 찾는 것은 쉬운 일이 아니었다.

그는 먼저 나무을 벤 곳 가까이에 운반 수로를 인위적으로 만들어 목재를 아래로 운반하려고 직선으로 수로 통을 만들어 목재를 내려 보내기를 시도하였으나 불행하게도 처음에는 잘 내려가다가 부피가 큰 목재는 중력을 이기지 못하고 나무끼리 서로 엉켜 실패하였다. 고심 중에 가장 적은 물로 목재를 운반할 수 있는 방법을 찾던 중 뱀이 계곡을 건너는데 직선이 아닌 곡선으로 몸을 움직이는 것을 우연히 보고 수로 통을 곡선형으로 만들고 계곡의 찬물을 집어넣어 목재를 운반한 결과 목재는 하나도 상하지 않고 아래로 잘 내려갈 수 있었다.

그가 고안했던 목재 운송수로 안에서 물보다도 밀도가 큰 목재들이나 심지어는 돌조차도 물에 떠서 흘러가곤 하는 아르키메데스의 원리가 지켜지지 않는 상황을 지켜볼 수밖에 없었다. 이것이 바로 원추형 구심성 나선운동(Vortex Motion Implosion)이다. 빅터와 그의 이론은 학계와 전문가들 사이에서 별다른 관심을 끌지 못했다. 그럼에도 불구하고 그가 만든 목재 운송수로는 불가사의한 기술로서 작동되었고 "굽이쳐 흐르는 강물은 굴곡진 부분을 지나면서 미묘한 내부 흐름을 유도해 낸다"는 사실을 알고 "자연은 우리의 가장 뛰어난 스승이고 자연의 법칙을 따라 가려고 해야지 자연을 정복하려고 해서는 안 된다"는 것을 알고 더 자연에 가깝도록 노력했다.

폭포수가 떨어지는 모습은 어떤 모습일까? 나는 무척 궁금하였다. 필자는 자연 상태에서 일어나는 현상은 모두 구심성 원추형이라는 것을 알고 거기에 가깝도록 유추를 하면서 폭포수를 바라보니 정말 특이한 모습을 발견할 수 있었다. 나선형을 하면서 주변에 많은 공간을 확보하여 낙하하는 모습이 내 눈을 의심할 정도였다. 이 때 폭포수는 낙하하는 과정에서 표면장력을 크게 하여 주변의 공기를 휘감아 많은 산소와 에너지를 만들어 내기 때문에 선녀는 폭포수가 떨어지는 용소에서 이것을 받아 하늘을 날 수 있었을 것이라 생각된다. 여기서 말하는 에너지는 볼 수도 없고 정확히 답을 줄 수 없지만 정신이 무엇인지 묻는 것과도 똑 같아 신비로운 것이라고 말할 수밖에 없다. 이와 같이 폭포수의 원리를 이용하여 물속에 산소가 녹아들게 하고 물 분자를 극도로 미세해진 상태로 유지하여 토양에 관수를 하였더니 작물의 뿌리에 용존산소 함유량을 증가시켜 양분 흡수력이 좋아지고 호흡작용을 촉진시켜 작물이 크게 성장하는 것을 볼 수 있었다. 우리는 이 장치를 회오리바람을 일으키는 모양을 하였다 하여 '회오리 자력장치'라 한다.

물의 신비를 말하는 전형적인 사례가 동종요법이다.

수액과 물 [동종농법]

물의 신비에서 언급 한 바 물이나 저온열분해추출장치 수액 속에도 수액의 인지능력으로 그 물질의 인지력이 있고 그 동종을 인지하는 기능을 이용하여,

또 하나의 미래, 힐빙시대의 도래

그 작물의 수액이 다시 그 작물의 인지 능력에 교감 되어 동종이 되는 것이다. 동종을 만들기 위한 에너지 즉 용존산소를 증가시키는 방법으로 수액 속에 유해물질을 부상시켜 부상된 유해물질을 제거하고, 다공성 함수공간에 물의 인식 능력을 좋게 만들기 위해 용존산소를 10ppm 발생하도록 하는 장치에 의해 물의 동종과 물과 수액이 만나서 에너지를 만들어 인지력으로 그 작물에 성장과 병해충 예방을 하도록 하는 것이다.

회오리자력 장치의 원리

물의 인지력을 증가시키기 위한 에너지공급을 위해 12,000 카우스 자석의 장치에 물을 통과시켜 에너지 파동을 만들어 회오리노즐로 한 번 더 통과시키면 물은 파동 에너지와 용존산소를 만들고 인지력을 가지면서 물의 자연운동이 시작된다.

그 원리는 다음과 같다.

자석에 의해 파동에너지를 가진 물이 회오리노즐을 통과하는 과정에서 일어나는 현상은, 회오리노즐 속으로 통과하는 물을 흡입구는 30파이로 흡입하고 노즐에는 13파이에 주간 공극을 2mm주어 공기층을 흡입하는 공간을 만들고 다시 14파이로 통과하면서 최종 배출구는 30파이로 배출하면 노즐을 통과 하면서 노즐지표 가까이에 있는 공기가 물의 강한 유속에 의해 비좁은 공간을 통과하면서 물의 유속에 회오리를 만들고 그 회오리 속으로 공기와 혼합 되면서 회전을 시작하게 된다. 공기가 유입되면서 파동에너지의 힘으로 공기기둥은 수직으로 늘어나며 각운동량 보존이라는 과학적 원리에 따라 극대화 된다. 회오리바람의 이차유동(secondary flow)으로 인해 다른 자석 파동에너지 공기들은 새로 형성된 소용돌이 밑바닥 안쪽을 향해 수평으로 빠르게 움직인다. 에너지 공기가 떠오르는 공기를 대체하기 위해 점점 소용돌이 쪽으로 빨려들어 갈수록 회전효과는 더욱 심화된다. 완전하게 형성된 회오리는 자석 파동에너지 공기가 위로, 또 원 안쪽으로 움직이며 통과하는 깔때기 모양의 굴뚝이 된다.

파동에너지와 공기가 다시 배출되면서 물과 충돌하여 에너지의 함수를 높이는 방법이면서 그 속에 동종 하고자 하는 물질을 넣고 구동시키며 그 동종 물질은 동종 하고자 하는 물질에 공급되면 동종이 되어 우리들의 생각 외의 세상을 만들어 내는 물의 힘을 확인 할 수 있다. 이런 장치는 대 자연의 힘을 응용한 회오리자력장치라고 한다.

환원순환동종농법

원리 :

그 작물의 잔사를 저온열분해 탄화 추출시스템에 의해 추출한 수액을 회오리자력장치에 구동시키면서 그 작물의 수액과 물이 하나의 물질 에너지로 형성되면 다시 그 작물에 돌려주어 그 작물의 동종으로 인해 작물의 성장과 재배에 순환과 환원의 동종으로 친환경 농업이 이루어지는 것을 '환원순환동종농법'이라고 한다.

수액 이란 :

작물의 옆 순과 재배가 끝난 뒤의 작물 잔사를 저온열분해 탄화 처리 장치에서 처리해 추출되는 액으로 유기산류와 280여 종류의 희귀 원소를 포함하고 있다.

수액의 효능 :

* 토양소독과 개량이 동시에 가능하다.
 - 수액은 산도가 2~3도의 강산성이다. 그러나 유기산이므로 무기산과 달리 토양에서 빠른 시간(약 1시간)내 약알칼리성으로 변화하면서 노화된 토양 환경을 중화시켜 주고 발아 및 성장장해, 염류장해, 가스장해, 토양선충 등 갖가지의 모든 병해의 살균 및 번식을 차단시킨다.
 - 초기에는 강한 살균 작용을 하고 후기는 미생물의 유효한 양분이 된다.
 - 물리적 성질이 개선되고 투수성이 좋아 유효미생물 번식 증가로 비옥한 토양이 이루어진다.
 - 작물에 대한 토양환경을 좋게 한다.

＊ 강한 침투와 흡수, 전착력이 우수하다.
 － 물에 수액 을 희석하면 융합이 잘되고 물 분자 크기가 1/3(146hz에서 53hz)로 작아짐으로 침투력이 3배의 효과를 올릴 수 있어 어떠한 조건에서도 침투가 용이하다.
 － 어떠한 부분에도 잘 전착되어 비료, 농약의 성분을 충분히 발휘하게 한다.
 － 타 비료, 농약 등과 혼용이 잘되고 침투 및 흡수가 좋아 감량하여도 높은 효과를 얻을 수 있다.
 － 약효가 높아 장기간 지속되므로 방제살포 횟수를 줄일 수 있다.

＊ 발근 및 건전 생육으로 병해의 내성을 높여준다.
 － 생리작용 활성화로 뿌리 발근과 성장촉진을 돕는다.
 － 광합성능력이 증대되어 잎에 윤이 나고 색이 짙어져 엽육이 두터워진다.
 － 여러 가지 유기산 등의 복합적인 상호작용으로 병해발생을 억제시킨다.

＊ 착색과 당도를 높여주고 저장성이 좋다.
 － 에스텔류 등의 작용으로 당과 아미노산 형성이 활발하여 과실 고유의 색깔이 균형 있게 착색되며 향과 감미를 높여주고 저장성 향상으로 신선도가 오래 동안 유지된다.

＊ 고품질로 조기 수확을 이룬다.
－ 지베렐린, 사이도카아닌, 오옥신, 에틸렌, 아브시스산 성분 등이 작물에 침투, 흡수되어 식물체에서 여러 가지의 호르몬작용이 이루어져 생장촉진, 착색, 비대, 병해억제 등에 크게 관여함으로 건전 생육되므로 고품질의 농산물을 조기수확 할 수 있다.

－ 동종순환농법의 기본 원리 실험[고구마] －

＊ 고구마 파지를 저온열분해장치로 추출하여 그 수액을 1,000배 희석하여 용존산소증가 및 융합 장치에 넣고 30분간 돌린 다음, 투명 플라스틱 용기에 일반 물과 처리수를 일정량 부은 뒤 고구마를 올려놓고 한 달간 관찰하였다.

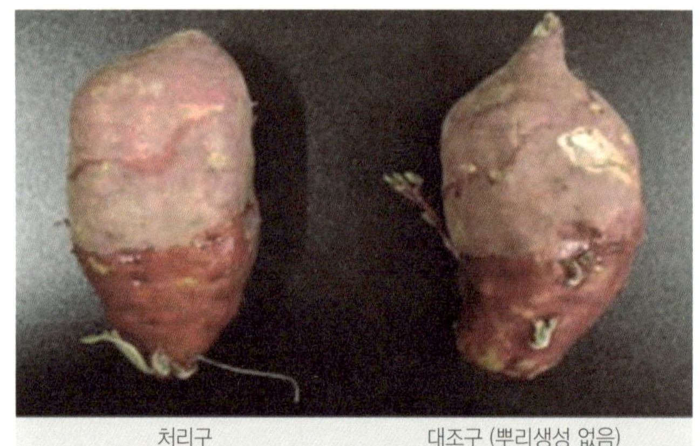

[그림 1] 처리구와 대조구의 뿌리 생성 비교(9일경과 5℃)

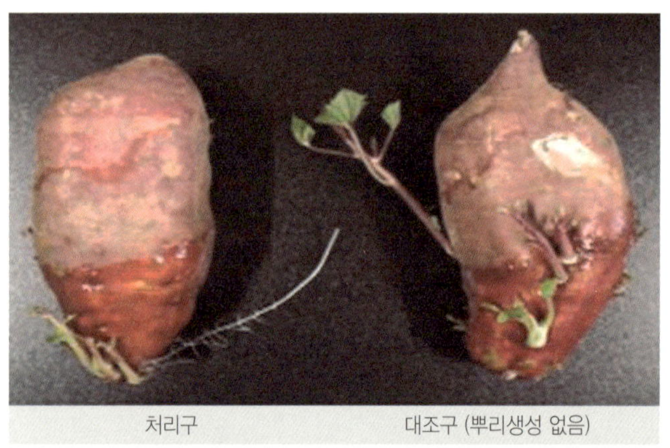

[그림 2] 용존산소증가 및 융합 장치 물 실험 (13일경과 25℃)

주근 : 길이 10cm, 생성수 2개
세근 : 길이 0.4~0.5cm, 생성 수 23개

용존산소증가 및 융합장치 물에 의한 고구마는 뿌리부터 형성되고,
대조구는 싹부터 나오는 것을 실험을 통해 알 수 있다.

또 하나의 미래, 힐빙시대의 도래

[그림 3] 처리구(우)와 대조구(좌) 뿌리 생장 비교

[그림 4] 대조구와 처리구의 줄기 절간 비교 (30일경과)

처리구는 용존산소증가 및 융합수의 절간 간격이 좁고 대조구는 절간 간격이 길게 된다는 것을 실험으로 알 수 있다.

[그림 5] 처리구와 대조구의 뿌리 발달 비교(상온, 27일 경과)

[그림 6] 처리구와 대조구의 생육 비교 (30일경과)

세근길이 6~15 Cm   세근길이 4~10 Cm
주근길이 32 Cm   주근길이 15 Cm

또 하나의 미래, 힐빙시대의 도래

처리구   대조구

[그림 7] 처리구와 대조구의 엽 크기 비교(30일경과)

엽면길이 2.5~4.5 Cm	엽면길이 1~3 Cm
엽면폭 2~3.6 Cm	엽면폭 1~1.5 Cm
엽수 34개	엽수 25개

* 세척 후 비닐봉지 밀봉 실험

고구마 세척 시 용존산소 증가 및 융합장치를 응용하면 유통기간 연장, 신선도 유지, 영양 손실방지 등에 효과가 있다. 일반수를 사용한 대조구는 고구마 흑반현상 및 연화현상이 대부분 발생되는 경향이었고, 용존산소 증가 및 융합장치를 이용한 물을 사용하여 세척한 고구마의 경우에는 흑반현상 및 연화현상이 전혀 발생되지 않았다.

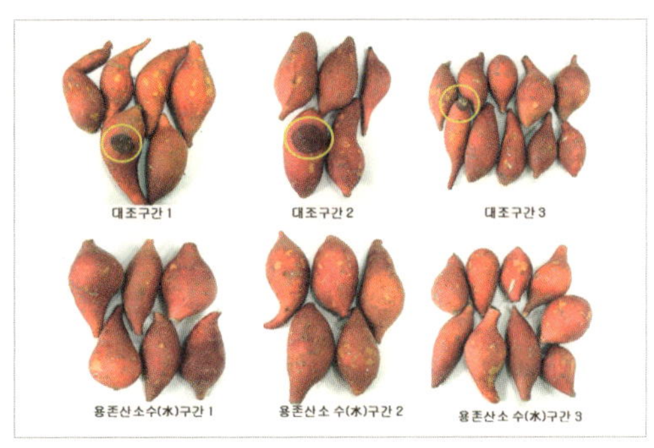

[그림 8] 처리구간 세척 고구마의 상태변화 (8일경과 상온보관)

이렇게 친환경농업의 또 다른 미래를 만들어가며 그것으로 우리 먹거리를 새로운 차원으로 끌어올려 가치를 창출하면 대한민국 농업의 미래는 밝다.

우리는 농약 및 화학비료에 의한 토양의 파괴와 거기서 생산된 농산물을 먹거리로 하고 있는 사람들이 얼마나 고통 속에서 살고 있는지 한번 깊이 생각해야 할 시기에 와있다.

우리의 친환경 농업기술이 국적도 없이 만들어지고, 그 원리는 화학에 의해 다시 손질 되어지는 현실이다. 우리의 것을 소중히 여기고 친환경의 근본을 만들어 세계 속에 한국 친환경 농업기술과 정신을 우뚝 세움으로써 우리 역사에 자랑스럽게 기록되고, 그 먹거리를 먹고 모두 질병 없이 120세를 힘차게 살아가는 참 먹거리 문화를 한국으로부터 전 세계로 전파하고자 다짐한다.

＊ 지구와 인류에게 희망의 빛이 될 동종순환농법

＊ 참된 미래 먹거리 문화의 근본 동종순환농법

＊ 세계인의 힘과 꿈을 밀어줄 한국농업기술

＊ 인류를 구할 농업 동종순환농법

＊ 동종순환농법이 미래를 열다!

또 하나의 미래, 힐빙시대의 도래

모든 잡념을 버리고 지극히 고요한 상태에서 만물이 번성할 때
나는 그 순환하는 변화를 관찰한다.
사물이 무성하게 자라지만 모두 뿌리, 그 원시상태로 돌아간다.
뿌리로 돌아감은 고요함에 들어감이고, 고요함에 들어감은 본성으로 돌아감.
즉 생명을 잉태함이다.
본성으로 돌아감은 사물의 늘 그러한 도(常道)이며
늘 그러한 도를 깨달아야만 밝고 지혜롭다 할 수 있다.
늘 그러한 도를 깨닫지 못하고 함부로 행하면 반드시 흉악함을 부른다.

(도덕경)

글로벌시대 한국 농업의 길
- 건강과 자연 그리고 관광문화농업으로 가야 -

조은기

▶ 전 국립농업과학원장, 전 농업기술실용화재단 총괄본부장
현 경북대학교 초빙교수
현 한국종자포럼 이사, 현 글로벌리더스 포럼 사무총장

또 하나의 미래, 힐빙시대의 도래

최근 한 · 미 FTA 발효와
한 · 중 FTA 추진과 사전 협상 등
글로벌 시대에 세계는

자국의 이익에 따라 자유무역 협정을 맺고 있다. 그러나 한국의 경우 늘 농업분야는 피해대책을 강구해야만 했고 국내 산업 간, 정부와 농업인 간에 갈등이 존재해 왔다. 한국 농업은 과연 글로벌 시대에 길은 없는가? 여기에 길을 열어 보고자 한다. 여기 기술하는 내용은 1984년부터 2011년까지 미국, 캐나다, 멕시코, 브라질, 일본, 중국, 인도, 스페인, 네덜란드, 뉴질랜드, 북한, 프랑스, 영국, 말레이시아, 태국, 오스트리아, 독일, 체코, 폴란드, 캄보디아, 베트남, 필리핀, 인도네시아 등 30개국을 방문하거나 조사하여 농업 정책과 인력, 기술 현장의 과제를 토대로 조망된 것이다.

한국농업의 현황과 우리의 과제는 무엇인가

농산업 오늘날 성적표는

그 동안 농산업의 발전을 위하여 정치권은 제 6 공화국까지 식량의 자급자족과 농촌의 소득안정을 위해 증산 정책과 축산 및 채소 등 신소득 작물재배로 국민의 생활안정과 농가 소득향상을 위하여 기초기반 조성과 아울러 국민의 먹거리 해결 중심으로 정책을 펴왔다.

최근 문민정부에서 농어촌특별세 등 수입개방 대응 경쟁력 강화 대책과 농업구조 개선대책, 그리고 국민의 정부 시절에 농가경제 안정 대책으로 부채경감, 추곡수매가 인상, 직불제 도입, 그리고 참여정부 시절에 도 · 농간 균형발전의 정책으로 농촌복지, 친환경농업 및 농가소득안정 대책, 이명박 정부의 농업경쟁력 강화 및 농업구조 개편을 하면서 농가경영의 활성화와 민간 투자 유치 등 선진농업 경쟁력 강화 대책으로 이어져 왔다. 특히, 정부는 1992년 수입개방 대응으로 1995년부터 2004년까지 42조원 투자계획과 아울러 농어촌특별세

신설로 15조원 추가 투자 그리고 그 이후 매년 10조에서 15조원 규모로 증액하여 지금까지 정부 예산이 집중화 되었다. 한·칠레 FTA 대책, 한·중 마늘 대책 등 사안이 있을 때마다 피해 대책을 농업인과 같이 논의하여 지원하였다. 오늘날, 대한민국은 117만 농가(306만 농업인), 농경지 170만ha, 농기계 132만대를 사용하여 수출 51억불(2011), 수입 234억불(2011), 농가 호당 평균 소득 3천200만원(2010, 농업 및 비농업 소득 포함), 농축산업 총생산액 43조원(2010), 국가총생산에 대한 농산업의 부가가치 비율은 2.3%이다.

1995년 개방농정 이후 정부는 183조원을 지원하고 투자하였다. 그러나 관청을 많이 넘나드는 사람들에게 돈은 집중되어 투자의 효과는 미미하였다. FTA 대응 2017년까지 54조원을 투자한다고 한다. 투자의 금액도 중요하지만 더 중요한 것은 투자의 흐름이다. 흐름이 정상적으로 작동해야 건강한 농촌을 만든다. 건강한 농촌은 투자의 흐름을 정상화 하여야 한다. 그러나 투자는 경제논리 즉 사업 성공적 측면의 논리보다도 정치논리가 앞서 있었던 것이다.

최근 2008년 광우병, 2010년 구제역, 2011년 배추파동 및 농산물 가격의 급상승 등 우리 장바구니 물가에 직접적으로 영향을 미치고 있다. 이를 계기로 특정 정치세력은 생활 불만세력을 집단화하여 문제를 만들어 국가 경제의 중대한 위협요인이 되고 있다. 국가는 이러한 문제를 만들어 가는 것이 아니라 민생 문제를 해소하고 국민이 신뢰하는 정책으로 거듭나야 한다. 그러나 현재의 국가정책의 성적표는 과거나 지금이나 나아진 것은 없어 보인다.

분명 길은 있는데 모두가 기피하는 것 같다. 너도 나도 농업정책에 책임지기 싫은 마음이 농업인, 정책자 그리고 정치인 모두에 있고 비교적 정치에 의해서 법과 원칙 그리고 산업의 육성을 넘어선 고육지책이 오늘날 한국 농업의 근본적 원인을 제공하였다.

따라서 한국 농촌은 지금이라도 산업적 측면에서 대책을 세워야 한다. 임시방편적인 대책이 아니라 항구적인 한국 지형과 자연 그리고 농업인에게 알맞는 정책 대안을 제시할 필요가 있다. 세계농업 발전으로 보면 생계농업, 경제농업, 건강농업, 자연농업, 문화농업, 인류공영농업 등으로 혼재하여 있다. 특히 한국은 정책의 대상이 복잡하고 관련 부처가 많아 농촌 지역을 대상으로 전부처가 공동 책임으로 혼돈되어 있고, 농업인도 전문화되어 점차 분화되고 있으며 농업관련 정부, 지방 그리고 대학 및 공공기관은 임직원과 교수들이 자신의 자리 유지를 위한 기관으로 정착되고 있어 농산업 발전을 위해서는 정부/정치/교수/연구원/농업인 생산자/소비자 등 모두에게 인식 대전환이 필요한 시기이다.

또 하나의 미래, 힐빙시대의 도래

한국 농업과 농촌이 해결해야할 우선 과제

그 동안 농업과 농촌의 많은 문제는 비교적 단기간에 많이 해결되고 정부정책과 기술, 경영 등의 성공으로 최근 연소득 1억 이상 농가가 1만 6천 농가로 확대되고 있으나, 지난 30여년간 농업정책에 대한 농업인의 신뢰부족과 늘 정부는 잘못한 것이고, 농업인은 요구자로 돼 있어 평행선을 달린 결과로 인식되었다. 따라서 한국의 농업은 우선 협의해야 할 다음 3가지의 과제가 있다. 지난 50년간 농토는 연간 1만 5천 ha씩 없어졌고, 그 때마다 처방전은 단기간 및 소지역 개방 대책으로 일관하여 왔다. 한국의 농산업은 우선 몇 가지의 큰 병에서 벗어나야 한다. 이 큰 병은 지금은 나을 수 있지만 조금 지나면 영원히 나을 수 없는 지경에 이른다.

우선 농업을 정치의 대상이 아니라 경제의 대상으로 거듭나게 해야 한다.
한국의 농업 정책은 늘 정치에서 나왔다. 농업의 정책문제는 정치 해결 사항으로 늘 존재하여 대책과 대책을 반복하였다. 이러한 사항은 늘 사후약방문의 형태로 선진화되지 못하고 문제 해결형으로 주도하였다. 이러한 정책을 경제 중심으로 보아서 전문가에게 맡겨서 그 정책을 논의하고 최종적으로 민간 기구인 농업회의소나 경영이사사무국 등 실절적인 농업정책 평가를 사전에 선제적 정책실행 사항으로 검토하여 사후적인 잘못된 정책을 막아보자는 것이다.

평균 농가 개념에서 전문 농가 개념으로 전환하고 연령별, 기술별 통계를 제시하고 대안을 세워야 한다.
지금까지 정책은 일부 전문농가 형태로 추진되어 왔으나 성격이 다른 두 가지 사항을 평균으로 하여 도시근로자와 대비해 농가 소득율을 도농비교에서 66.8%(2010)로 한다는 것은 의미가 없다. 왜냐하면 농업은 농가의 전수조사(60세 이상 포함)를 한 것이고 도시의 가구처럼 대부분 60세 이상의 은퇴연령 구성 비율이 높은 집단과 획일적으로 비교는 불가능한 수치이다. 따라서 60세 미만의 평균 소득이 5천만원(2010)이 넘어 일본 농가소득 평균 465만엔, 미국 농가소득 8만불에 근접해 있다. 금후 경영규모별, 연령별, 지역별 및 작목별로 소득 비교를 해야 되고 농촌의 60세 이상의 소득은 복지농업으로 분류하여 복지 정책과 함께해야 된다. 70세 이상의 농가 소득은 2천88만원(2010)으로 도시 노인의 경우와 비교가 되지 않는다.

정부지원 중심에서 농업인 스스로 경영하는 농장 운영으로 마인드 변화
지금까지 생계농업으로의 추진은 국가가 책임지고 모든 사항을 지원하고 관리
하여 왔다. 그러나 경제농업구조로 가면서 틀을 바꾸어야 한다. 경제농업시대
란 경영 주체로서의 운영능력이 있어야 한다. 따라서 자금의 유입과 투자, 작
목의 선택, 경영자의 마인드, 인력의 동원, 유통과 판매, 사회 구조의 분석능력
등 본인이 해결할 과제가 많다. 또한 기업 기술개발비용은 재투자의 개념으로
기업이 부담한다. 선진국의 경우 정부와 농가가 50%씩 부담한다. 이렇게 해야
연구자도 농장에 필요한 연구를 하여 피드백 시킨다. 연소득 1억 이상 농가 1
만6천호는 반드시 연구개발비를 공동으로 부담하여 연구자의 책임성을 높이고
본인의 농가경영에도 도움이 되게 해야 할 것이다.

축산물의 사료공급 체계를 농후사료/조사료(60/40) 비율을 조사료/농후사료
(60/40) 체계로 전환해야 식량의 자급율도 근본적으로 향상시키고 고기의 질
도 국제기준 평가 방법으로 전환되어야 한다.
마블링은 육질에 있는 지방의 결이므로 마블링이 없는 것이 건강한 육질이다.

식품의 공급과 식육정책도 농산물과 축산물 중심에서 수산물과 산채 등 종합
식품체계로 개선시키는 국민의 영양 식단을 재작성하여야 한다.
영양식과 입맛에 맞는 식단은 건강에 좋지 않다. 쓴약이 몸에 좋듯이 입맛에
맞지 않는 음식이 건강에 좋다는 것이다.

국가적 전략 작목과 농촌 디자인으로 농가소득을 현재 농가당 3천2백만 원 수
준에서 1억 원 규모로 높여야 한다.
그 답으로 우선 한국 농업에 적합한 작목은 고구마이다. 고구마 산업을 집중
육성하고 가공하면 한국 농업에 새로운 대안이 된다. 마치 말레이시아가 오
일 팜으로 년 40조원을 가져다 주듯이 생식용 고구마 및 생식용 고구마의 식
품업으로 세상을 바꿀 수 있다. 물론 벼/보리/밀/귀리/콩/고추/마늘/사과/배/
참외/감/수박/파프리카/화훼 등 많은 작목이 있지만 고구마의 평당 수입을 만
원으로 통칭한다면 국내 경작지 178만 ha에 적용하면 농업소득이 약 53조원
이 된다. 현재의 평균 농업소득 가구당 1천만원인 12조원 보다 4배나 많다. 물
론 가공품으로 변화시키지 않는 상태로 계상된 것이다. 마지막으로 농촌을 디
자인해야 된다. 저수지/강/산/농토 등 마을 종합 디자인으로 관광/문화/건강

또 하나의 미래, 힐빙시대의 도래

소득원이 현재도 농업소득보다 2배가 많지만 특히 한국은 산채/약초/오밀조밀한 마을/풍경 등 건강한 산책길을 조성하고 스토리를 만들어 관광을 현재보다 최소 2배 최대 10배로 성장시킬 가능성이 있다. 현재의 30조원에서 60조 또는 300조원의 새로운 가치 창출을 한다면 청년실업문제, 노인복지문제 등 종합적인 국가적 대안이 될 것이다. 한국농가의 추천작목은 고구마이다. 고구마가 구황작물이지만 금후 한국농업을 살릴 것이다. 구황작물 하나로 세계 고구마 가공 유통시장을 선점해야 한국농업의 길이 보인다. 우선 '글로벌고구마연구원' 설립으로 유럽시장을 잡아야 한다.

세계 건강/자연 그리고
관광문화 농업의 환경과 흐름

기후 변화와 식량의 수급문제

기후 온난화로 인한 지난 100년간 온도 상승률을 보면 한반도가 자구 전체보다 2배 이상 높다는 결과가 나왔다. 따라서 한국이 기후변화의 직격탄을 맞고 있다. 2011년 상주의 곶감이 건조가 안 되어서 수백억원의 피해를 입었고, 콩도 성숙이 되지 않아 수확할 수 없었고, 중국에서 비래해충이 한국에 동시에 발생하는 등 우리 주변에서 피해가 일어나고 있다. 한국은 연간 1천500만 톤의 곡물을 수입해야 살아갈 수 있다. 왜냐하면 우리는 연간 2천만 톤의 곡물을 소비하기 때문이다.

세계 곡물가격은 최소 2배 이상 폭등하고 있으며, 이와 더불어 바이오에너지를 곡물에서 추출함으로써 더욱 지구촌의 식량사정을 어렵게 하고 있다. 일부 국가에서는 곡물 수출 금지령 또는 제한 조치를 이미 가동하고 있고, 최근 필리핀의 경우 쌀 수출국에서 지구상 최대 쌀 수입국으로 반전되는 양상을 보인다. 중국은 절대 식량부족국가로서 주변 국가로부터 모든 농작물을 자국의 거래비용보다 2배로 비싸게 수입하고 있으나, 품질이 좋은 고가의 농산물은 한국에 수출하고 있는 실정이다. 우리의 식량자급율 26.7%는 OECD 국가중 최하위이고 정부의 특별한 정책이 반영되지 않으면 점차 자급율은 낮아질 것이다.

세계 정상의 21세기 이슈 진단

세계는 물, 에너지, 농업, 건강, 생물다양성을 최대의 이슈로 삼고 있으며, 농업은 그 중심에 있다. 또 다른 보고서는 3F로서 연료, 식량 그리고 금융이 세계적 문제라고 진단했다. 따라서 농업문제는 전세계적 문제이고 심각한 문제이다. 특히 기후변화가 극심하고 식량자급도가 최하위인 한국이 국제곡물회사들의 먹잇감이 될지도 모른다. 왜냐하면 한국은 비교적 식량 안전장치가 약하기 때문이다.

농식품의 품질 고급화와 친환경 안전 농산물

세계의 식량과 식품은 안전하고 고급화되는 추세다. 일본과 중국의 고급농산물의 소비 형태를 보면 한국의 농산물이 안전한 고품질 농산물로 평가 받고 있다. 일본의 원전 방사능 오염과 중국 자체 농산물의 신뢰부족으로 중국의 2만불 이상 소득자 1억 명과 일본인은 친환경적이며 고급농산물을 소비하고 있다. 한국은 친환경농산물이 전체 12%이다. 중국은 0.3%로 한국과 비교가 되지 않고 중국인 스스로도 믿지 않는다.

농산업의 역사적 발전단계와 한국농업의 위치

농업의 발달은 생계농업, 경제농업, 건강과 자연농업, 문화, 복지 및 인류공영 농업으로 약 4~5단계로 나누어진다. 한국의 경우 이제 생계농업을 지나 경제농업으로 진입하는 단계에 있다. 문화와 인류공영 농업은 북유럽 및 미국의 경우이고, 건강과 자연농업은 일본, 네덜란드, 뉴질랜드 등 경제농업을 하는 국가들이다. 아시아에서 생계농업을 지난 국가는 한국, 오스트레일리아, 일본, 그리고 말레이시아 등 4개 국가이다. 나머지 국가들은 생계농업에 머무르고 있다. 한국의 농업기술이 경쟁력을 가질 수 있는 이유는 이제 막 생계 농업단계를 지났기 때문이다.

또 하나의 미래, 힐빙시대의 도래

북한, 중국 그리고 일본 농업 현황과 우리의 역할

　북한의 경우 농업의 구조는 매년 홍수 피해, 기상이변에다가 사회 인프라, 기술인력, 농자재 부족으로 170만 ha가 있으나 생산성 향상에 문제가 많다. 북한의 농업은 산림의 황폐, 농경지 피폐, 농업기술의 낙후, 농기계 및 농자재 부족, 농업기반시설의 노후, 농정의 한계 등으로 당분간 식량사정 개선 및 농업 구조개선은 어려울 것으로 전망하고 있다. 중국은 사막화 진행, 농토의 대규모 전환, 농촌인구의 이탈, 식품의 비위생성, 기후변화로 인한 홍수와 가뭄으로 인한 자연재해가 빈번해지고, 중국인 음식문화의 고기류 전환 등 곡물의 생산과 소비가 점차 균형을 잃고, 한국 및 일본산 구매가 농산물로 급증하고 있는 추세이다.

또한 일본은 2011년 대지진이후 방사능오염으로 일본 전체 농산물의 신뢰도가 떨어져 한국 농산물 수출이 급증하고 있다. 이는 세슘의 반감기 등과 오염 면적으로 보아 금후 30년 정도는 한국의 농산물 수출이 호조를 보일 것으로 전망되어 다시없는 기회가 될 것이다.

한국 농업의 새로운 방향과 환경변화 인식

신토불이와 흑묘/백묘 농산업 시대 선언

　지금까지의 한국농업은 신토불이 농업이었다. 한국의 농산물 독점 시대였다. 신토불이의 농업이 한국의 농산업을 지키고 외국 농산물에 대한 소비자 선택에 기여한 공로는 크다. 그러나 원산지가 한국인 경우는 매우 드물다. 한국의 경우 콩을 제외하면 대부분 외국에서 도입하여 우리 환경에 토착화된 것이다. 이제는 더 크게 한국인이 외국에 가서 재배하여 들여 오는 경우가 많아지고 있다. 가령 양파의 경우 종자 개발은 한국에서 채종은 우즈베키스탄에서 포장은 한국에서 하고 있다. 이 경우 한국 종묘회사에서 경영을 위하여 선택한 것이다. 금후 이와 같은 외국과 융·복합 농업생산, 가공, 유통, 저장 및 마케팅이 이루어 질 것이다. 흑묘이든 백묘이든 농업 경영자 입장을 존중하여 이제는 두 가지의 전략으로 가야 한다.

자연 그리고 국제변화가 한국농업에 새로운 황금 기회 부여

한반도의 기후변화가 급격히 이루어지면서 온대과수는 점차 북쪽으로 이동하고 열대과일은 제주도 및 일부 시설농사에 적응되기 시작하고 있다. 가장 큰 변화는 중국의 콩 등 대량 농작물 수입으로의 변화, 개도국의 한국 농업기술력 인정과 도입, 중국의 황사와 병충해 증대, 일본의 방사능 오염원 확대, 한식의 세계화 등이다. 한국의 경우 농산물 생산과 유통 그리고 판매에 청신호가 켜지고 있다.

한국 농업은 글로벌로 가야 답이 있다.

1) 기업경영 경험자 및 농업 전문가의 농촌으로의 유입이 크게 늘었다. 국내 대기업 및 농산 기업의 참여가 확대되어 이제는 세계 농업 경영 마인드 고취와 기술교육 시장이 민간 자본의 확보로 국내 시장보다는 국제 시장으로 접근하는 것이 시장성 확대와 성공 가능성이 높다고 판단된다.

2) IT 기술, 융·복합기술, 생명공학 기술력이 동북아 및 개도국에서의 경쟁력이 있어 국내 자원의 한계에서 넘어선 농업경쟁력 확보가 가능하리라고 판단된다. 농업의 유비쿼터스 시대, SNS이용 농업, 첨단과학과의 융합, 식물공장, 우주대형농장, 분자농업과 LED농업, 실크단백질과 인공뼈 생산 산업 등 국내 시장과 국제시장의 경계가 사라지고 있다.

3) 한국 자연환경이 가장 안전하고 깨끗하다. 한국의 토양은 황토이며, 산이 많아 물이 맑고 깨끗하여 석회성분이 없다. 또한 중국으로부터의 황사는 봄철에 국한되어 비교적 농산물의 결실기 또는 노지 채소의 경우 피해가 적다. 여름의 강우와 가을의 건조한 날씨는 종자의 결실에 유리하다. 그러나 중국은 황사가 많은데다 대부분 노지 채소라서 병해충이 많고 농약의 과다 사용 및 미등록 농약의 사용 등으로 중국인 스스로도 자국의 농산물이 농약과 중금속으로 심하게 오염됐다는 사실을 인정한다. 특히 중국은 예로부터 볶아서 음식을 만

또 하나의 미래, 힐빙시대의 도래

들어서 병해충이 간접적으로 극심하였다는 반증의 결과이기도 하다. 한편 일본은 화산회토라서 토양속의 많은 중금속은 식물로 흡수되어 동물에 집적되고 있다. 생리장애 물질을 포함 자연환경에서 석회성분 등으로 직접 물을 마실 수 있는 지역은 극히 제한되어 있다. 2011년 3월 지진으로 원전에 문제가 생겨, 세슘 오염 등으로 방시능이 유출되어 농작물과 축산물 그리고 인근 어류까지 피해를 입고 있어 향후 일본 농산물은 동북아에서 경쟁력을 회복하기 힘들다.

4) 자본이 축척되어 있다. 한국은 이미 경제력에서 세계10위권이다. 이러한 자본력으로 농산업을 육성시킬 수 있다. 또한 외국의 천연 자원을 이용하여 한국의 부족한 식량 확보와 한국농업기술자들의 외국진출을 지원한다면 한국의 경제영토와 식량영토는 확대되어 국제사회에서 안정된 지위를 갖게 될 것이다.

5) 친환경 농자재(비료 등) 및 중소 농기계가 잘 발달되어 있다. 한국은 집약농업을 한 결과 단위당 생산성은 높다. 여기에 비료, 농약 및 친환경 농자재의 집합장이 되어있다. 따라서 한국의 농자재는 경쟁력이 있고, 따라서 외국으로 진출한다면 개도국에서 새로운 산업이 될 것이다. 또한 농기계도 소농규모에 맞아 농기계관련 회사들의 진출이 확대될 것이다.

건강과 자연 그리고 문화관광

한국 농업의
새로운 정책과 실천 과제

국내농산물 수출농업과 외국 현지화 수출농업

대일본(동해안 지역)과 대중국(서해안 지역)농산물 수출기관 설립
한국농산물이 고품질 및 안전성을 인정받으면서 중국 및 일본으로 수출이 급성장하고 있다. 이 때 적극적으로 수출기구를 만들어 전략적으로 수출할 수 있도록 농업인/지방/기술기관/정부/교수가 함께 나서야 하며 젊은이들의 일자리

를 창출하는 한편 우리 농산물을 동북아의 주인으로 만들어야 한다.

기후변화대응 '국제농업전략연구원' 및 '국제농업회사' 설치

국무총리실 또는 외교부 산하에 한국농업의 전략적 접근을 위한 연구원을 설치하여 기후변화에 능동적으로 대응하도록 외교적 업무와 농업적 접근 전략을 동시에 갖도록 하고, 식량수급의 안정을 위한 농업회사를 국가적으로 육성하여 외국에 상주하면서 한국의 중장기 식량 수급 조절을 가능하도록 해야 한다.

다문화가정 현지대형농장 및 유통센터 운영

국제다문화 가정이 늘어나고 있고 연간 3만 명이 농촌에 정착하고 있는 실정이다. 현지 국가에 다문화 가정과 연계한 대형 유통센터를 설치하여 현지의 농산물 유통시장에 간접적으로 참여하고 또한 유통센터를 운영함으로써 한국의 친환경 농산물의 판로를 만들어야 한다.

기업농산업과 복지농업 육성을 위한 농촌/도시 양면 정책

농업/농촌 귀농 교육 내실화를 위한 학교 설치 및 법제화

연간 만 명 규모의 귀농귀촌의 정착시대다. 그러나 교육 프로그램은 다양하지 못하다. 정부가 전문학교 수준의 교과운영으로 귀농자의 현장교육을 내실화하고 추가 학습자에 대한 학사편입의 길을 열어 줄 수 있는 제도를 만들어야 한다. 농산물의 유통에서 IT정보학교와 연계하면 시너지 효과가 날 것으로 생각된다.

전국 농과계 대학에 '농산업과 또는 농장과'의 정규 프로그램화

전국 45개 자연계 및 농과계 대학에 농산업과 또는 농장과를 설치하여 졸업 후 학생의 진로를 농장 경영자 육성에 목표를 두고, 학교/기술기관/현지농장이 삼위일체가 되는 농업교육으로, 농촌이 새로운 패러다임으로 거듭나야 한다.

농업인 재해보험 제도 도입

농가는 경영주로서 개별 보험이 되지 않아 농기계 사고, 하우스 및 취약조건 사고에도 방치되어 있다. 따라서 농업인 재해보험을 제도화하여 농업인의 재해가 보상받도록 해야 할 것이다.

또 하나의 미래, 힐빙시대의 도래

국토이용종합 창조론 – 건강 및 관광 농업 국가 육성
"농가 소득 60조원에서 300조원 가치 창출"

저수지, 강, 산 및 들과 논밭 종합 이용 – 농촌거주자 중심

전국의 4천440개 산과 2만여 개의 저수지, 4대강 및 지류, 170만 ha의 농경지 등을 종합 활용하는 법안이 법제화되어야 하며 그 자원의 이용은 농촌 거주자로 제한하는 등 농촌의 소득원을 다양화하고 농가 소득에서 농외소득의 현재 비중 69%를 일본의 수준인 80%로 확대해야 귀촌이 활기차게 된다.

전국 농촌 마을을 디자인… 맞춤형 농촌모델로 육성

전국 3만 4천개의 마을을 특성화하고 새롭게 디자인하여 마을 전체와 인근 마을까지 종합적으로 기획, 자연을 보존하면서 소득원이 창출되는 맞춤형 농촌 모델로 거듭나야 한다.

건강장수 세계 관광 프로그램 운영

한국의 식단, 문화, 여행 등으로 "한국 관광 1주일이면 1년이 젊어진다."고 자랑할 상품개발을 목표로 프로그램을 발굴하고 농업과 식단을 조절하고 구성한다면 가능할 것으로 생각한다. 의료기술과 융합하여 새로운 건강/관광 국가로 거듭나야 한국의 GNP가 3만~4만 불로 도약이 가능하다.

디자인농업개발로 현재 농가소득의 70%인 농가당 약 2천200만 원 수준, 전체 30조원 규모를 2배 또는 10배로 성장시킬 수 있다. 이것은 60조 또는 300조원의 가치를 생산할 것이다.

적지적시적작의 작목 지원정책과 '한국고구마연구소' 설립

농업의 작물체계는 국가적 종합계획이 있어야 한다. 전국의 170만ha의 지역별, 고도별, 적합 작목을 기획하고 농업인과 협의하여 중장기적으로 작목을 단순화 시키고 국가적으로 다양화하여 지역별 일정 소득의 유지가 가능하도록 계획하여야 한다. 예를 들면, 우선 '한국고구마연구소'를 설립하여 현재의 평당 만 원 정도의 소득을 국내 밭 면적으로 적용하면 70만ha에서 21조 원으로 계상된다. 물론 생식용 고구마의 가을 평균가격의 1/2가격으로 계상한 가격이다. 이는 현재 농업소득의 4배이다. 작목을 예시하면 전국 1992년 특화품목 육성계획에서 논산의 딸기, 보성의 차, 영양의 고추, 성주의 참외, 고양 선인장, 청도 복숭아, 상주의 감, 단양 마늘 등이 지금은 지역대표 브랜드가 되었다. 가공하면 3배에서 5배 소득이 되고, 문화 관광 그리고 조사료 등 파급효과는 10배로 계상된다. 약 210조의 경제소득 창출이 이루어진다는 것이다. 이는 자연친화형이고 손쉽고 무엇보다 건강식인 것이다. 블루 아이콘은 특화품목 100개 선정과 그 예시로 고구마인 것이다.

생계농업에서 경제/복지 농업의 구조 및 제도 전환

지금 한국농업은 이제까지 수입개방에 대응하는 생계형 농업이었다. 이를 경제농업과 복지 개념의 농업으로 전환하려면 모든 사회적 기반과 농업제도를 바꾸어야 한다. 우선, 교수/연구원/직원의 평가 제도를 농산업 현장과 맞도록 전면 수정하여 농업인 중심으로 연구하고 기술이 보급되고 농업인이 육성되어야 경쟁력을 높일 수 있다. 둘째, 관료중심의 기술 컨설팅에서 기업형의 민간 전문가로 전환하여 농업인 스스로가 책임지는 경영체계를 갖도록 유도해야 된다. 셋째, 경제농업에 맞는 정부, 공공기관, 지방 및 대학 기구의 현장화가 이뤄져야 한다. 정부는 민간기업의 육성이라는 개념에서 제도와 법률을 전면 개편해야 한다. 지금까지의 생계형 농업위주 방법과 제도에는 한계가 있기 때문이다. 넷째, 외부의 활용인력이 최대한 농촌문제 해결에 집적되어야 한다. 기술 거래사, 기업경영사 등 컨설턴트 활용이나 종자/종표/농자재 판매상 등을 식물의약사로 대체하는 정부의 입법 발의도 있어야 농약의 오남용을 막을 수 있다. 다섯째, 도/시군과 국가의 예산, 조직, 제도, 기구, 사업을 종합 점검 토론하는 농업인 중심의 '농업회의소'를 설치해야 한다. 정부의 예산과 공공활동이 직원 중심이 아닌 조합원 즉 농업인 중심으로 투자되고 활용되어야 한다. 마지막으로, 농촌의 문제는 농협에서 해결할 수 있다. 이번 정부에서 그동안 하지 못하였던 농협개혁을 하였으나 기대반 우려반이다. 지금까지는 농협직원 중심의 조직이었다면 좀 더 농민을 위한 조직으로 가야한다. 따라서 조합원/이사 중심으로 공공기관을 운영하기 위한 '전국농협이사회 사무국'을 설치 운영하여 조합원에게 결정권을 돌려주고 유통과 판매가 새롭게 거듭나야 한다. 농업인 입장에서 제도적으로 보완해야할 일은 '농업인재해안전보험제도'를 마련

또 하나의 미래, 힐빙시대의 도래

해야한다. 농부의 신체 손상, 농기계의 훼손, 시설하우스 등 각종 산재보험에 가입 해야 할 일은 도시인의 2배 정도이다. 그러나 신체적 손상을 입었을 경우 대안이 없다. 오스트리아, 독일 등 유럽국가에서는 사회안전망으로 이 보험제도가 운영되고 있다.

21세기 한국농업의 위상을 위한 우리의 자세

앞에서 말한 조치가 단계적이며 전략적으로 추진이 되면, 21세기 한국농업은 동북아에서 경쟁력 우위에 설 것이다. 또한 세계농업에서 한국은 안전한 친환경 농산물을 생산하는 주요 국가로 인식되고, 현재 평균 78세의 생존연령에서 최장수 건강국민이 될 것이다. 하나의 변수는 북한의 농업이다. 북한 농업의 개발 전략과 과제는 생계농업을 하루빨리 성공하고 그다음 단계인 경제농업으로 가야 한다. 한·칠레 FTA에서 보았듯이 이제 더 이상 외국과의 FTA에 발목 잡아서는 안된다. 외국과의 FTA를 할 때 최대한 협상으로 국내 산업을 보호하고 그다음에는 국내 산업에서 상호 양보하여 취약산업이 조기에 국제 경쟁력을 갖도록 하는 것이 최선의 방법이다. 이제 한국농업은 자본, 환경, 인력, 자재, 경영 마인드가 준비되어 있다. 국내에서 생산한 농산물은 최고의 품질로 인정받아 세계로 나가고 세계에서 한국 농장주가 생산한 농산물이 우리 식탁과 외국식탁을 책임지는 국가가 될 것이다. 더 이상 농업은 FTA에 걸림돌이 되지 않도록 노력하여 10년 후 세계에서 한국 농업이 오늘날 세계 1위인 '한국유전자원 종자저장고'처럼 세계 농업경쟁력 1위의 시대가 될 것이다.

(우리의 자세) 그 동안 농업은 농업인 그리고 농업관련 기구의 사람들이 해결해야할 문제로 보아 왔으나, 선진국에서는 농업/농촌의 문제는 자연/건강/경제/노인/교육/지역/도시 등 종합적인 문제로 인식되어 국민 모두가 농촌 문제를 해결하려 나서고 있다. 따라서 한국도 한국 농업의 발전은 한국인 전체의 문제로 인식을 전환해야 한다. 프랑스 화가 밀레의 평온, 기도 그리고 농촌을 그린 그림은 오늘날 프랑스의 농촌을 대변한다고 한다. 그림/음악/사람/음식/

영화 등 전문가들이 어려운 한국농촌이 아니라 편안하고, 넉넉하고, 친절하고, 아름다운 한국농촌을 표현하여 농촌을 도와주어야 할 것이다.

이제 한국은 세계 10위권의 경제대국으로서 한국국제협력단(KOICA)처럼 농업분야를 더 강화, 외교부/농식품부 공동으로 '한국농업기술봉사단'을 설립하여 국제사회 헌신·봉사함으로써 국가 발전과 농업의 발전을 함께 하도록 해야 할 것이다. 대부분 개도국들이 농업기술 전파를 가장 선호하고 그것이 개도국의 경제를 도와주는 것이다. 이러한 사례는 선진농업국에서 이미 지난 100년 전부터 시행하여 오고 있다.

참고 자료

(사례1) 한·칠레 FTA 농업 영향

한·칠레 FTA이후 주요 농산물 생산면적과 값은 시설포도는 1,641ha(2003)에서 2,242ha(2010)로 면적이 확대되었고, 가격은 6,486 원/kg에서 9,870 원으로 올랐으며, 키위는 870ha(2003)에서 1,120ha(2010)으로 확대되었고, 가격은 3,089 원/kg에서 3,456 원으로 안정되었다. 따라서 일부 농업인의 우려에도 불구하고 비교적 우리 농산업의 피해는 적었다.

(사례 2) 한·미 FTA 농업 영향

한·미 FTA의 경우에 쌀 제외, 그리고 포도, 칩용 감자 등은 계절관세 도입, 돼지고기 등 30품목 농산물 세이프 가드 적용, 그리고 사과, 배, 고추, 쇠고기, 마늘, 감귤 등 민감 품목은 15년 이상 관세존속 기간 확보 등으로 최대한 국내 농산물의 영향을 최소화 시켰다고 평가할 수 있다. 다만, 즉시 철폐 또는 단기 철폐한 내용은 지금까지 국내영향이 미미하거나 대부분 이미 수입에 의존하는 품목들이다. 농산물기준으로 한·미 FTA를 추진한 것은 즉시철폐 기준으로 보면 품목수로 37.9%, 수입액 기준으로 55.8%이다. 이것은 최소한 한국의 연간 곡물 소비량 약 2천만 톤 중에서 1천500만 톤을 외국으로부터 수입해야하는 입장에서, 그 중 일부를 미국으로부터 수입하지 않으면 수입국을 다변화해야 되고 추가적인 비용 부담이 될 것으로 생각된다. 한미 FTA의 경우 한국농업분야의 15년간 피해 예상액 15조원(연구기관의 자료)이나, 정부의 10년간 피해대책 22조원

또 하나의 미래, 힐빙시대의 도래

지원계획(농업인, 정부, 그리고 연구기관 종합 협의)이 되어 선대책 후협상의 결
과로 지난 2008년부터 각계 전문가 그리고 국회, 농업인 단체 등 이해 당사자의
논의를 거친 결과임.

몸과 마음을 하나로 합하여 서로 떠나지 않게 할 수 있는가?
마음을 가라앉혀 갓난아이처럼 욕심을 적게 할 수 있는가?
잡념을 없애 마음에 티끌도 없이 할 수 있는가?
공적인 일을 처리할 때 사사로운 지혜를 쓰지 않을 수 있는가?
사람과 사물을 대할 때 겸손과 신중을 유지할 수 있는가?
모든 것을 통찰할 수 있을 때 지혜와 능력을 뽐내지 않을 수 있는가?

(도덕경)

바이오필리아를 통한
자연결핍증 치유

탁광일

▶ 미국 School For Field Studies 교수, 국민대 산림자원학과 교수 역임.
현재 밴쿠버에 거주하면서 한국의 청소년, 대학생, 교사들을 위한 체험 환경교육 프로그램을
운영하는 Nature Walks Education 대표로 있다.

저서 : 「죽은 나무가 없는 숲은 아름답지 않다」, 범우사(2012),
　　　「숲과 연어가 내 아이를 키웠다」, 뿌리깊은나무(2007),
　　　「숲으로 간 학교」, 국민대 출판부(2006) 등이 있다.

현대 정보통신 사회의 현실

오늘날 세계 인구의 절반 이상이
도시에서 살면서 인터넷과 같은 정보통신 기술에
익숙해져 있고

    이같은 기술 발전에 따른 혜택을 즐기며 살아가고 있다. 그러나 이같은 현대인들의 삶의 방식은 우리로 하여금 자연과의 직접적인 접촉기회를 빼앗아가면서 우리의 삶의 질을 떨어뜨리고 건강을 악화시키며 건강하고 지속가능한 삶을 영위하는데 많은 문제를 제기하고 있다. 이 글에서는 우선 자연 결핍증이라는 현상을 짚어보고 이에 따른 영향을 살펴본 다음 이를 극복하기 위한 방법으로 바이오필리아를 통한 자연과의 관계 회복을 제시하고자 한다.

자연 결핍증

일본에서 일어났다고 전해지는 이야기이다.

    손자와 함께 길을 걷고 있던 할아버지가 나무에 붙은 매미를 발견하고 손자에게 보여주기 위해 소리치며 말했다.

“애야, 이리와 나무에 붙은 이 멋진 매미를 봐라!
손자가 다가와서 매미를 보았다. 할아버지는 다시 말했다.
“애야, 그런데 어쩌면 저렇게 꼼짝도 않고 있니!”
그러자 손자가 심드렁하게 말했다.
“아마, 배터리가 다 떨어져서 그럴 거예요!”

이 이야기는 오늘날 젊은 세대들이 자연을 어떻게 받아들이고 있는지 또 어떤 환경에서 살고 있는지를 잘 설명해 주고 있다. 요즘 어린이들은 더 이상 밖에서 놀지 않는다. 방과 후 마을의 공터나 골목에서 놀던 아이들의 모습은 이제 영화 속에서나 가능한 장면이 되었다. 오늘날 청소년들은 가상현실 공간 속에서 논다. 실내 공간도 부족해 인간이 인공적으로 만든 가상공간 속에서 하루의 상당부분을 보내는 것이다. 자연과 격리된 채 도시에서 대부분의 시간을 보내는 성인들도 사정은 크게 다르지 않다.

이처럼 달라진 삶의 방식으로 인해 나타나는 현상은 자연과 접촉하는 시간의 실종이다. 숲, 개울, 연못, 호수, 바다에서 보내는 시간이 사라지면서 식물, 곤충, 동물, 새들을 보거나 듣거나 체험 할 수 있는 기회가 어린이들로부터 사라졌다. 심지어 학부모나 교사들마저도 아이들이 숲속에서 스스로 노는 것은 위험한 활동으로 금지시키고 있다.

뉴욕에서 일어난 다음의 사건은 어린 아이들이 자연과 접촉하는 것을 불법화시키고 그것을 제도화하고 있는 오늘날의 세태를 잘 말해준다. 10여 년 전 뉴욕의 센트럴 파크 내 나무에 올라가 놀던 세 소녀들의 부모에게 1천불의 벌금이 부과되는 사건이 발생했다. 공원당국은 나무를 올라탄 소녀들의 행위를 공원의 규정을 어긴 불법행위로 간주하고 벌금을 매긴 것이다. 이 사건은 이후 커다란 논쟁거리가 되었다. 공원 이용자의 안전을 위해 적법한 조처였다는 쪽과 아이들은 본능적으로 나무를 타려하며 그 같은 행동은 아이들의 정서를 위해 오히려 권장해야 한다는 주장이 맞섰다.

공원에서 나무 타는 행위를 불법화시킨 조치는 사고가 났을 경우 책임 소재를 놓고 발생 할 수 있는 분쟁 등을 우려해 만든 규정이다. 학생들이 자연과 긴밀한 접촉을 통해 얻을 수 있는 정서적 발달보다 책임공방으로 인해 발생 할 수 있는 재정적 손실을 더 염려한 것이다.

미국의 아동 교육 전문가 리차드 로우브 (Richard Louv, 2005)는 이같은 현상을 '자연 결핍증(Nature Deficit Disorder)이라고 명명하였다. 자연 결핍증은 의학적으로 병리적 현상은 아니지만 개인과 사회의 건전한 발전을 위해 오늘날 심각한 위협이 되고 있다.
가상공간에서 보내는 시간이 많아지면서 생기는 자연 결핍증은 청소년들의 개성이나 창의성 발달을 억제한다. 첨단 통신기기들은 전례 없는 빠른 속도로 방

또 하나의 미래, 힐빙시대의 도래

대한 양의 정보와 지식에 접근할 수 있게 해준다. 첨단 통신기술 사용자들은 자신이 그만큼 지적 능력이 향상되고 매우 현명해지는 것으로 착각하게 된다. 그러나 지식의 발달은 정보의 질과 깊이, 독창성 등에 의해 결정되는 것이지 정보의 양이나 처리 속도와는 무관 하다.

컴퓨터가 기억용량이나 속도 면에서는 인간의 뇌를 능가할 수 있을지 몰라도 아무리 컴퓨터기술이 발달해도 인간의 독창적인 생각이나 감정을 대신할 수는 없다. 인간은 오관을 통해 매일 매일 일어나는 일련의 무계획적이며, 무질서하며, 단편적인 사건들을 기억으로 저장한다. 어떤 사건들은 심각하게, 어떤 것들은 흐릿하게 기억된다. 이같이 기억된 것들은 우리의 판단 기준, 취향, 직관, 신념, 확신들을 결정짓는 밑거름이 된다. 더 나아가 각 개인의 개성과 정체성을 형성하는 바탕이 된다. 인간의 기억은 생각 속에서만 존재하지 않고 우리의 감정, 감각, 신체의 반응에 영향을 미친다. 인간의 감정은 ㅋㅋ나 ㅠㅠ등의 기호로 단순화 시킬 수 없는 복잡성을 지닌다.

과학기술은 우리가 정보를 주고받는 방법을 크게 향상시켜 편리하고 빠르게 만든 것은 사실이지만 그 같은 수단을 통해 전달되는 정보의 질도 함께 향상되었다고 보기 어렵다. 컴퓨터나 정보통신 기술은 검색을 통해 다른 사람이 더 창의적으로 생각한 것을 찾아내는 능력을 발달시킬 수는 있어도 본인 스스로의 창의성 발달은 오히려 억제시키는 부정적인 결과를 가져온다.

오늘날 정보통신 기술이 과거 오프라인에서 일일이 손과 발로 처리해야 했던 많은 일들을 대신해 주면서 생활의 편리함이 극도로 향상되었다. 그러나 아무리 과학기술이 발달되어도 우리의 생명을 위한 물, 공기, 음식은 가상공간에서 만들어지지 못한다.

자연과 무관한 인공적 환경에서 자란 어린이들은 자연에 대한 무관심, 공포증, 혐오증을 발달시킬 수 있다. 자연 결핍증 속에서 자란 아이들은 자연을 불결하고, 위험하고, 무질서한 것으로 받아들인다. 이 같은 자연 공포증은 성인이 되어 자연과 관련한 의사결정을 해야 하는 위치에 놓일 경우 거리낌 없이 자연파괴나 무차별적 개발을 감행하게 만드는 결정적인 원인이 된다.

오늘날 교육은 자연 결핍증에 걸려있는 어린세대들에게 바이오필리아 (Biophilia)를 심어줄 수 있어야 한다. 바이오필리아 (Wilson, 1984)란 우리는 다른 생명체들과 크게 다르지 않으며, 우리와 다른 생명체들에 대한 사랑을 의미한다. 하버드 대학의 윌슨 교수에 따르면 우리 인간은 천부적으로 바이오필리아를 갖고 있다고 한다. 바이오필리아는 생명체들이 지니는 아름다움을 발견하고 이해하고 음미하는데서 출발한다. 아름다움을 느끼면 사랑하게 된다. 사랑하면 소유하고 싶어진다. 소유는 보호와 보전하려는 동기를 부여한다.

물론 이같은 접근 방법은 특정 생물 종만 선별적으로 사랑하게 되는 부작용을 일으킬 수 있다. 그러나 모든 생명체는 다양한 아름다움을 지닌다. 앞서 언급한 습지가 이런 점에서 좋은 예가 될 수 있다. 습지가 지니는 생태적 아름다움과 깊은 시간의 아름다움을 깨닫는다면 습지에 대한 잘못된 선입관을 타파하고 습지도 사랑할 수 있게 될 것이다. 따라서 선과 색의 조화가 만드는 시각적인 아름다움에 치중되어 있는 우리의 미적 감상 기준을 크게 확대시킬 필요가 있다. 이런 점에서 자연이 지니고 있는 다양한 아름다움을 깨우쳐 주는 것은 매우 필요하고 중요한 환경교육이다.

바이오필리아를 통한 힐링

환경오염처럼 자연과 관련한 문제에 대해
우리는 법제도, 과학기술, 교육의 세 가지 측면에서
해결을 시도한다.

첫 번째의 법제도는 환경파괴나 오염을 일으키는 개인이나 기업에 대해 벌금이나 불이익을 주고, 반대로 환경을 개선하는 사람이나 기업에게는 혜택을 주는 방법이다.

두 번째는 오염을 줄이고 에너지 효율을 높여주는 친환경 기술을 개발하고 응용하는 방법이다. 위의 두 가지 방법은 강제적이며 단기간 내에 효과를 거둘 수 있는 장점이 있다. 그러나 부작용 또한 만만치 않다. 특히 과학기술의 남용

또 하나의 미래, 힐빙시대의 도래

과 미처 예견하지 못한 문제점들로 인해 오히려 더 심각한 환경문제들을 야기할 수 있다.

세 번째는 교육을 통한 접근 방법으로 환경문제의 원인이 인간자신에 있다는 점을 인정하고 어릴 때부터 교육을 통해 환경의식을 고취시키고 개인의 의식과 행동을 친환경적으로 변화시키는 데 있다. 교육에 걸리는 시간과 불확실한 효과가 단점이 될 수 있지만, 개인이나 지역사회로 하여금 자발적인 환경개선을 유도할 수 있으며 환경문제를 가장 효율적으로 해결할 수 있는 방법이 될 수 있다.

그러나 오늘날 환경문제 해결과 관련한 교육은 다음과 같은 세 가지 모순적인 문제점을 지닌다.

첫째, 예전 보다 사회 전반에 걸쳐 교육수준이 향상되었음에도 불구하고 환경문제와 같은 사회문제들이 개선되거나 개인의 삶이 더 행복해지지 않는 점이다. 사회문제를 개선하고 사회를 좀 더 살기 좋게 변화시키는데 교육의 역할은 아무리 강조해도 지나치지 않다. 그러나 잘못된 교육은 사회를 위해 가장 파멸적 결과를 가져올 수 있다. 아우슈비츠에 집단 수용소를 건설하고 수백만 명의 유태인들의 학살을 기획하고 실행에 옮긴 사람들도 모두 당대의 최고 학력 소지자들이었다. 특히 이들은 인류 역사상 최고의 지성으로 꼽히는 칸트나 괴테와 같은 사상가와 문호들의 후예들이었다. 아우슈비츠는 잘못된 교육이 가져올 수 있는 엄청난 비극을 극명하게 보여준 예이다.

둘째, 오늘날의 각종 환경문제들은 상대적으로 교육 못 받은 사람들이 일으킨 문제라기보다 최고의 교육을 받은 사람들이 야기시킨 문제라는 점이다. 즉 농부나 상인 또는 보통사람들이 아니라 정책결정자, 도시계획가, 기업의 최고 경영자들과 같은 사회적 리더들이 열심히 노력한 결과로 나타난 것이다. 이들 사회적 리더들은 박사, 석사, MBA, 로스쿨과 같은 최고학력의 소지자들로 다른 사람들보다 훨씬 더 오랫동안 더 많은 교육을 받은 사람들이다.

셋째, 자녀들의 행복을 위해 부모들은 최고의 교육을 시키려고만 했지 정작 자녀들의 장래 행복에 결정적인 영향을 미치는 자연환경 보전에는 동등한 관심을 갖지 않는 점이다. 이는 학생 개인이 아무리 훌륭한 스펙을 쌓아도 정부나 기업이 일자리를 만들지 않으면 아무런 소용이 없는 것과 마찬가지로, 부모들이 자녀의 장래를 위해 교육에 아무리 많은 투자를 해도 자녀들이 살게 될 자연환경이 점점 더 파괴되고 오염된다면 부모들의 헌신적인 노력은 아무런 의미가 없는 일이 되고 만다. 자연과 접촉하는 시간이 많으면 많을수록 삶의 질과 개인의 행복지수는 높아진다. 파괴되고 오염된 자연환경 속에선 개인의 건강과 행복이 뒤따르지 않는다.

교육을 많이 받는 것보다 어떤 교육을 어떻게 받느냐가 훨씬 더 중요한 문제다. 오늘날 인간사회의 모든 문제는 환경문제로 수렴된다. 환경문제가 인류의 생존을 위협하고 개인과 사회의 복지와 삶의 질을 결정짓는다면 환경은 각 급 학교에서 필수적으로 다루어야 할 분야이다. 환경의 가치를 이해하고 환경문제를 해결할 수 있는 능력을 배양하는 것도 중요하지만 자연의 아름다움을 깊이 이해하고 깨닫는 것보다 더 중요한 환경교육은 없다.

자연의 아름다움에 대한 교육은 학생들의 감수성이 예민하게 반응하는 어린 시절에 가장 효과적으로 이루어질 수 있다. 어린 시절 자연과의 접촉에서 어린이들은 곤충, 동물, 새, 식물들이 우리 인간과 크게 다르지 않으며 매우 유사한 생명체라는 인식을 발달시킬 수 있다. 하버드 대학의 윌슨 교수는 이 같은 인식은 인간이 천부적으로 지니고 있는 본능이라고 했다. 이 같은 본능은 더 나아가 모든 생명체들을 사랑하는 바이오필리아로 발전될 수 있다고 했다.
그러나 인간은 자연을 공포의 대상으로 느끼는 본능 즉 바이오포비아Biophobia도 동시에 지니고 있다. 흔히 뱀, 거미, 박쥐, 더 나아가 습지 같은 생태계는 그 같은 부정적인 잠재 본능을 일깨우는 대상이 된다. 문제는 이들을 아름답게 받아들일 수 있는 수용능력에 달려 있다. 자연의 다양한 아름다움을 이해하고 음미할 수 있는 교육을 통해 혐오감이나 부정적 선입관이 박혀 있는 생명체에 대해서도 우리와 크게 다르지 않다는 바이오필리아를 일깨워주어야 한다.

바이오필리아는 감수성이 예민한 어린 시절 자연과의 접촉을 통해 형성된다. 1960년대 미국의 환경운동의 기폭제가 되었던 '침묵의 봄'을 쓴 레이철 카슨은 자연의 경이로움을 어린자녀와 함께 느끼고 체험할 것을 강조하였다. 그녀는 조카의 아들 로저가 두 살도 채 되지 않았을 때 보자기에 싸서 안고 비바람

또 하나의 미래, 힐빙시대의 도래

이 몰아치는 깜깜한 밤 바닷가에 데려가 아이와 바다와의 첫 만남을 주선했다. 그녀는 또 로저에게 해변의 바위에 부서지는 커다란 파도소리도 들려주었다. 그녀는 이후에도 어린 로저를 바닷가에 데려가 게를 찾는다든지 조간대 생물을 관찰하면서 함께 자연을 관찰하는 시간을 보냈다. 그녀는 로저에게 무엇을 가르쳐주려하지 않은 대신 자연의 신비로움과 경이로움을 그와 함께 체험했다.

레이철 카슨은 자연은 어린이들과 즐거움을 함께 하는 공간이며, 함께 새로운 것을 발견하려는 모험의 공간이라고 했다. 그녀는 또 자연 속에서는 어린이들에게 설명하거나 가르쳐 주려는 충동을 억제하고, 아이들과 함께 자연의 아름다움과 경이로움을 느끼려해야 한다고 했다 (Carson, 1998).

아이들이 어린 시절 부모나 교사들의 인솔 하에서 자연의 경이로움과 신비로움을 함께 경험하는 것은 자연의 아름다움을 이해하고 미의식을 발달시킬 수 있는 훌륭한 환경교육이다.

자연결핍증이 불러일으킬 재앙

로마 바티칸 시티에 있는 시스티나 대성당은
유네스코에 의해 세계 문화유산으로
지정되어 보존되고 있다.

 보존해야 할 많은 다른 이유들이 있겠지만 가장 큰 이유는 천년에 한번 나올까 말까하는 세계적인 천재 예술가 미켈란젤로의 작품들이 벽과 천정을 장식하고 있는 성당의 웅장하고 장엄한 아름다움 때문이다.

불국사나 석굴암 등 우리나라의 문화재들도 시스티나 성당과 마찬가지 이유로 보전되고 있다. 불국사나 석굴암이 지니는 특별한 아름다움 때문이다. 숭례문이 방화로 불탔을 때 우리 국민들은 경악과 함께 커다란 슬픔으로 반응했다. 숭례문은 그같은 건축물이 희소하기도 했지만 건축물로서 지니는 특별한 아름다움이 있었기 때문에 보전해왔다.

인간이 만든 유물이나 유적도 아름답지만 이 책에서 주장한 바와 같이 자연은 사람이 만든 예술품보다 훨씬 더 아름답다. 자연은 인간의 예술품보다 훨씬 더 긴 창작기간을 거친다. 시스티나 성당은 8년에 걸쳐 만들어졌지만 자연의 대표적인 작품들인 숲, 강, 개펄은 훨씬 더 오랜 기간 거쳐 형성된다. 원시림은 만 년이 넘는 기간 동안 만들어졌다. 우리나라의 강과 개펄들은 훨씬 더 오랜 세월에 걸쳐 형성되었다.

세계문화유산인 시스티나 성당을 부수고 현대식의 새 성당을 건축하는 우를 범할 사람은 이 세상에 한사람도 없을 것이다. 또 우리나라 사람 중 어느 누구도 낡고 오래되었다고 불국사나 석굴암을 무너뜨리고 그 위에 현대식으로 새로 절과 탑을 지을 어리석은 사람은 없을 것이다.

마찬가지로 정상적인 미의식을 지닌 국민이라면 인간이 건축한 문화재보다 훨씬 더 오랜 기간에 걸쳐 훨씬 더 아름답게 완성된 우리나라의 강과 개펄을 파괴하는 우를 범할 사람은 아무도 없을 것이다. 그러나 불행하게도 그동안 이들을 파괴하는 어리석음이 우리나라에서 자행되어왔고 지금도 계속되고 있다.

우리의 젊은 세대들이 자연결핍증과 자연공포증을 극복하고 자연의 아름다움을 깊이 이해할 수 있는 능력을 배양하는 교육을 받지 못한다면 사회인이 돼서 똑같은 우를 저지르지 않으리란 보장이 없다.

자연과의 대화를 통한 행복한 삶

리차드 로우브는
그의 최근 저서(Louv, 2011)에서
자연과 접촉하는 시간이 늘면 늘수록
사람과 사회는 건강하고
행복해진다고 말하고 있다.

이는 우리가 건강하고 행복한 삶을 영위하고 도시나 지역사회가 건전하게

또 하나의 미래, 힐빙시대의 도래

발전되기 위해선 자연과 밀접한 접촉을 필요로 한다는 말이 된다. 그러나 우리가 직면하고 있는 현실은 안타깝게도 이와는 정반대로 흘러가고 있다. 도시화, 산업화, 과학기술의 발전에 따라 도시, 실내, 사이버 공간에서 삶의 대부분을 보내는 사람들이 점점 더 늘어가고 있다. 현재와 같이 자연과 단절된 상태에서 자연결핍증이라는 심각한 병에 걸린 삶을 살도록 유도하는 현실에서 탈피하기 위해선 자연을 우리주위에 다시 가져와야 할 필요가 있다. 즉 구체적으로 학교 운동장에 숲이나 연못을 만든다든지, 도시 내에 텃밭을 조성한다든지, 사무실 건물 옥상에 정원을 꾸민다든지, 각 집집마다 실내외에 식물을 키운다든지 하는 노력이 필요하다. 또 사회적으로는 자연 속에서 어린세대들이 마음껏 뛰노는 것을 불법화 시킨다든지, 어린이들이 자연과의 자연스런 접촉을 안전이나 다른 이유 때문에 금지시키는 기존의 제도들을 개선해야 할 것이다. 또 어린 세대들이 부모나 교사의 인솔 하에 자연 속에서 자연의 아름다움과 경이로움을 함께 체험하면서 어릴 때부터 우리 인간도 자연과 크게 다르지 않으며 자연의 일부라는 것을 스스로 깨닫도록 해야 할 것이다. 이런 측면에서 자연 속에서 체험적으로 이루어지는 환경교육은 어린 학생들에게 바이오필리아를 키우고 자연 결핍증을 치유할 수 있는 매우 효과적인 교육이 될 것이다.

참고 문헌

Carson, Rachel. 1998.
The sens of wonder. Harper Collins Publishers.

Wilson, E.O. 1984.
Biophilia: The human bond with other species. Harvard University Press.

Louv, Richard. 2005.
Last child in the woods: Saving our children from
nature−deficit disorder. Algonquin Books.

Louv, Richard. 2011.
The Nature Principle: Human Restoration and the end of
Nature−Deficit Disorder. Algonquin Books.

탁광일. 2012.
죽은 나무가 없는 숲은 아름답지 않다. 도서 출판 범우.

미미한 수준인 것 같지만 오래 지속되면 물 한 방울이 강을 이룬다는 사실을 잊어서는 안된다.

(도덕경)

한국 현대시의 시대별 언어치환 그 통시적 대응양상
– 생태환경 파괴에 따른 힐빙적 삶의 실현을 위하여 –

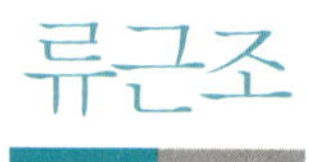

류근조

▶ 시인 · 중앙대 국문과 명예교수
1966년 문학춘추(文學春秋) 신인상 시부 당선

시집 : 「나무와 기도, 환상집」 「나는 오래전에 길을 떠났다」 (여행시집) 등 10여권
학술서 : 「한국 현대시의 구조와 형성이론」
문학전집 : 시전집(1권), 시론집(2권), 시인론(3권), 산문집(4권) 등 다수

힐빙적 삶의 실현을 위하어

대량 소비시대 문학의 역할은?

2300년 전에 아리스토텔레스는
인간을 이성적 동물이라고 말했다.

그러나 과학이 눈부신 발전을 거듭하며, 아인슈타인에 이르러서는 인간보다 더 이성적인 기계가 등장한다. 그리고 프로이드가 무의식의 세계를 파헤쳐 동물보다 더욱 비열하고 충동적인 인간들이 존재한다는 사실을 증명함으로써, 과학은 생각 그 자체를 가능케 하는 사고의 틀 혹은 기본적인 개념들을 뿌리째 흔들어 놓게 되었다고 보는 것이 작금 학계의 지배적 견해다. (*참고문헌은 본문 중 인용 표시로 대신함.)

이른바 현대는 과학이 지배하는 시대가 된 것이다. 분석 철학자 러셀의 말대로 우주 자체가 시인이나 신비가가 원하는 방향보다는 수학적인 방법으로 역사(役事)하기로 작정한 때문일까, 아니면 실용적인 것만이 가치가 있다고 주장한 존듀이의 프라그마티즘이 교육을 주도하면서 세계가 그 영향권에서 벗어나지 못한 탓일까. 어쨌든 19세기 이후 과학의 발달이 일방적인 항진(亢進)을 계속하면서 철학도 과학을 지배하지 못하고 그 시녀 노릇을 했다는 혐의를 벗어나지는 못했지만 또 그만큼 인간의 생활이 풍요로워진 것은 사실이다. 산업사회 이후 소비사회의 도래가 바로 그것이다. 하지만 문제는 이 같은 풍요로움이 풍요로움 그 자체로 기여하지 못하고 물신 위주의 생활을 부추기고 조장함으로써 인간의 정신적 황폐화를 가져올 만큼 그 후유증이 심각하다는 데 있는 듯하다. 뿐만 아니라 가치관의 혼란 역시 그냥 심각한 정도가 아니고 그 위험 수위가 적신호 단계를 훨씬 벗어났다 해도 과언은 아닐 것이다.

이 같은 상태를 굳이 제임슨의 자본주의 이론을 빌어 말한다면 상부구조(이데올로기)와 하부구조(물적구조)의 균형 파괴를 의미하리라. 또 철학의 소외 개념을 적용한다면 세계 소외(world alienation)로서, 삶의 가장 중요한 일차적 동기인 만남이 불가능해짐으로써 동일성이 파괴되고 자기 초월이 불가능해진 상태를 의미하리라. 혹자는 현대를 가리켜 소시민적 자본주의 시대(리얼리즘)와 독점자본주의 시대(모더니즘) 다음 단계의 다국적 자본주의 시대(포스트모더니즘)라고도 한다. 따라서 이 후기 자본주의 시대에 오면 소위 리얼리즘에서의 현실과 모더니즘에서의 의미(시니피에)가 떨어져 나가서 기호(시니피앙)만 남게 되고, 이때 의미를 생산하는 것은 무슨 체계 속의 대립성 관계가 아니라 기호 자체가 의미를 생산한다고 본다.

프랑스의 사회학자이며 포스트모더니즘 주요 사상가의 한 사람인 장 보드라야르가 쓴 「소비의 사회」란 책을 보면 새삼 우리가 소비의 시대에 살고 있으며 이 소비의 시대에 살고 있는 우리들의 가치 지향이나, 옳다고 믿고 있는 삶의 느낌이 정상이 아니거나 잘못되었음을 실감하게 된다. 현대인의 욕망은 그 자체도 자기 것이 아니라던가, 소비 대상의 파노플리(panopoly) 중에는 그 어떤 것보다도 아름답고 귀중하며 멋진 사물(모든 사물의 요약이며 자동차보다도 훨씬 더 많이 의미를 함축하고 있는)이 여성의 육체라고 말한 대목에서 이 같은 징후를 찾을 수 있다. 물론 이 단계에선 자동차와 같은 가시적인 상품 뿐만이 아니라 섹스, 행복, 여가, 위세, 권위와 같은 것도 소비의 대상에 포함되며 이 같은 대상들은 기호적, 상징적 교환가치와 때에 따라서는 물신적 가치도 지닌다고 보는 것이다. 그러나 더 중요한 것은 이 같은 소비는 자율적인 주체의 자유로운 활동이 아니라는 데 있다. 그것은 욕구의 체계를 발생시키고 관리하는 생산 질서와 상대적인 사회적 위세 및 가치를 결정하는 의미 작용의 질서에 지배받으며 소비자는 더 이상 자율적인 주체가 될 수 없고 그것을 박탈당한 사물과 같은 존재라는 데 있다. 진정한 만남이 불가능해졌으며 生과 死의 교환마저 파괴된 물신과 향락 위주의 물질주의, 세속주의, 기능주의가 판을 치는 이 같은 소비시대에 그럼 문학은 어떠한가?

인간 실존을 전제로 자신의 生을 부단히 돌이켜보고 세속적인 욕망의 헛됨과 그 허구의 가면을 벗겨야 할 문학은 제 구실을 다하고 있는가, 아니면 너무 세속적인 것에 관심을 팔다 오히려 사회의 더러운 배설물만 받아내는 어떤 종교처럼 문학 역시 또 하나의 기저귀로 전락한 것은 아닌가. 물론 보드라야르가 말한 소비의 개념으로 보면 문학 역시 예외일 수는 없다. 구체적으로 말하면 PC통신문학에서 SBP 혹은 CD-ROM과 같은 비종이책(non-paperbook)이 등장하고 문학에 의존하는 텍스트의 작가 중심 구조에서 벗어나 개방성과 복합 줄거리를 표방하는 hyper-fiction 등이 등장함으로써 정보화 시대, 동시다발 시대라고도 불리우는 이 소비 시대에 문학 또한 격변하는 도전의 위기에 직면하고 있음이 바로 이를 뒷받침해 주고 있다. 그럼, 인간이 기계를 닮아야 하고 대신 기계는 인간을 닮아야 살아남을 수 있다고까지 하여 경제 가치만을 중시하는 이 극단의 시대에 문학이 문학으로서 끝까지 살아남을 수 있는 길은 과연 무엇인가. 그것은 자연과 인간이 나무와 꽃의 관계처럼 하나임을 인정하고 죽음 또한 삶과 별개의 것이 아니라는 기본적인 자각과 성찰에서부터 시작하는 일이 아닐까. 물질적 풍요로움은 하부구조로 보고 옛날 한국의 선비들처럼 정신적 가치의 극대화를 통한 상처의 치유와 총체적 분열의 통합과 인간회복에서 그 길을 찾아야 하는 것은 아닐까. 왜냐하면 이 우주를 지배하는 것은 인간이 아니고 시간이며, 이 세상에 영원한 것은 하나도 없기에…. 그래서 문학도 인간 모두의 공동선을 전제로 하고, 인류의 행복에 기여하지 않는 것은 성립 조건도 존재 이유도 없으므로….

상황시(詩)부터 상생순환시까지

　본고에서는 주로 한국 현대시의 영역에 국한시켜서 시대적 환경변화에 따른 언어치환으로써의 시적 대응양상을 고찰해 보고자 한다. 왜냐하면 만시지탄의 감은 있지만 이러한 발상의 전환과 패러다임의 모색만이 그나마 동물생태학자 콘라드 로렌츠와 동물사회학자 데스몬드 모리스가 지적한 인간을 둘러싼 도시화의 생명파괴성과 도시화의 비인간화된 생태환경의 생태사회학적 한계를 훨씬 뛰어넘고 있는 글로벌 총체적 위기상황을 면밀히 들여다 볼 수 있는 일방적 모색이라고 보기 때문이다. 그리고 이를 위하여 먼저 삶의 가장 중요한 근원적 만남은 물론 체험의 시적 변용의 문제와 시대별 환경변화에 따른 유기체적 동적 구조물로서의 한국 현대시의 시적 기상도와 그 변이를 알아볼 것이다. 그리고 그 구체적인 범주 속에는 1960년대 한국현대사의 주류로서의 상황시, 산업사회 문명 비평시와 모더니즘 도시시, 포스트모더니즘 시대의 해체시, 의미나 현실이 배제된 채 기호화 된 소비시대의 시는 물론 단지 현실공간과 접속코드로만 이루어져, 신과 같은 생사여탈권을 구사하면서도 윤리적으로 단절된 전쟁을 게임처럼 수행하는 살육의 주체인 조종사를 구경꾼으로 만듦으로써 끔찍한 가치관의 상실을 초래하기까지에 이른 디지털시대의 시(전자시)와 에코지향의 소위 환경시 혹은 생태시까지 그리고 마지막엔 이의 상위 개념으로서의 상생 순환시 까지를 포괄하는 논의가 될 것이다.

근원적 만남과 시적 변용의 문제

대략, 삶에 있어서
동인으로서의 만남의 단계는
다음과 같은 네 가지 양상으로 분류될 수 있다.

그 첫째 단계는 사회학적 만남으로서 너와 나의 관계로, 일종의 주고 받는 식의 상호의존적 암묵적 성격의 의미를 지닌 만남이다.

둘째는 의학적 만남으로써 흔히 스트레스론의 대체 개념으로도 설명이 가능한 경우다. 그런데 의학적 개념의 이 스트레스는 크게 자연적인 것과 인위적인 것으로 나뉘며 비단 현대의 인간들에게만 있었던 것이 아니고, 동식물은 물론 고대에서부터 있어 왔던 것으로 어느 정도는 이 모두에게 필요악과 같다는 것이 지배적 통합이다. 물론 이에도 제1기(경고기), 제2기(저항기), 제3기(항복기)와 같은 단계적 차이는 있다.

셋째는 철학적 만남인데 일종의 관계론이 그 대체 개념이라고 볼 수 있다. 이를테면 키엘케골의 '죽음에 이르는 병'에서 적시하고 있는 것처럼 세계(대상, 사물)와의 관계 선상에서 자아에의 집착이 지나치게 골이 깊어 절망에 이를 수밖에 없는 경우와 반대로 자아로부터 벗어나려는 의식지향이 지나치게 외부세계로 편향될 때도 절망에 이를 수밖에 없어, 쉽게 말하면 관계설정에서 벗어난 경우 그 인간은 엄밀히 말하여 인간일 수 없다는 논리를 기저로 한 만남이다.

마지막 단계는 문학적 만남의 단계다. 이는 외부충격(acting)에 대한 유기체적 반응(undergoing)이 인간의 존재양식이라고 할 때 외부충격 즉 경험이 여과되어 의식의 자국으로 남게 되는 체험(의식체험)이 근원적 모티브가 되어 어느 귀한 순간 상상력을 자극, 의식지향이 전개되고 마지막엔 이 상상력에 의해

또 하나의 미래, 힐빙시대의 도래

체험이 재구성됨으로써 한편의 詩가 태어난다고 보는 견해다. 그러나 이 때 같은 정도의 외부충격(경험)이라 해도 그것을 수용하는 시적 주체의 상황의식에 따라 그 의식지향이 겉으로 형상화 되는 체험세계는 반드시 그 양상이 같다고 할 순 없다. 사실(Fact)의 대소와 의식의 자국으로서 체험의 깊이는 반드시 비례하지 않는 것도 이 때문이다. [필자는 기존의 논문 '詩의 이미지 형성이론 – 체험이 상상력 유발과 은유발생에 미치는 영향'(「한국 현대시의 구조와 형성이론」, 중대출판부, 1991)에서 은유발생의 원리와 관련 지어 비교적 상세히 논구한 바 있음.]

세계소외(world alienation)와 부정(否定)의 문학 출현

이제까지 인간과 인간 그리고 인간과 사물(대상)을 하나의 뿌리로 이어주던 공동체적 삶이 산업사회의 발달과 함께 소비문화로 이어지면서 언제부턴가 이 공동체적 삶이 더 이상 유지될 수 없는 상황이 되고, 이로 인해 인간의 도덕적 타락과 함께 인간과 인간 사이에선 물론 인간과 사물 사이에까지 그 영향이 미쳐서 마침내는 인간의 존재론적 왜곡을 야기시켰다고 보는 것이 독일의 작가 한나 아렌트(Hannah Arendt)가 주장하는 소위 세계소외 개념이다. 굳이 한 가지 예를 들면 진정한 재화(돈)의 의미는 인간이 필요한 물건을 구입할 때 사용되어 효용가치를 발휘할 때만이 그 가치성이 안정 된다 볼 수 있는데, 너무 많아서 추상화 되기에 이른 재화(돈)의 경우 도리어 인간이 돈으로부터 소외되어 버림으로써 진정한 재화의 의미를 유지할 수 없다고 보는 것과 같은 경우다.

좀 더 구체적으로 적시하자면 이 같은 공동체의 파괴는 여기서 그치지 않고 마침내 도덕적 지상명령의 약화 내지는 나아가 공동체 유대감의 소멸은 물론, 결국 사람과 사람의 관계에선 물론 사물과 사람, 그리고 세계의 타자적 성격상실로 이어지면서 결국은 세계로의 자기학대나 자기초월을 불가능하게 만들어 자기실현을 어렵게 만들었다는 것이다. 그리고 일종의 초월적 체험의 기록, 그 촉발제 구실을 해야 할 모든 예술은 앞에서 지적한 바와 같이 만남의 관계에서 삶의 일차적 중요한 동기라고 볼 수 있는 사물과의 접촉이 불가능해져서 모든 대상과의 관계에 있어서 사물의 독자성이나 타자성의 유지가 불가능해졌다는 것이다. 특히 상업자본주의의 공격적 충동의 항진(亢進)이 공격적 자기추구와 세계소외를 초래했다고 보며, 문학에 있어서도 소외와 부정(否定)의 성격으로 패러다임의 전환이 불가피해졌다고 보는 것이다. 또 이에 따라 이 같은 현대의 객관 세계의 상실과 자기 상실은 문학 특히 시(詩)에 있어서 동일성 문제를 야기하기에 이르렀다고 보는 것인데, 이 점이 바로 이 시대 힐빙을 모색하려는 우리 모두가 유의해야 할 점이라고 할 수 있다.

원래 동일성 추구의 역할은 자아와 세계의 만남 관계를 의식과 사물의 관계로 보며 통시적으로는 자아와 세계와의 일체감 · 결속감을 전제로 어제의 나와 오늘의 나의 관계에 있어서 기본적으로 변화를 속성으로 한다고 하면, 공시적으로는 '나는 누구인가' 란 질문을 통해서 자아와 재발견을 전제로 하기 때문에 비록 자아의 문제라 하더라도 기본적으로 갈등을 속성으로 할 수밖에 없다는 견해가 지배적이다. 김준오가 그의 저서 '시론'에서 동일성 추구의 방법으로 제시하고 있는 이 과정에서 세계의 자아화, 즉 갈등관계의 세계를 자아의 욕망이나 가치관 그리고 감정에 적합한 것으로 만들어 동일성을 이룩하는 방법으로 제시한 동화(同化: assimilation)나 자아의 세계화 차원에서 자신을 상상적으로 세계에 투사하는 것, 곧 감정이입에 의하여 일체감을 이루도록 하는 것, 투사(投射: projection) 역시 이상과 같은 맥락에서 그 이해와 해석이 가능하다.

공동체적 삶의 파괴와 한국시의 이중구조화 현상

옛날의 시(詩)는 문자나 표기, 문법의 차이, 표현의 애매성에도 불구하고 무엇을 노래한 것인지 알 수 있었다. 그것은 속요, 시조, 가사, 판소리 등 모두가 그 당시의 공동체적 삶을 바탕으로 한 그 당시의 생활을 그 시대의 틀(장르)에 담고 있었기 때문이다. 즉, 내용과 형태는 달라도 그 시대의 생활과 감정을 전달해 주고, 때론 고전적 보편타당성으로 감동시켰다. 그러나 오늘의 시는 20세기에 들어서면서 자연과 인간이 어울린 세계를 노래하던 전통성에 근대문명으로 분화된 인공적인 서구시가 접목되어 다분히 비의(秘意)적인 서정시 양식이 아무런 필연성도 없이 도입되면서 당시 역사적 상황 속에서 전통 순수시로 자리를 굳혀 절대시의 경지로 발전했던 것이다. 또 이러한 현상은 여유를 특징으로 하는 동양 문화권에서 아름다운 순수시가 씌어지기 힘들었던 상황을 말해주는 대목이기도 하지만 이것이 다사다난한 시대에도 나무와 구름과 강물과 같은 자연을 노래할 수 있었던 우리 전통 순수시가 아무에게도 향하지 않은 비

또 하나의 미래, 힐빙시대의 도래

의적 독백이나 난해한 절대시를 서정시의 전통양식으로 표방하게 된 가장 큰 이유가 되는 것이다. 물론 이러한 과정에서 우리가 모더니즘의 국제적 수준에 발돋움한 실험과 그 업적을 인정할 수도 있지만 결국 우리 시가 자기시대의 사회현실을 외면하고 사적 독백으로 떨어져 독자와의 단절을 초래하면서 스스로 한계에 도달 할 수밖에 없었던 것 또한 사실이다. 그 결과 동시대의 뚜렷한 메시지를 전달하는 현실 참여시가 등장하고 이 참여시의 사회에 대한 직접적 발언은, 즉 역사적 상황을 성찰하고 사회적 현실을 비판하는 것은 진정한 문학의 본령이 아니라는 면에서 독자들에게 충격을 안겨 주면서 그 영향도 크게 확산되기에 이르렀던 것이다. 그러나 이 참여시 역시 스스로 전형적 소재와 상투적인 테두리 안에 갇혀 흑백논리의 관념시로 바뀌면서 참여시가 민중에 의해 읽히고 그들의 의식을 변혁하는 대신 지식인들의 흥밋거리가 되어 버린 것이다. 결국 이 단계에서 순수, 참여 모두 제 나름대로 詩를 사랑한다고 하면서도 순수시는 형식주의에, 참여시는 내용주의에 빠져 편파적인 한계를 드러내기에 이르렀던 것이다.

굳이 예시를 들자면 '詩 부질없는 詩'(정현종)가 순수시의 극단을 보여준 것이라면 '詩를 생각하며'(조태일)는 참여시의 극단을 보여준 예라 할 수 있는 것이다. 즉 이러한 양극화 이중구조화 현상을 김광규는 시의 진리가 총체적 진리(whole truth)라는 것을 전제로 꼭짓점에 줄이 달린 추(錘)를 매달아 양쪽으로 흔들어 그 진폭이 원의 접점을 벗어나지 않는 한계의 한쪽에 각각 위치시켜 어떤 시도 내용이나 형식, 그 어느 한쪽만으로 성립되지 않는다는 것을 보여주고 있다. 삶과 현실의 모방세계만을 드러내려는 참여시도 꿈과 비현실 상상의 세계만을 드러내는 순수시도 진정한 의미의 詩가 될 수는 없다고 본 것이다. 여기서 시의 형식(소리)과 내용(의미)의 일치가 시 성립의 절대적 요건임을 역설한 것을 알 수 있거니와 특히 "詩作은 〈머리〉로 하는 것이 아니고 〈심장〉으로 하는 것도 아니며 〈몸〉으로 하는 것이다"란 시론적 주장과도 서로 일치함을 알 수 있겠다.

시대별 환경변화에 따른
유기체적 동적 구조물로서 시적 대응과 변용양상

우리가 흔히 문학을 시대적 산물이라고 했을 때, 그 의미는 비록 그것이 상상력의 소산이라고 하더라도 현실적 시대상황과 무관할 수 없다는 것인데 또 그렇게 탄생한 개개 문학작품은, 필요한 것은 모두 갖추고 반대로 불필요한 요소는 한 가지도 갖추지 않은 살아있는 생물체와 같은 통일체요, 유기체적 동적 구조물이라고 규정하는 것은 문학작품은 무엇보다도 건물처럼 일정한 공간을 점령하고 어느 기간 무변화 상태에 머물러 있는 구조가 아니고 동일한 작품이라 해도 그것이 시간의 경과에 따라 주체별로 다르게 파악된다는 뜻이라고 할 수 있다. 즉 본체는 계속 유지하면서도 그 모습은 변한다는 뜻으로 해석이 가능하다. 하지만 그것은 어디까지나 작품의 본질적인 문제인 것이고, 한 작품이 한 시인의 시간의식과 공간의식의 또 다른 은유적 변용의 산물이라는 면에선 어떤 이의도 있을 수 없다고 본다. 그리고 같은 맥락에서 한국 현대시 100년사에서 1900년대 근대시의 여명기에서부터 1910년대(신문학 개척시대), 1920년대(근대문학 자각시대), 1950년대(전쟁과 분단문학시대), 1960년대(4.19와 민주화시련시대), 1970년대(민주화와 산업의 갈등시대), 1980년대(민중문학의 시대), 1990년대(통합적 장르의 시대)를 거쳐 현대에 이르기까지 다양한 에포크라인의 범주를 설정, 나름대로 그 에포크별 시사적 의미를 부여할 수 있으리라 본다. 하지만 여기서는 주로 유기체적 동적 구조물로서의 한국 현대시, 그것도 1960년대의 상황시를 기점으로 에코시대의 생태시와 상생시에 이르기까지 은유적 언어치환의 문제를 중심으로 치유의 덕목으로 우리 현대시가 어떤 기능을 가지고 파괴 일변도로 기울고 있는 이 시대의 인간회복과 정신적 치유에 기여할 수 있는지를 구명하는데 그 주안점을 두려고 한다.

1960년대 한국 현대시의 주류로서의 상황시

이미 필자는 기출논문 '1960년대 한국 현대시의 특성 연구'에서 1960년대를 6.25이후 민족적 불행 체험의 생경성이 그대로 모티브로 작용하면서 허무감이나 인간상실을 주류로 했던 1950년대 시단현황과 비교하면서 1930년대 이후 두 번째 맞이했던 예술적으로도 자각과 성취를 가능하게 했던 다양성 확충의 시대라고 규정한 바 있다(「한국현대시의 구조」, 중앙출판, 류근조, 1984). 그리고 구체적으로 1960년대 한국 현대시의 주류를 세 가지로 분류한 바 그 첫째는, 현실 참여의 상황시로서 1950년대 신동엽이나 김수영 류의 현실 참여 의식과는 다른 발군의 시인군으로서 김광협과 이성부와 오규원을 예로 들면서 김광협은 '국어'나 '만년필'같은 작품에서 보듯 화살을 대상에 맞추지 않고 화살이 날아갈 방향만을 제시하고 있고, 이에 비해 이성부는 '그대가 나를 문문이

또 하나의 미래, 힐빙시대의 도래

보는구나'와 같은 작품에서 보듯 보다 대사회의식에 준열하게 나타나고 있다고 보고 있으며 오규원은 같은 상황의식이라 해도 작품 '용산에서'와 '커피나 한잔'에서 보듯 물신시대의 때 묻은 언어를 동원하여 고해형식(告解形式)을 빌어 시인의 무력함을 자조(自嘲)하기도 하고 어두운 현실과 타락한 감정을 요설체로 표현하고 있다고 지적한 바 있다.

그 두 번째는 1960년대 상황시 중에서도 국토분단과 전쟁이란 비극적 상황을 노래한 시인 허소라의 작품 '목종(木鐘)'[이 詩엔 '운천리 소년에의 괘념'이란 부제가 붙어 있다]을 예로 들고 「눈이 하얗게 내린 그날/어느 운동장에선 눈사람을 만들고/눈싸움을 했지만//어느 비탈에선 한 소년이/겨울 토끼보다도 시시하게 숨을 거두고 있었다/하략」에서 당시 DMZ에서의 한 소년의 죽음을 통해 민족적 감정의 전이를 민족적 슬픔으로 표백하고 있음을 지적한 바 있다. 그리고 세 번째로는 문명비평적 성격을 띤 1960년대 상황시로서 강인한의 '대운동회의 만세소리'(1967, 조선신춘 당선 시)를 예로 들어 이 詩가 월남전의 현장성 위에 6.25전쟁터와 유년시절의 소재를 오버 랩 시켜 전쟁의 허구성과 인류문명의 비대한 발달이 초래한 부조리도 함께 고발하고 있다고 지적한 바 있다.

1970년대 산업사회 문명비평 혹은 풍자시

과학의 일방적 항진(亢進)으로 인한 기계문명의 발달과 도시화, 그리고 산업화로 인한 자연생태계의 파괴는 특히 도시적 삶의 환경에 생태사회학적 한계를 훨씬 넘어서고 있음을 필자는 이미 앞에서 도시화의 생명파괴성을 악성종양에 비유한 동물생태학자 콘라드 로렌츠의 저서 '현대의 대죄'와 도시화의 비인간화와 자연상태상실의 심각성을 동물사회학자 데스몬드 모리스의 저서 '인간동물원'을 인용, 설명한 바 있다. 하지만 한국의 경우 그러한 열악한 지구적 생태환경의 심각성이 문학 특히 시(詩)에서 비판 내지는 풍자적 경향으로 등장한 것은 1970년대 김광섭의 시 '번영의 폐수'를 시작으로 그 후 1990년대 이하석의 시 '뒷쪽 풍경'에 와서 도시의 뒷골목 폐차장 근처 버려진 것들을 소재로 해서로 이질적인 것들과의 엉킴을 매개로 더욱 밀도있게 드러내 보이기에 이른다. 「밤이 오고 공기중에 떠도는 물방울들/차가운 쇠 표면에 엉겨 반짝인다/〈중략〉/일부는 제 무게에 눌려 흘러내리고/흙속에 스며들어 풀뿌리에 닿는다/〈후략〉…」에서와 같이... 그러나 이러한 열악한 도시환경에 대한 언어치환으로서 시적 대응은 여기서 그치지 않고 그후 최승호 시인의 시 '공장지대'와 '핵망아지' 등에 와서는 더욱 치열한 시적인식을 드러내 보이면서 상황의 심각성으로 우리 곁에 다가와 모두의 경각심을 일깨우기 시작한다.

> 「무뇌아를 낳고 보니 산모는/몸 안에 공장지대가 들어선 느낌이
> 다/젖을 짜면 흘러내리는 허연 폐수와/아이 배꼽에 매달린 비닐
> 끈들/저 굴뚝과 나는 간통한 게 분명해!/자궁 속에 고무인형 키
> 워오듯/무뇌아를 낳고 산모는/머리 속에 뇌가 있는지 의심스러
> 워/정수리 털들을 하루종일 뽑아낸다.」

– 시 「공장지대」 전문

이 시에서 산모의 젖=폐수, 탯줄=비닐끈과 같은 등식의 인식은 그 강박관념의 도가 어느 수준에 이르렀는가를 보여주는 대목이라고 할 수 있다. 또 다른 시 '핵망아지' 역시 원자력발전소 근처에서 탄생한 다리가 여덟 개 달린 망아지에 대한 인식의 정도가 「〈전략〉/아저씨들이 날 발명했지요/가랑잎 눈 반쯤 감은 채/핵망아지는/내 쓰레기 가슴에/커다란 대가리를 묻고/운다」에서 얼마만큼 심각한가를 보여주고 있나를 가늠하게 한다.

1980년대의 순수시와 목적시, 그리고 이중구조화
이 문제와 관련해서는, 이미 구체적 논의(대안)의 앞부분에서 공동체적 삶의 기반이 파괴되기 이전의 오랜 세월동안 시대와 표현문자와 양식과 관계없이 정서적으로 다 같이 공유할 수 있었던 전통시와 서양과 일본 등을 거쳐 필연성도 없이 유입된 서구시와 관련시켜 논의한 바 있으므로 여기서는 지면의 제한을 고려하여 이 같은 축약 재론으로 대체하고자 특별히 상세한 논의를 생략하기로 한다.

서구편향의 모더니즘적 도시시
사실 도시시란 용어 자체도 그렇지만 이를 논의하기 위한 모더니즘이란 개념 자체도 서양에서 그 운동이 시작되어 그 출발 동기나 시기가 다를 뿐 아니라 이미지즘이 보다 방법적이고 한시(限時)적이었다고 하면 모더니즘은 굳이 유진 런이 제시한 모더니즘시의 특성 즉, ① 미학적 자의식 또는 자기반성 ② 동시성·병치 또는 몽타주 ③ 패러독스·모호성·불확실성 ④ 비인간화와 통합적 주체와 개성의 붕괴 등을 예로 들 것도 없이 보다 철학적이고 사상적이

또 하나의 미래, 힐빙시대의 도래

며 더욱 큰 포괄개념으로 지속성을 지닌 개념이었다. 그럼에도 불구하고 한국의 경우 1980년대초 영·미 이미지즘이 소개된 이래 주지주의와 이미지즘과도 혼용되면서 이 방면에 많은 연구가 경주되어 온 것도 사실이다. 그러나 이상 언급한 어떠한 경우도 현대문명의 발달이 가져온 도시공간을 바탕으로 여기서 연유한 질병징후 혹은 도시적 감수성과 도시공간의 미학과 무관한 것은 없다고 본다. 즉, 이 모더니즘의 미학은 도시공간의 도시체험을 동기로 하고 있으며, 이 도시공간이란 조형예술의 속성인 아폴로적 삶의 원리인 이성과 음악 등의 속성인 디오니소스적 삶의 원리인 감성이 첨예하게 대립하는 공간으로서 이른바 모더니즘이 지향하는 세계는 이 같은 도시에 대한 적의(敵意)라고 볼 수 있으나 이 적의는 일체의 문명을 파괴하려는 것이라기보다는 건전한 도시문명을 지향하고 있다(스피어즈의 주장)는 것이다. 그리고 더 나아가 초기엔 아폴로적 경향이 디오니소스적 경향과 대립 성향을 보이다가 후기에 와서는 아폴로적 경향은 사라지고 디오니소스적 경향만 남아 우세함으로써 긴장이라는 의미차원을 넘어서 도시가 질병의 원인이 되면서 현대도시공간에 살고 있는 시인들의 시속에 도시적 감수성으로 나타나는 특별히 치유되어야 할 병적인 현상으로서 이 같은 경향의 시들을 오늘의 모더니즘의 범주 속에 포함시켜 인간회복의 차원에서 주목할 필요성이 있다고 보는 것이다. 그리고 한국시문학사상 이와 관련 1930년대 이상, 김기림, 김광균, 정지용 등을 기점으로 신서정 추구의 후반기 동인들에 이르기까지 영향권 안에 있다고 할 수 있지만 계속 이러한 질병 징후로서 도시공간의 미학은 계속 유효하다고 할 수밖에 없다.

그럼 이제부터 좀 더 실증적인 논의에 들어가 보기로 하자.
물론 이러한 작업의 일환으로 1930년대 모더니즘파로 잘 알려진 김기림(서구적 주지시), 김광균(회화적 주정시), 정지용(감각적 이미지즘시)을 먼저 고찰할 수도 있고 또 그보다 한참 후에 등장한 당대 시인들의 시에 앞서 인용한, 유진 런이 제시한 모더니즘 시가 지녀할 특성에 초점을 맞춰 한국 현대시에 대한 모더니즘적 경향을 통시적으로 고찰해 볼 수도 있을 것이다. 그러나 이 글의 제한된 분량과 성격상 그런 복잡하고 세분화된 고찰보다는 지금까지 앞에서 주장해온 이론과 크게 벗어나지 않는 범위 안에서 현대를 함께 살고 있는 독자들이 쉽게 동의할 수 있는 송명희의 평론「도시적 상상력과 일상시 − 류근조의 시세계」에서 인용된 몇 편의 시들을 재인용 함으로써 실제 한국 현대시에 모더니즘적 특성인 도시공간의 미학이 치유의 언어적 치환장치로써 어떻게 현현되고 있는지를 논의해 보기로 한다.

위 평론에서 송명희는 "류근조의 개성적 시세계는 바로 도시적 상상력과 도시공간의 일상성이라고 할 수 있다. 류근조는 초기의 시가 나무·코스모스와 같은 자연물을 대상으로 삼으며, 산방(山房), 바다, 가을하늘과 같은 자연적 공간을 시적 공간으로 설정하던 것과는 달리 제3시집 《목숨의 잔》 이후부터는 도시의 평범한 소시민으로서의 정서와 도시적 일상성이 그 주조를 이루고 있다. 따라서 시적 공간 자체가 광화문, 을지로, 삼각지, 개포동 등으로 바뀌고 있다.

「을지로는 붐비다 종로보다도 영등포보다도 붐비다/사람보다도 인심에 붐비는 을지로/들어설 공간보다도 살내음과 체격에 붐비는 을지로//통금시간만 되면 인파는 퇴조해/놀랍다지만/그것은 시간이 비어 놓은 빈자리일 뿐/한치의 양보도 없는/한 치의 낭만도 없는/상심(商心)만이 붐비는 을지로//을지로에서 철물상 하는 친구를 따라/한 길 건너 명동에 가 봐도/정말 붐비기는 붐비다/술집을 찾아가도 옛날처럼/朴寅煥의 엘레지나 李鳳九의 산문은 만날 수 없고/그저 전기기기들만이 붐비는 을지로/그저 주민등록증만이 붐비는 을지로/진정한 만남도 없고/진정한 미움도 없는…」

– 시 〈을지로는 붐비다〉 전문

이 詩에서의 을지로에 대한 접근은 사실적이라기 보다는 전기기기로 상징되는 기계성에 지배된 도시공간을 의미한다. 즉, 인간보다는 기계가 우위를 차지하는 인간성이 상실된 도시공간을 통해 비정성과 비인간화된 현대사회의 모순을 노래한 것으로 읽혀진다고 했다.

「서울 사람들은 대개가/화폐가치처럼 확실히/이웃의 不在를 믿다가도/그 안에선 금방/이웃 없으면 못 살 것처럼 반반한 거리를 유지한다/결국은 부딪치지 않으려고/결국은 깊숙이 자신을 감추려고」

– 시 〈엘리베이터의 시〉 부분

또 하나의 미래, 힐빙시대의 도래

이 詩 역시 도시문명의 기계성을 단적으로 표상하는 시적 대상을 통해 기계적 삶이 초래하는 인간소외에 대한 비판을 적절히 보여준다.

> 「낯익은 거리를 가면서도/이 상쾌한 아침에/구태여 반가운 얼굴을 떠올리지 못하고/戰時의 앉은뱅이 꽃마냥/빌딩과 빌딩 사이에서/차량의 질주음에 시달리며/아주 아주 작아지거나/흔적 없이 소모된다.」
>
> – 시 〈꽃집 앞을 지나면서〉 부분

이 詩에서는 빌딩과 같은 현대적 건축물과 차량의 질주음과 같은 것으로 표상된 도시공간과 기술세계의 지배하에서 소시민으로서의 왜소한 자아에 대한 성찰과 응시, 즉 어쩔 수 없이 작아지고 소모되어가는 인간존재에 대한 자의식을 보여주고 있다는 것이다.

이밖에도 송명희는 같은 모더니즘 계열의 작품 중에서도 주관적 정서를 배제한 객관적 시각적 이미지를 통해서 화려한 서울과는 동떨어진 하층민들의 삶의 애환과 이들을 향한 따뜻한 인간애를 시화하는데 성공한 것으로 〈개포동의 어둠〉을 들고 있다. 또, 공해에 찌든 붉은색 서울하늘의 별과 2층에서 떨어져 경기(驚氣)하는 어린 딸애를 대비시켜 시인은 자신의 슬픔까지도 객관화, 물화함으로써 세련되게 도시적 상상력과 비판의식까지 적절하게 형상화시키는 데 성공한 작품으로서는 〈서울의 별〉을 들고 있다.

후기구조주의와 포스트모더니즘과 맞물린 해체시

소쉬르로 대변되는 형식주의를 중시하는 구조주의적 일반언어학에서는 통달적 의미를 전달하는 언어로서 기표(記表)와 기의(記意)의 관계가 필연적인 것을 전제로 한다고 할 수 있다. 하지만 후기 구조주의 단계에 오면 기표는 그것을 통해 전달하려는 기의를 완전히 전달하기 위한 매체로서는 자의적(恣意的)에서 불완전하다는 관점이 제기된다. 그래서 객관적 진리확립을 위하여 인간의식이나 주관성을 배제하려는 현상학(現象學)이 이와 관련된다. 그러나 좀 더 구체적으로 논의한다면 일반적으로 인간이 언어적 텍스트, 그 메시지 전달을 위해 사용된 형식으로서 이룩된 텍스트, 예를 들어 흥부전에 등장하는 흥부와 놀부의 위상이 관점에 따라 바뀌는 것 같은 현상이 생길 수 있다고 보아 그럴

바엔 차연(差延: difference)의 의미가 더 좋은 관계를 가져올 수 있다는 것이 데리다적 해석이다. 이런 관점에서 데리다는 임의적 자의적 언어로 그 무엇을 주관을 전제로 표현한다는 것은 깨진 거울에 자신의 모습을 비춰보는 것과 다를 바 없다는 것인데, 이 주장 자체도 모순이라고 지적할 수 있는 점은 그러면 데리다 자신은 왜 이 깨진 거울과 같은 불완전한 도구인 언어를 가지고 이 같은 주장을 펴고 있는가란 것이다. 하지만 구체적 논의(대안)에선 이 같은 원론적이고 철학적인 논의 이전에 논의의 초점이 되고 있는 해체시의 출현이 통시적으로 서구에서 발생한 포스트모더니즘과 어떠한 관계가 있는가의 문제가 더욱 중요하다고 할 수 있는 바, 우선 서구에서 발생한 포스트모더니즘의 본질과 우리 현대시에 관련된 접점을 찾아 논의해 보기로 한다.

그 새로운 문화현상의 생성과정은 이렇다. 18C 계몽주의 시대에서부터 그 이전까지는 데카르트의 사유능력(cogito)의 토대 위에 이성·지식·진보·자율성·자유·과학·인식론 등의 개념이 판을 쳤다고 할 수 있다. 자기 결정적 자족적인 자아 즉, 우리의 내적 상태가 외적 실재에 접근할 수 있는 안정되고 믿을 수 있는 종합적 속성의 개념에 기초하고 있었다. 그러나 이후부터는 이러한 보편적 형이상학의 해체는 물론 데리다식 기호세계의 혼란 즉, 기표와 기의 사이의 자의적이고 유희적인 관계는 포스트 구조주의 다원주의 해체주의 등으로 이어졌다. 예를 들면 프레드릭 제임슨의 말대로 후기자본주의 시대의 다국적 기업자본주의와 그 소비자본주의의 논리가 전 지구적 현상이 된 것이다. 그리고 전자기술과 매체의 급속한 발전으로 엄청난 양의 정보 확산과 함께 정보시대의 특징인 지배담론의 붕괴현상이 일어나고 서구인들 삶의 경제·정치·문화적인 성격을 변질시킴과 동시에 모더니티의 위기와 종말론까지 불리어지는 문화현상이 일어난 것인데 우린 편의상 이 현상을 포스트모더니즘이라 부르게 된 것이고, 문학의 현실반영 능력에 낙관적이던 리얼리즘에 반발하여 시작된 이 같은 포스트모더니즘의 현상이 곧 해체문학의 원동력이 된 것이다. 물론 이와 관련 먼저 한국 현대 해체시로까지 이어진 그 영향과정을 보다 심도 있게 논의할 필요가 있을 수도 있겠으나 굳이 그렇지 않더라도 이러한 전지구적 문화적 현상이 우리 주변에도 실제로 사회 경제 문화적 현상으로 자리 잡고 있는 점, 즉 포스트모더니즘적 상품 소비문화가 가져다주는 기이함과 가벼움, 욕망구조의 끊임없는 창출로 인한 과소비, 나른함, 무력한 행복감 등이 비판의식의 결핍이란 정신적 풍토를 거느리고 모든 것을 불확실하게 만드는 것이다(정

또 하나의 미래, 힐빙시대의 도래

정호, '포스트모더니즘의 한국적 수용'(〈중대신문〉, 1992. 8. 27)을 이미 우리 모두가 수용할 수밖에 없는 상황이라고 본다면 다음에 제시하려는 한국 현대시에서 이러한 현상과 맞물린 해체주의적 증후군에 속하는 해체시들을 찾아보기는 그리 어렵지 않으리라 본다. 황지우, 오규원의 시들이 그 대표적인 예라고 할 수 있다. 물론 이들 시인들의 시들이 각기 다른 면이 없는 것은 아니다. 이를테면 시 쓰기의 방법적 인용 즉 현실의 차용 또는 인용적 묘사라는 공통점 외에도 황지우의 「벽」을 소재로 한 작품에 보듯 몽따지식 방법, 그리고 오규원의 「빙그레 200ml 패키지」나 「커피나 한잔」에서 보듯 광고성 상품이 지닌 이미지 전달 방식이나 물신적 야유와 풍자방법 등이 바로 그렇다.

이는 곧 "시는 미의 운율적 창조다"란 고전적 시관에서 보면 너무 엉뚱하고 비시적이고 이질적이어서 괴물스럽기까지 한 해체시란 이름으로 한국 현대시에서 포스트모던 시대를 대변하는 한 장르처럼 존재하고 인식되기에 이르렀음을 의미한다. 그리고 이것이 또 이런 시대적 산물이 이전 모더니즘 시대에 전위적이고 실험적인 의미로 존재했던 다른 시들처럼 한 특징적 유파로 분류될 수밖에 없는 이유이기도 하다.

초월의 종언, 즉 물상화 그리고 정신적 황폐화 과정의 소비사회의 시
경제학자 제임슨은 자본주의를 3단계로 분류한다. 첫째는 시장자본주의로서 이 단계에서 대응되는 리얼리즘에서는 현실과 의미와 기호란 세 가지 요소가 모두 내포되어 있다고 보며, 둘째는 독점자본주의로서 이 단계에서 대응되는 모더니즘에서는 앞의 리얼리즘 단계의 3가지 요소 중 현실이란 요소가 빠져나간 채 의미와 기호 두가지 요소만 존재하며, 셋째는 후기자본주의(다국적 자본주의) 단계에선 앞의 3가지 요소 중 '기호' 자체만 남게 된다는 것이다.

앞의 해체시 논의 과정에서도 이미 논급한 바 있는 후기 자본주의 논리가 모더니티의 위기를 불러온 것까지는 같은 맥락에서 그 이해가 가능하지만 이 세 번째 단계에선 이 위기상황이 심화되어 이데오르기로 대변되는 상부구조와 물적 토대로 대변되는 하부구조가 무너져 시장경제 관점에서 볼 때도 생산과 소비라는 차원에서 이뤄져야 할 수요와 공급에서 이뤄지는 재화의 효용성은 물론 소비주체의 성격도 달라지게 된다는 것이 이른 바 보드리야르의 저서 「소비의 사회」에서 주장하는 소비 사회의 소비의 개념이라 볼 수 있다.

이 저서에서 보드리야르는 물질만능 사회에 사는 인간성의 황폐화 과정을 명쾌히 해부하고 있는 바, 즉 이 사회에서는 욕구도 자신 본래의 것이 아니라 광고 등 사회적 욕구에 의해 만들어진다고 본다. 그리고 이 단계에서는 욕구의 체계를 발생시키고 관리하는 생산질서는 물론 의미작용의 질서까지 지배받아서 소비자는 자율성을 박탈당한 채 소비와 생산이 건전하고 진정한 재화의 효용성과 맞물려서 그에 맞는 소비가 이뤄지지 않고 초월의 종언 즉 사물화, 물상화 과정에 자신도 모르게 휩쓸려 들어 간다. 그리하여 기호의 발신과 수신만이 존재하는 상황에서 소비사회에 사는 현대인들은 대부분 욕망도 자신의 욕망을 살 수 없게 되는 지경에 이르렀다고 보는 것이다. 뿐만 아니라 그 소비대상 역시 물신적 가치뿐만 아니라 상징적 교환가치가 중시됨으로써 인간의 육체 뿐만 아니라 섹스, 행복, 여가, 위세와 같은 불가시적 대상까지 그 경제적 가치를 인정받아 부풀려지고 때론 격하돼 그 본질이 왜곡되고 계산되는 대상으로 전락된다고 보는 것이다. 그리고 이 같은 맥락에서 소위 소비사회 욕망의 흐름 즉, 감성 상상력 언어가 어떻게 생산되고 있는가란 문제는 곧 권력의 메커니즘 속에서 욕망의 역동성의 문제와 맞물려 있기도 하다. 한 가지 구체적 연구 사례를 든다면 강내희의 「공간, 육체, 권력」(문화과학사, 1995)이란 문화비평서다. 저자는 이 책에서 압구정동, 롯데월드, 그레이스 백화점 등 거대도시 서울의 공간을 예로 들어 육체와 권력의 상관관계 즉, 저자는 어떤 공간을 잠적한 채 어떤 권력이 숨어서 만들어 내면 인간의 욕망은 그 틀 안에서 그 틀에 맞게 변형된다는 논리적 주장을 편다. 즉, 보이지 않는 어떤 권력에 의해 만들어진 욕망(타인의 욕망) 충족을 위해 이에 맞게 생산된 생산품을 소비자는 선택의 주체성도 박탈당한 채 그것도 모르고 소비할 뿐이다 란 논리다. 하지만 여기 본 논문의 이 항목에서 보다 더 중요한 것은 이러한 논리적 주장 그 자체보다도 실증적 차원에서 앞서 전제했던 것처럼 이 같은 시대의 욕망의 흐름 속에서 감성과 상상력 언어가 실제로 시작품 속에 어떤 모습으로 나타나고 있는가란 문제라고 본다.
그럼 이제부터 그 구체적인 시인의 시작품들을 예로 들어 논의해 보자.
첫 번째, 김승희의 시 〈나는 쇼핑한다. 고로 존재한다〉다.

「비닐 위에 사진 실크스크린 된 것 같은/인간의 형체 비슷한 뭉그러진 모습들이/이리저리/나는 쇼핑한다. 고로 나는 존재한다고/욕망의 질주로 부융하게 떠오르고 있는/몽중보행이여」

— 시 〈나는 쇼핑한다 고로 존재한다〉 부분

또 하나의 미래, 힐빙시대의 도래

이 시의 앞부분에서는 걸프전이란 세기의 전쟁터에서 많은 사람이 죽어가고 있는데도 그것을 생중계하여 무슨 축제처럼 즐기는 즉, 죽음을 쇼로 소비하는 모습에 아연해 한다. 앞에 인용된 욕망의 질주속에 뭉중보행처럼 세계를 소비하는 모습과는 대조적이다. 그리고 두 번째는 앞의 해체시 항목에서도 언급한 바 있는 오규원의 시 가운데 시 〈詩人 久甫氏의 一日(3) – 쇼핑센터에서〉다.

「골드만 같은 여의도/퀸터 그라스 같은/카프카 같은/쇼핑센터에
서,/나는 사랑하는 애인에게 사주고 싶네/하이네 같은 쌍방울표
메리야스, 워즈워즈 같은/일곱색 간지러운 삼각팬티」

이 시에서 퀸터 그라스, 카프카, 하이네, 워즈워스 등이 쇼핑센터로 강림해 메리야스나 삼각팬티와 등가로 소비됨을 알 수 있다.

다음엔 최승호의 시 〈자동판매기〉다.

「돈만 넣으면 눈에 불을 켜고 작동하는/자동판매기를/매춘부라
불러도 되겠다/황금교회라 불러도 되겠다/이 자동판매기의 돈을
긁는 포주는 누구일까 만약/그대는 돈의 권능을 이미 알고 있다
면/그대는 돈만 넣으면 된다/그러면 매음의 자동판매기가/한 컵
의 사카린 같은 쾌락을 주고/十字架를 세운 판매기는/神의 오렌
지 주스를 줄 것인가」
　　　　　　　　　　　　　　　　　　　　　　– 시 〈자동판매기〉 부분

이상 인용한 김승희, 오규원, 최승호 시인 모두의 시에서 우리는 삶이 죽음을 지배하는 것이 아닌 죽음이 삶을 지배하는 즉, 이 소비사회의 인간의 삶 자체가 궁극적 '시니피앙(기호)=죽음'이라는 인식 속에서 물신에 지배되고 있음을 읽어낼 수 있다.

디지털 시대의 시

통신기술의 발달에 힘입어 지금 '여기'와 내일 '저기'가 동일평면으로 수렴되고 전 지구적 경제교류와 인구이동으로 가속화되면서 국제관계의 유연성 증대는 특히 도시의 삶이 24시간 현상에 맞춰져서 개별사회의 틀과 관행에 심대한 영

향을 미치고 있다. 이와 직접 관련된 사항으로 컴퓨터의 발달이 인터넷의 확산으로 이어지면서 모든 인간의 삶의 틀과 근본까지 흔들면서 문화지형은 물론 문학의 패러다임까지를 변질시키고 있는 것이 오늘의 실제상황이다.

특히 컴퓨터 글쓰기는 그것이 지닌 다양성, 비논리성, 불확실성, 보편성 등의 특성 때문에 글쓰기문화에 다양한 변화를 초래하고 있다고 볼 수 있다. 예를 들면 모뎀과 전화선만 있으면 가능한 PC통신문학의 대두를 비롯 멀티미디어적 복합줄거리소설(hyper-fiction)과 같은, 출판사와 같은 특정 patrol은 사라지고 불특정다수가 독자이면서 동시에 작가로서 참여할 수 있는 불가시적 텍스트의 성립이 가능해진 것이다. 가히 인터넷 혁명은 이전의 산업혁명이 가져왔던 충격과 변화 이상의 실제 현실보다도 더 강력한 또 하나의 현실로서의 사이버 세계의 도래를 가능하게 하고 있는 것이다. 그러나 이러한 변화가 참다운 인간생활을 위해 그것이 지닌 플러스적 가치에서 마이너스적 가치를 제하고도 잉여가치가 있는 것인가란 문제와는 별도로 이러한 디지털로 상징되는 시대적 변화의 가장 중요한 핵심코드는 접촉과 접속이라는 키워드에 맞춰져 있다고 할 수 있다. 즉, 실제 세계가 접촉의 세계라면 사이버 세계는 접속의 세계인 것이다. 접촉은 인간이 사물과 세계를 만나는 매우 근원적인 모티브요 원동력이라고 할 수 있는데 그리고 만남의 즐거움은 곧 접촉이 주는 즐거움인데 접속의 세계엔 이 접촉의 세계에서 느낄 수 있는 즐거움이 없는 것이다.

디지털 기술은 모든 예술로부터 예술적인 것의 아우라를 빼앗아 간 것이다. 원본보다 더 생생한 원본을 만들어 낼 수 있기 때문이다. 좀 더 은유적으로 말한다면, 그래서 1930년대 이상이 산업사회 산물인 유리거울 속에서 분열된 자아를 발견했고, 식민지시대 윤동주가 녹슨 구리거울 속에서 '참회록'과 같은 시를 써야 했다면 21세기초 한국의 젊은 세대는 최첨단 대형 LCD 앞에서 현실보다 더 가혹한 현실의 섬광을 홀린 듯한 눈으로 멍하게 바라보아야 하는 것이 아닐까 하는 우려 섞인 주장(최동호 외 1인, 「공동연구논문 디지털시대의 문화환경과 글쓰기방법연구」)도 나오는 것이리라.

지금까지 인류역사를 지배해 온 것은 인간 존재의 유일절대성에 기반을 둔 것이라고 할 수 있는데 인간의 삶이 역사에 기록되고 종이책에 남겨지는 것이 아니라 가상의 공간에 저장되고 사라지면서 신인간 사이보그(cyborg)까지 등장

또 하나의 미래, 힐빙시대의 도래

하여 우리들의 의식세계에로 영향을 미치고 있는 것처럼…. 하지만 예술은 인간이 인간이기를 원할 때 존재하는 것이기에 전자정부 전자책 또는 그림자 노동같은 용어가 아무리 많이 등장한다 해도 인간이 인간이기를 거부하지 않는 한 아직 희망이 아주 사라져 버린 것은 아니라고 봐야 할 것 같다. 그러면 다음에 실증적 차원에서 논의해 보려하는 시 작품들은 이 같은 맥락에서 볼 때 어떠한 의미를 지니는 것일까. 아니 이러한 시들을 그냥 이러한 디지털 시대의 환경적 압박이나 속박에서 벗어나려는 리액션(reaction) 혹은 비인간화에 대한 상황인식에 그 초점이 맞춰져 있다고 생각하고 논의를 시작해 보자.

먼저 이런 디지털 시대의 대표적인 젊은 시인의 시집《야후!의 강물에 천 개의 달이 뜬다》(문지사, 2004)를 화두로 삼아보자. 이 시집의 첫 장을 열면 '시인의 말'이라 하여 단 두 줄의 글 "… 나는 클릭한다/고로 나는 존재한다"가 눈에 띈다. 그리고 시집의 전체적 콘텐츠가 이 두 줄의 토픽 센텐스에 맞춰져 있음이 확인된다. 그리고 한 문화부 기자는 한 칼럼에 이렇게 이 시인과 시집을 소개하고 있다. "나는 누구인가 그리고 너는 어디 있느냐." 이는 문학이 던지는 유일한 화두다. 이원 시인도 마찬가지다. 그런데 남다른 에필로그에 이른다. 그의 시에 따르면 "(나는) 저장된 게임이자 자료 또는 정보의 일부"이다. 너도 '따따따점(www.)' 속에 산다.

"이웃의 사람들은 머리를 떼어놓고/머리 대신 모니터를 달고 다닌다." 예를 들면 인터넷 검색엔진에서 '나'를 치면 무수한 사이트가 나온다. 나는 어디에든 있다. 하지만 나는 어디에도 없다. 나는 사이보그가 아닐까. 그럼 여기서 이원의 시 가운데 짤막한 시 두 편만 소개해 보자.

「몸속에 자동응답기를 설치하고/버튼은 외출로 눌러놓고//나는 한낮의 햇빛 속으로/양을 치러 간다」

- 시 〈사막에서〉 전문

「목련 꽃잎들이 짓이겨진 3월의 목요일//식칼/밧줄/헬멧/의료용 붕대/백열등/해부학 교본/타일/나사못/3cc 주사기/밀폐용기//를 샀다 이미지만 샀다.」

- 시 〈접속〉 전문

하지만 이 시를 읽고 여전히 언뜻 보면 순치된 의식으로 아주 편안하고 즐겁게 전자사막의 유목민처럼 자연스럽게 행동하고 생활하는 시적 주체는 과연 행복한 가란 의문이 남게 되는 것은 왜일까. 그러나 문제는 시인 이원의 디지털적 의식의 흐름과 이에 대응하는 상상력은 이 정도 수준에서 그치지 않는다는데 있다.

「h의 DNA에 내 유전자의 일부를 잘라 붙인/복제아기 신청서를 낼까 오욕칠정을 가진/키가 185cm까지 자라는/사내애 하나와 젊은 곱슬머리를 가진/쌍둥이 계집애 둘을 주문할까/증발되기 쉬운 물질인 나를/일몰 무렵의 안락사로 예약해 놓을까.」

― 시 〈전자사막에서 살아남기 위해〉 부분

이 시에서 생명을 상품 주문하듯 주문하고 편안한 죽음까지 인터넷에서 주문 예약하는 행위의식은 인터넷으로 대변되는 디지털시대의 극단의 개인화와 경박하고 무책임한 상호소통으로 인한 가치관의 전도까지를 초래하고 있음을 역설적으로 보여주는 것에 다름 아니리라. 그러나 같은 디지털 시대의 시라해도 이 같은 이원의 즉물적이고 황당한 발상의 메시지 시들과는 달리 무거운 철학적 톤 속에 메시지가 담겨 있는 다음과 같은 시도 있다.

「밤에 시작된 전쟁은/단 한 번의 융단폭격으로/모래의 도시를 저주로 가득 메웠지/중략/하늘에 계신 우리의 조종사들이시여/죽음처럼 잠든 사막을 배경으로/CNN TV에 나와 웃으며 말했지 〈… 처음엔 좀 두려웠죠… (사이, 껌을 씹고)/좀 지나니까 흥분도 가라앉고 …/하략」

― 정한용의 시 〈바그다드〉 부분

이 시에선 생사여탈권을 쥐고 있는 神=비행사가 죄책감도 없이 현실공간과 기술적으로 연결된 컴퓨터의 스크린을 보고 버튼을 눌러 전쟁을 게임처럼 수행하고 있음을, 아니 그의 윤리적으로 단절된 끔직한 가치관의 상실을 비꼬고 있음을 알 수 있다.

또 하나의 미래, 힐빙시대의 도래

ECO시대의 시적 지향 생태시(환경시 · 녹색시 · 상생시)

이 항목에서 다루고자 하는 생태시란 용어는 환경시, 녹색시, 상생시를 모두 아우르는 내포개념임을 미리 전제하고서 논의를 시작해 보기로 하겠다. 물론 앞의 항목에 있었던 산업사회 문명비평의 시 역시 이 생태시 개념 속에 포괄할 수도 있고 예를 들면 오래된 1960년대부터 지금까지 도시공간에 살면서 시도를 걸어온 원로 시인들의 일상시 가운데도 환경론적 관점에서 이 항목의 생태시적 분류 속에 포함시킬 수 있는 시도 있을 것이다. 그러나 그 시적 인식의 정도가 얼마나 이 같은 ECO 시대의 시적 지향으로써 깊은 뿌리에 닿아있느냐를 기준으로 한다면 이에 대한 논의 과정에서 거론의 대상이 돼야 하는 생태시는 당연히 이와 관련, 보다 총체적인 시적 형상화에 성공한 작품이어야 함은 더 말할 나위가 없을 것이다.

그럼 생명부양 환경의 오염 내지 파괴란 무엇인가. 그것은 물, 대기, 흙 등이 자정능력을 잃고 생물이 살 수 없을 정도로 오염된 것을 말한다. 특히 이와 같은 환경오염은 광역성, 장기성, 인과성, 형평성 등으로 지금은 전 지구적 현상으로 많은 갈등을 초래하며 심각하고 근원적인 문제들을 일으키고 있다.

필자는 이미 '최승호 시의 사유구조와 상생적 의미'라는 논문을 통하여 인간의 일방적 욕망이 죽음으로 이어질 수 있음과, 이 단계를 극복하고 깊은 사유와 명상을 통하여 죽음과 삶이 따로 분리된 것이 아니고 동전의 양면과 같은 순환적 상생적 관계에 있음을 최승호의 시적 텍스트를 예로 들어 조금은 명징하게 제시한 바 있다(「류근조 문학전집」 제3권, 제이앤씨, 2006). 그러나 이 과정에서 필자가 생각하는 생태시의 보다 높고 깊은 단계는 앞의 항목에서 인용한 이하석의 시 '뒷쪽풍경'처럼 폐기물의 오염을 치밀하게 묘사하거나 각종 오염이 복합적으로 나타나 결국은 사람의 출산까지도 불가능하게 되었음을 시적 인식으로 보여준 최승호의 시 '공장지대'에 비해 보다 근원적이고 포괄적인 생태시로서 생명의 존귀함이나 자연의 아름다움을 진술하고, 나아가 우리가 가꾸고 이루어야 할 생태계의 모습을 그려내는 것을 핵심으로 한 단계의 다음과 같은 시가 아닌가 생각한다.

「곰아, 너구리야, 노루야/쓰러진 나를 업어다 너희 이부자리에
뉘여다오/너희 밥솥에 끓는 죽을/내 입에 부어다오//폭설이 한
닷새쯤 쏟아지면/나는 드디어 짐승들과 한 식구가 되어도 좋으
리/노루의 눈에 비쳐/푸른 칡잎의 귀가 돋아나와도 좋으리」

– 이준관의 시, 「폭설이 한 닷새쯤 쏟아지면」 일부

그러나 생태시의 관점에서 이보다도 더 깊고 높은 시의식을 보여주는 단계는 상
생적 순환적 관점의 시가 아닌가 한다. 여기서 이 같은 詩 한편만 예로 들어보자.

「찌르레기 한 마리가 날아와/나무에게 키스했을 때/나무는 새의
입 속에/산수유 열매를 넣어주었습니다//달콤한 과육의 시절이
끝나고/어느 날 허공을 날던 새는/최후의 추락을 맞이하였습니
다/바람이 떨어진 새의 육신을 거두어 가는 동안/그의 몸 안에
남아있던 산수유 씨앗들은/싹을 틔워 잎새 무성한 나무가 되었
습니다//나무는 그렇듯/새가 낳은 자식이기도 한 것입니다//새
떼가 날아갑니다/울창한 숲의 내세(來世)가 날아갑니다.」

– 유하 시 〈나무를 낳는 새〉 전문

길은 하나로 통한다는 만유귀종(萬類歸宗)의 의미를 떠올리게 하는 시 즉, 새
와 나무의 만남을 통하여 아주 쉽고도 명징하게 세상엔 서로 무관한 것은 하
나도 없다는 것을 깨닫게 하는 작품이다. 새와 나무의 보다 깊은 상생관계(새
가 나무로 환생하여 이어지는) 아니 우주 만물의 소멸과 생성의 순환성을 보여
준 경우 즉, '나무=새의 자식', 그리고 '새떼의 날아감'='숲의 내세(來世)가 날아
감'과 같은 등식을 성립시킨 점이 바로 그렇다. 또 이러한 상생과 순환의 시의
식은 타자(他者)의 관계에 있어서도 역시 同一者적 관점으로 수렴될 수 있어서
앞의 프롤로그 부분에서 문제됐던 세계소외란 개념은 애초에 끼어들 틈이 없
다고 해야 할 것이다. 이 점이 곧 이런 녹색시학(綠色詩學) 범주내의 생태시중
에서도 상생시가 병든 지구적 삶의 치유와 언어적 형상화를 전제로 한, 인식의
공유를 통해 인간회복을 가져올 수 있다고 보는 가장 확실한 근거이기도 하다.

또 하나의 미래, 힐빙시대의 도래

생태시의 힐빙적 기능, 삶의 치유와 회복

지금까지 필자는
생태계 파괴성에 따른 힐빙적 차원에서
상위개념인 문학의 본질 중

특히 한국 현대시가 지닌 기능과 그 위상을 구명코자 프롤로그에서 먼저 본 논의의 입론을 위한 전단계로서 위기의 현대문학과 그 좌표와 진로를 모색한 후 이에 따른 방법적 장치로써 연구 범주를 한국 현대시에 국한시켜 집중 조명하는 데 논의의 초점을 맞춰왔다. 특히 언어치환으로서의 시적 형상화와 의식체험과 직결되는 만남의 문제가 공동체적 삶을 이어가지 못하고 세계소외를 초래하여 부정의 문학을 출현시킨 문화적 배경을 집중탐색한 후 유기체적 동적 구조물인 '詩'가 통시적으로 각 시대환경에 따라 민감하게 대응해 온 변이와 그 양상을 알아보았다. 즉, 1960년대 참여적 의미로 볼 수 있는 상황시에서 시작 단계별 에포크라인을 설정하여 당대 ECO시대의 시적 지향의 한 특성으로 생태시와 상생시까지를 통시적인 차원에서 각 시대환경 변화에 따라 그 변용양상을 고찰해 보았다. 그 결과 인식론적 차원에서 (스텐베른은 사물과 대상을 진정으로 소유하기 위해서는 인식이 전제돼야 하는데, 또 인식의 성립은 언어적 형상화가 전제돼야 한다고 주장) 보더라도 구체적 논의(대안)의 논증과정에서 각 시대별로 그 시대의 첨예한 상징적 언어첨병으로서 우리가 만난 한국 현대시의 얼굴 그 몰골과 양상은 실로 변화무쌍한 모습 그대로였다. 일찍이 용아 박용철이 그의 글 '시적 변용에 대하여'란 글에서 우리의 모든 체험은 피 가운데로 용해돼 알아보기 어려운 기록을 남기는 데 이것을 예민한 감성을 지닌 시인만이 끌어내어 시를 창조할 수 있다고 하면서 이들 시인을 가리켜 변종을 만들어내는 원예가 하느님의 다음 가는 창조자라고 하였다. 그리고 또 이 같은 시인들을 우리(사람) 가운데서 자라난 한 그루 나무에 비유하여 청명한 하늘과 적당한 온도 아래서 무성한 나무로 자라나고 장림과 담천 아래서는 험상궂은 버섯으로 자라날 수 있는 기이한 식물이다. 그는 지질학자도 아니요 기상대원일 수도 없으나 그는 강열한 생명의 의지를 가지고 빨아올리고 받아들인다고 했다. '詩는 참된 절망을 노래할 망정 헛된 희망을 노래하지는 않는다'는 말과도 일맥상통하는 주장이기도 하다. 그리고 여기서 우리는 詩人들의 타고난 기질과 이들이 지닌 언어의 교묘한 배합과 기술에 의해 만들어지는 詩의 본질을 다시 한 번 확인할 수 있다.

물론 한편의 시는 현실 그 자체는 아니기 때문에 칼 같은 무기로 쓰이거나 웅변처럼 강한 주장이 겉으로 드러나 보이진 않는다. 하지만 앞에서 인용한 인식론적 차원의 '소유=지배'라는 차원에선 감동을 자아내고 성찰을 통해 각성을 자아내는 기능으로 보면 인간이 만들어낸 인간치유와 회복, 그 기능 차원에서 가장 위대하고 효과적인 발명품일 수 있다. 바로 이 점이 전지구적 차원의 생태적 파괴환경 속에서 힐테크의 기반 위에 힐빙적 기능을 지닌 언어치환으로서의 詩가 지닌 위상이며 또 병든 생태환경을 회복하기 위해선 힐테크적 방법과 동행해야 하는 필연적 당위성이기도 하다.

또 하나의 미래, 힐빙시대의 도래

진정한 겸손과 공경은 세상의 무한함과 자신의 제한된 능력을 인식하여
마음으로부터 경외가 우러나는 것이며,
타인의 고귀함과 자신의 부족한 지식을 깨달아 마음으로부터 존경을 품는 것이다.
공자는 "세 사람이 길을 가면 빈드시 나의 스승이 있다"고 했다.
일곱 살짜리 꼬마 항탁에게 예에 관한 가르침을 청했을 때에도
그의 마음은 경외와 존경으로 가득했다.
때문에 자연스럽게 겸손과 공경이 드러날 수 있었다.

(도덕경)

아동의 애착관계와
존 보울비 애착이론의 고찰

윤 정

▶ 캘리포니아 캔스코대학교 심리학과 부교수 역임
국제힐빙학회 자문위원, 나봄정신분석연구소 소장

병리 심리 분석

동물행동학적 발견들과 인지, 통제 이론은 인간관계의 자기심리학을 개념화하는 데에 독창적으로 공헌하였기에 깊이 있게 고찰해 보기로 한다.

젖먹이와 엄마의 애증(愛憎) 관계는?

인성 발달에 대한 고전적인 정신분석 모델은 유아와 그의 부모들 사이에 적대 관계가 있다고 본다. 즉 유아 행동의 일차적인 동기는, 생리적 욕구의 만족을 통해 본능적인 긴장을 해소하며 유아를 인간화하려는 부모의 간섭에 대해 분개하는, 최적의(optimal) 편안한 상태를 얻는 것이다. 이와는 대조적으로 유아 연구를 통해 확증된 보울비의 견해는, 자극을 추구하는 것과 그를 보호하고 지지해줄 중요한 대상에게 애착을 갖는 것이 유아에게 선천적으로 주어져 있다는 것이다. 그러므로 애착은 유아와 어머니와의 관계에서는 본질적인 것이며, 애착 행동은 이 관계를 표현하는 유아의 반응들을 말하는 것이다. 보울비는 애착 행동을 빨기, 매달리기, 따라다니기, 울기, 미소 짓기 등의 본능적인 반응들과 동일시하는 한편, 대상과의 관계성을 더욱 강조했다. 사실상 늘 자신의 애착 이론을 또 다른 하나의 대상관계이론으로 보았다. 그러므로 애착 행동 또는 애착 속박이 생리적 욕구(배고픔이나 성적인 것)의 만족을 위한 전제 조건이 될 수 있는 반면에 선택한 대상에게 계속적으로 접근하는 것이 애착 행동의 목적이다.

보울비는 어머니에 대한 유아의 초기 관계성에 대하여 이안 슈티, 멜라니 클라인, 도날드 윗니캇, 안나 프로이드, 마가렛 리블, 해리 스탁 셜리반, 레너 스피츠, 페어베언, 헤르만, 앨리스, 마이클 발린트 등에 의해 발전된 사고들을 재검토하면서 그들이 연구한 것 중 몇몇에 주의를 기울였고 그것들이 자신의 생각과 매우 비슷한 것임을 알게 되었다. 그러나 보울비는 헝가리 학파가 내놓은 것이 가장 정확하다고 결론지었다. 헝가리 학파의 대표적인 사람은, 사람들에게 매달려 생존하는 것이 일차적인 본능이라고 주장한 헤르만과, 유아는 처음부터 돌보아주는 대상과 적극적이면서도 충분히 발달하지 않은 대상관계를 갖는다고 주장한 발린트의 사람들이다. 동물행동학자들의 연구가 보울비의 애착 행동의 개념화에 영향을 주었는데, 동물학자들은 새끼일 때에 대상들에게 애착하는 새들이나 짐승들에게 다양한 형태의 패턴화된 행동들이 있음을 발견하였다.

인간이라는 유기체와 인간의 본능적 반응들이 더 복잡하다는 것을 인식하면서도 동물행동학적 모델이 어린 아이의 애착 행동을 이해하는데 도움이 된다고 주장했다. 이는 애착 행동이, 인간이나 동물 모두에게 개체의 생존이라는 같은 목적을 부여하고 있기 때문이며 또한 내적 욕구를 갖고 있는 상태에 의해서 그리고 각각의 종들이 갖고 있는 특정행동을 유발하는 자극이나 억제 유전자에 의해 실재하거나 없거나 또는 특별한 행동에 의해 애착 행동이 통제되기 때문이라고 하였다.

보울비가 전통적인 정신분석모델을 탈피하게 된 것은 인성발달에서 어머니의 상실이 주는 영향에 대하여 연구한 것에도 영향을 받았다. 그 결과 애착 관계의 분열이 어머니의 상실과 관련된 정신병리학의 본질적인 결정 요인이라고 생각하게 되었다. 우리가 애착이론과 자기 심리학의 명제들을 비교해 보면 인간이 서로 관계를 맺는 본질적인 부분에 대해 매우 유사한 점들이 있음을 보게 된다. 그러나 먼저 보울비의 이론적인 틀을 좀 더 자세히 보도록 하자.

애착은 사랑에 빠지는 감정

애착이론은 정신분석의 생각에 많은 영향을 받았다. 그러나 병리상 증후군의 이해로부터, 또는 정신분석이나 심리요법에 환자들의 연합으로부터 얻기보다는 주로 유아들과 어린 아이들의 직접적 관찰을 기초로, 어린 영장류와 새들의 외관상 비슷한 활동의 관찰에 관한 행동학자들의 개념들을 기초로, 그리고 확실한 어린 시절의 상처(분리 그리고 상실)의 결과를 기초로 애써 만들어진 것이다. Margaret Mahler is the only other author considered in this

또 하나의 미래, 힐빙시대의 도래

book whose theories were also elaborated largely on the basis of infant
and child observation.

보울비는 애착이론을 "특별한 타인에 대한 강한 애정적 유착(bond)으로 만들
어진 인간 본성(being)의 개념화하는 경향의 방식 그리고 감정의 고뇌와 걱정,
노여움, 억압을 포함한 인간 근심의 많은 형식으로 설명되어지는 방식으로, 그
리고 내키지 않는 분리와 상실을 일으키는 감정적 분리"로 정의를 내렸다.
He has defined attachment behavior as "any from of behavior that
results in a person attaining or retaining proximity to some other
differentiated and preferred individual who is usually conceived as
stronger and/or wiser."

보울비에 따르면 애착행동에 대한 동기부여는 궁극적으로 보호를 할 수 있는
사람에게 근접해서 자신의 문제를 찾도록 지각하게 하는 것이다. 이것의 원동
력(dynamics)은 결국 그들 각각의 삶에 영향을 준다. 생식에 의해 동기화 된
것과 동등한 음식물을 먹는 것과 성적인 활동들과는 성질이 다른 것으로 간주
되어진다. 보울비에 따르면 상황의 확신아래, 애착은 행동에 대한 더 강한 동
기부여를 구성하기 위해 나타난다.

애착의 행동에 관한 관점에 초점을 두는 동안 보울비는 애착관계의 달성, 유
지, 또는 분열(두절)로 동시에 일어나는 감정을 소홀히 하지 않았다. 애착의 구
성은 사랑에 빠지는 감정과 관계된다, 그리고 그 유착(bond)의 유지는 누군가
를 사랑하는 것과 관계된다. 유착의 붕괴, 두절(disruption)은 한 가지 양상보
다 더 많은 것을 가진다. 상실의 위협은 불안과 관계가 되어 진다. 슬픔과 함께
하는 실제상의 상실 둘 다 노여움(anger)을 자극한다고 본다. 그 반면에 안정
적으로 유착되면, 도전 받지 않는 것은 안전의 근원으로서 설명되어지고 기쁨
의 근원으로서 유착이며 재생이다. 그래서 보울비가 '대상관계들'의 것들과 감
정적인 삶의 변화를 동등하게 생각하는 동안, 그는 후에 더 명확하게 애정적
유착이라고 부른다: "그런 감정은 대게 사람의 애정적 유착 상태의 반영이기
때문에 감정심리학과 정신병리학은 애정적 유착의 심리학과 정신 병리학의 큰
부분까지 기초를 세운다."

애착이론과 내면세계

보울비가 내면심리를 탐구하는데 소홀했다는 이유로 심리분석학계에서 그를 너무 성급히 비판한 것이 아닌가 한다. 보울비는 애착이론이 외부 대상과의 관계를 강조하기는 하지만, 아이가 애착의 대상인 어머니와의 경험을 통해 형성하게 되는 어머니에 대한 상징적 모델은 바로 내적 대상(internal object)을 표면화시키는 또 다른 방법이라고 설명한다. 그러나 보울비 자신은 "internal object라는 용어는 내면적 상징을 뜻한다. 특별한 방법으로 생각하고 느끼고 행동하는 사람의 실재와 연관시키지 못하기 때문에" 그 용어 자체를 좋아하지 않았다.

그는 대신 애착대상(attachment figure)이라는 용어를 사용한다. 하지만 여전히 우리로서는 attachment figure가 내면적인 것인지 내면 밖으로 대상화된 것인지 확실히 알 수 없다. 자기심리이론(self-psychological theory)에서도 self-object가 내적 자질인지 아니면 외적 자질인지에 대한 비슷한 모호성을 발견할 수 있다. '자기심리'는 경험이 내부적인 것인지 외부적인 것인지에 대한 언급은 없이, self-object를 그냥 "스스로에 의해 경험된 것"이라고 정의 내리면서 의미의 모호성에 대한 비난을 자연스럽게 피해가고 있다

애착이론과 자기 심리학

자기심리학이론에 정통한 사람들은 보울비가 '애착표상'이라고 일컫는 것이 코헛이 '자기대상'이라고 부르는 것과 매우 가깝다는 것을 깨달은 것이다. "애착표상이 가까이 있고 응답한다는 생각은 강한 안정감을 제공한다. 애착행위가 초기 아동기에 명확하게 나타난다고는 하지만 생애 전체를 통하여 관찰될 수 있는데 특히 긴급 상황에서 더 잘 보여 진다." (보울비 1982:668-69).

보울비는 애착표상이 개개인의 생존을 책임지기 때문만이 아니라, 가까이에 있는 사람이 두려움이나 피곤함, 아플 때에 안락함과 보살핌과 같은 중간적 기능을 스스로 제공할 수 없기 때문이라고 한다. 따라서 중간 기능의 잠재적 출처를 찾아야 하기 때문에 분명히 경험되어져야 한다. 보울비에게 있어서 중간 기능의 필요는 성숙한 정신 건강과의 충분한 조화를 이루게 하는 것이다.

또 하나의 미래, 힐빙시대의 도래

필요시에 이끌리고 또 연관을 맺기도 하는 자기 대상(항상 사람은 아니다)이 란, 대상이 가장 중요한 기능을 가장 순수한 형태로 제공할 수 있음을 인지하 는 것이다. 보울비의 애착표상에 따르면 기능이란 주체가 적절하게 스스로 제 공할 수 없다는 것이다. 이러한 기능의 준비는 보호적 의미가 있다. 그것은 자 기대상이란 궁극적으로 자아의 심리학적 생존을 책임지는 것이다. 그러나 자 기대상은 애착표상과 마찬가지로 항상 중간적인 심리학적 기능의 수단으로서 경험되어진다. 이 기능은 달래거나 안아주기, 사랑받고 존중받는다는 느낌, 안 정감, 안정적인 이상화의 출처로 존재하기 등이다. 코헛은 적절한 자기 대상반 응을 찾는 능력을 삶의 과정에서 심리적인 건강의 흔적으로 간주한다. 그러나 애착이론과 자아대상이론에는 흥미 있는 차이가 있다: 코헛은 자기 대상에 의 해 제공 되어지는 개별적 기능에 강조점을 두는 반면 보울비는 개별 표상, 즉 그가 가장 중요시 하는 인성발달을 통합하는 기능이 있는 어머니에게 그 중점 을 둔다. 보울비의 이론에서는 애착대상의 개별성이 중심적이다. 코헛의 이론 에서는 자기 대상의 특이성이 흔히 있는 일로 간주된다.

보울비는 애착 또는 어머니에 대한 애착이 미치는 영향력을 인지하고 있다. 그 러나 그는 애착과 애착에서의 분열의 행동적인 영향을 강조한다. 코헛은 자기 대상과의 결합 또는 분열의 감정적이고 행동적인 구성요소를 강조했다. 그는 먼저 결과적인 심리 내적 균형 또는 자기응집에 그 초점을 맞추고 있다. 이 분 야는 보울비가 연구하지 않은 부분이다. 발달을 위한 상징적 의미로서의 어머 니의 독점적인 역할에 강조점을 두는 보울비의 이론에 덧붙여서 이러한 사실 은 자기 심리학과는 다른 주요한 이론적인 차이점을 포함하고 있다. 그러나 이 러한 차이점에도 불구하고 두 이론의 핵심은 같다. 다시 말하자면 그들은 본성 을 지닌 충동적 유아가 자신을 길들이고 사회화하기를 찾는 어른 세계의 상반 적인 관계에 강조점을 두는 전통적 심리 분석모델과는 대조적 입장에 서있다.

자기 대상과 애착 표상의 유효성에 대한 필요는 각 이론에 의해서 삶의 전체를 통해서 전통적인 것으로 간주된다. 그리고 그것들에 대한 필요는 한 번도 병리 학적인 것으로 간주되지 않았다. 보울비의 자기심리학은 부모가 아이를 안전 하게 돌보고 격려하는 발달단계의 중요성을 인정했다. 이 두 중요한 개념상의 이론은 최종적인 통합의 가능성을 보여준다.

엄마와 떨어질 때 격렬한 분노는 …

정상적인 애착에 대한, 아이들에게 필요한 특별한 종류의 방해에 의한 결과들과 그들의 치료법에 대해서 보울비가 제안한 병리학의 형태에 대해 알아보겠다. 보울비와 유사한 이론을 말하는 여러 이론가와 같이 보울비는 유아기의 인격 형성에 엄마 역할의 중요성을 특히 강조한다. 그러나 보울비는 다른 이론가와 유사한 이론이라 할지라도, 두 살에서 네 살 사이의 애착 기간에 생기는 욕구에 대한 좌절감의 결과로 나타나는 심한 심리학적인 불안을 인정한다. 그는 엄마의 전부를 잃는 것과 부분적인 대상이 되는 젖가슴(모유를 주는 엄마의 가슴)을 잃는 것과 대조해서 보면 정신적 쇼크나 상처가 될 수 있다고 했다. 그는 "6개월에서 12개월의 슬픔과 비애는 파괴나 관계의 단절에서 비롯된 것이다."(Bowlby, 1960)라고 했다.

보울비는 분리에 대한 불안의 중요성에 대한 관점을 강조하는데, 슈티(Suttie)와 페어베언(Fairbairn)과 윈니캇(Winnicott)은 보울비와 함께 애착의 중요성에 대해서는 그 입장을 같이 한다. 아이들이 드러내는 격렬한 항의, 절망과 분리의 반응은 어머니로부터 분리 될 때에 일정하게 곧 바로 관찰되는 것이다. 아이들은- 이 분리에 대한 깊은 상처에 대해 극적인 증거를 제공한다. 보울비는 그의 관찰에서 유아들의 괴로움이 환경에 대한 불안이나 증오뿐만 아니라, 애착 성향에 대한 억압에 따른 아픔과 비애기간을 통해서도 나타난다고 보았다. 증거는 현재 이런 반응들이 연장될 수 있게 축적되었거나 인식되거나 알맞게 응답되지 못했을지라도, 이것은 개인발달에 해로운 결과를 가져 올 수 있을지도 모른다.

만약에 부모가 아이의 애착 행동에 대한 특별한 본질에 대해 잘 이해하지 못하거나, 그것을 싫어하거나 이해하려고 노력하지 않는다면, 아이를 둘러싼 불안전한 세계에 안전의 토대를 제공할 수 없다고 주장한다. 아이들의 분노로 불안이 생기게 할 뿐만 아니라 사랑과 보살핌을 받고자 하는 아동의 요구를 방해하는 것으로 아동이 지각할 수 없는 어떤 것을 넘어서 더 큰 불안을 초래할 수 있다.

불안은 부모들이 다른 사람들을 향하여 신뢰, 협동, 그리고 도움의 발달을 앞

또 하나의 미래, 힐빙시대의 도래

지를 것에 대한 지속적인 효과에 관해 의심하면서 생긴다. 아이들이 자기 스스로에 대해 안전과 신뢰를 느끼며 발달하는 것은 불가능하다: 보울비는 이것은 자기 스스로를 돕고, 도움 받는 것에 가치가 있는 것과 같이 자기 자신의 대리 모델로 세우는 것에 어려움들이 생길 수도 있다고 보았다.(Bowlby, 1977).

보울비는 네 가지의 아동기, 청소년기와 성인기를 명시할 수 있는 애착 행동에 대해, 애착 불안, 강박적인 자기 의존, 강박적인 돌봄과 분리로 이상성격자의 형태를 묘사했다.(Bowlby, 1977).

불안한 애착으로 고통당하는 사람들은 그들의 애착표상을 상실하지 않을까 만성적으로 두려워한다. 그들은 종종 너무나 의존하거나 미숙하고, 그들은 신경증의 증상 예컨대 스트레스 하의 우울증 또는 공포증에 아마 십중팔구 걸릴 확률이 높다. 이런 사람들은 어린 아이 때에 자살을 저지르거나 다른 배우자를 죽이거나 가족을 버리기도 한다. 이러한 아이들을 사랑하지 않는 부모에 의한 끊임없는 협박, 양육의 빈번한 단절로써 아이들은 사랑과 돌봄의 필요에 대한 거절, 끊임없이 비동정적임을 포함하는 병리적인 양육의 여러 패턴들 중에서 적어도 한 조건은 접하게 되는 사람들이 된다.

엄마가 아이를 그녀 자신을 위한 애착 표상으로 양육하는 것이 정상 애착관계의 왜곡된 특별한 형태를 가지기도 한다. 이런 것은 타인에 대한 떳떳하지 못한 책임감으로 조숙한 감각을 조장하여 전달되어지는 경향이 있기 때문에 아이들은 너무나 양심적이고 죄책감에 지배된 사람들이 된다. 또한 불안한 애착의 감각으로 고통당하는 경향이 있다.

보울비는 학교 공포증과 광장공포증의 대부분의 경우가 이런 상황에서 발달된다고 말한다. 부모의 행동에 의해 아이에게 야기된 분노는 직접 표현되어지지 않고 부분적으로 억압되어지는 경향이 있다. 이러한 분노는 후에 더 약한 자들의 모습으로 바꾸어 놓게 되고, 그리고 사랑에 대한 열망과 그것을 숨기는 그 자체가 - "돌봄을 이끌어 내는 행동은 비정상의 어떤 요구 형태를 가지고 있다. 예를 들면, 거짓 자살 시도, 전환증상, 식욕부진, 또는 우울증"- 을 분명하게 할지도 모른다. 강박적으로 자신을 믿는 사람들은 아이 때 불안한 애착이 있었던 사람들과-분명한 유사 경험을 가진다.

그들은 모든 환경 아래에서 그들 자신을 돌보았다. 그들의 분노는 역시 더 약한 사람으로 바꾸어 놓게 되고, 그리고 그들은 정신 신체의 증상 또는 우울증으로 스트레스에 반응하는 경향으로 나타난다. 강박적으로 돌봄을 주는 것은 관계가 가까울지도 모르지만 그러나 애착적인 결합은 항상 불안한 쪽으로 치우친다.

강박적으로 자신을 믿는 사람, 강박적으로 돌봄을 주는 사람은 어떤 사람으로부터 어떤 것도 얻어낼 수 없다. 끊임없이 그들의 주의와 염려가 불안으로 나타난다. 그들이 전형적으로 무능력한 엄마와 때때로 본인 보다 더 어린 형제들을 돌보았거나, 그리고 위탁기관에서 성장했을 지도 모른다. 그들은 사랑에 대한 깊은 기저 열망과 좌절에 대한 분노를 숨긴다. 그들은 불안하게 애착되었거나 또는 강박적으로 자신을 믿는 사람들이다. 마찬가지로 이러한 감정들을 표현하는 사람들은 불안과 죄책감이 깔려있다.

보울비는 강박적으로 돌봄을 주는 사람은 위니컷에 의해 설명된 거짓 자기 인격 형태와 같다고 한다. 이러한 사람들을 위한 개인치료는 부인하였던 감정들을 찾아내는 것이다. 다른 사람과 안정적인 정서적 일체를 발전시키기가 불가능한, 정서적으로 분리된 사람은 보통 정신병적이고 히스테릭한 인격으로 나타난다. 이런 사람의 어린 시절의 경험은 부모로부터 거절의 경험이 많음은 물론 모성상실이 지속되었을 것이다.

보울비는 성인이 되어서 나타나는 병리학적인 태도와 관계성에 대한 하나의 설명으로서, 원시적이고 본능적인 환상의 지속에 대한 전통적 심리분석의 중요성을 거부한다. 대신에, 그는 이론과 실제에 있어서 의식이 고정된 무의식의 표상의 결과로, 그리고 아동기의 실제적인 적대적 경험으로부터 도출된 가까운 양육환경의 인물들의 결과로서 이해한다. 이러한 점에 있어서, 자기심리학의 관점은 본질적으로 같다.

보울비의 치유적인 노력을 소개하는 중심원리는 분명히 그의 접촉이론의 선언으로부터 따라 나온다. 그것으로부터 환자가 자신을 탐구하고 또한 그가 이미 애정적인 일체를 이루었거나 또는 앞으로 이룰 모든 사람들과의 관계를 탐구할 수 있는 안정적인 감정이입이 가능하다고 본다. 그러나 보울비가 환자들로부터 듣는 방식과 많은 자기심리학자들이 환자로부터 듣는 방식에 있어서 중요한 차이의 뉘앙스가 존재한다. 보울비는 심리치료사를 포함한 환자의 현재 중요한 인물의 인지와 반응에 영향을 주는 초기 아동시기와 그 이후에 있어서의 환자의 일생에 일어난 사건들을 탐구하는 데에 특별하게 주의를 기울인다.

그는 특히 환자의 인생을 통하여 환자를 향한 부모의 '실재적' 행동과 그것에 대한 환자의 반응에 특별한 관심을 가진다. 그의 연구가 대상과 애착관계 효과의 심각함에 관해 정보를 제공해 주기 때문에, 그는 환자와 함께 분리를 겪고 있는 환자에게 끼친 영향을 관찰하고 이해한다. 그 충격의 근원을 추적하는 데에 총력을 기울인다. 코헛이 이러한 '실재들' 즉 돌보는 자의 인격과 아이에 대한 그들의 부적절한 반응과 또한 중요한 관련 사건들에 대한 환자의 경험에 끼치는 병리학적인 효과를 명시적으로 인식하는 반면에, 자기심리학자들은 최근 들어서 이러한 것들을 경시하는 경향을 보이고 있다. 그들은 실제적으로 중재자가 될 가능성이 있는 자신들이 조언을 하는 일을 조심스럽게 피하고, 그들의 환자들에게 그들 경험의 개인적 의미에 대한 지속적인 감정 이입적 호기심들을 통하여 더 배우기를 원한다고 환자들에게 지적한다. 그 두 접근방식 사이의 차이는 모든 심리 치료자들이 앞으로 해결해나가야 할 중대한 이슈들을 강조해 준다.

보울비의 입장에서는, 중요한 '객관적인' 실제의 유일한 판단자로서 자신이 환자와 결탁하는 일, 그리고 특별한 사건의 중요성을 강조하고 환자를 위하여 무엇이든지 '사건들'의 중요성을 축소하는 일들은 하나의 가능한 암초들로서 심리학적인 의미가 있다. 자기심리학자의 입장에서는 환자에 의하여 심리학적 의미가 부인되는 어떠한 사건들의 중요성을 상실하는 일 혹은 환자로 하여금 "주관적인 의미를 추구하는" 심리치료자에 의해서 무효화가 되는 듯한 느낌을 갖도록 두는 일이 역설적으로 환자가 믿지 않는 것으로서의 경험이 될 수 있다.

자료수집에 더 유용한 유형으로서 강조된 것에는 차이가 있다. 보울비가 환자와 다른 사람들 모두로부터 정확한 정보를 수집하는데 특별한 무게를 두는 한편, 자기심리학자들은 코헛이 또한 '대리적 자기반성'이라고 부른 감정이입을 통하여 인식되는 본질적 관련성을 강조한다. 이와 같이 정보는 치료자의 감정이입활동을 통해 얻어지며 외부자료를 통해 얻어지는데 정보는 치료하는데 있어서 유용한 수단이 될 수도 있다. 애착을 형성하는데 있어 방해가 되는 여러 결과들을 추측하는 것이 역동적으로 환자와 의견을 나눌 수 있는 화두가 될 수도 있다.

보울비는 강조했다. 이러한 방해물들(부모의 유기 우려, 자살의 우려를 포함해서, 사랑과 돌봄의 욕구에 대한 거절, 질병, 분리, 상실과 같은)은 본래 알려진 것 보다 더 비근한 것들이다. 그리고 아이들은 그들의 부모에 의해 그것을 기억하지 못하도록 조장되어졌다. 보울비는 그것이 치료법으로 부모를 원조하는데 유용한 가치가 있다고 했다. 부모들이 그 이전에는 자각할 수 없도록 방어적으로 배척되어 생각할 수 없는 것으로 여겨졌던 것을 생각하게 한다.

자기심리학자들은 분석정보들이 치료과정을 돕는 적절함을 인정하는데 있어서 의문점을 가지고 있다. 그럼에도 불구하고 그것은 병리학적 이론들을 정립하는데 도움을 줄 수 있다는 것을 서로 인정한다. 이와 같이 자기심리학자들은 존 보울비에 의해 인용되어진 모든 방해물들을 중요한 의미로 간주한 반면 그들의 감정적 충격을 예단하지 않았다. 환자에게 있어서 가능한 한 중요한 의미가 있는 것을 활발히 제안하는 것은 피하곤 했다. 그들은 임상에서 발견하는 중요성을 강조하였고 전이인지 아닌지 관계없이 진실이라는 사실을 반영하는 의미를 경험하게 하고, 초기 방해물이 반영되어진 경험의 전이를 통해 이를 접근하여 반영했다.

이것은 임상상황에서 일어나는 환자의 감정적 경험과 연관된 것을 발견하는 치료의 중요성을 강조하는 경향을 말한다. 존 보울비는 정확한 정보를 추구하고 적극적으로 사용하는데 중점을 두었다. 체계적 연구에 의한 중요성은, 정의 내려진 먼 경험의 정보가 더 가치가 강조되는 문제로 보여 졌다. 추가적으로 가까운 경험에 대한 정보의 가치도 인정했다.

사실 보울비는 환자의 관점을 수용하는 것은 반드시 정신분석가에게 제공 되어지는 어떤 이론보다도 궁극적으로 애착관계가 우선되어야 한다는 확고한 입장을 가졌다. 보울비는 개념적 구조의 틀과 자기심리학자들의 개념적 구조의 틀은 치료자들에 의해 소개되어진 것과 환자의 신념을 부정하는 시도가 될 수 있으므로 치료적 가치가 없는 어떤 원리들을 고집할 수 있다고 지적한다. 가장 중요한 치료책은 타인과의 관계에서 가지는 그들의 욕구불만의 감정, 특히 치료자와 관련되어진 환자의 감정적 욕구가 우러 나오는 공감이 있어야 된다고 본다.

보울비는 감정적으로 분리된 아동과 코헛에 의해 기술된 '자기애적' 성격을 비

또 하나의 미래, 힐빙시대의 도래

교했으며, 이것(감정적으로 분리된 아동)을 그는 위니캇에 의해 기술된 '거짓-자기' 성격과 동일한 것으로 생각했다. 사실상, 애착 행위와 그것과 관련된 감정들이 활동할 때 고통스런 거절에 대한 경험의 반복에 대항하는 것이다. 이 방어적인 배제에 영향을 주는 애착 행위를 초래하는 체계들은 분리 경험의 결과로서 생겨난다. 이러한 서술은 자기애의 성격 장애에 어떤 관점들의 원인이 된 코헛의 수직 분열과 비슷하고, 정신분열 장애의 어떤 관점들의 원인이 된 건트립의 보호적 행동들과 비슷하다. 그러나 자기심리학자들은, 보울비가 "억제를 설명하는 다른 방법"으로 감정의 거부를 설명하는 다른 방법으로 보았다. 보울비의 지식들은 그의 치료상의 원리들과 다른 사람들의 분석적 골격(특별히 마가렛 말러)사이에 중요하게 겹쳐 있지만, 그는 그가 자신의 특징으로 간주한 강조와 적응의 차이를 주의하여 묘사했다.

첫째로, 대부분의 이론가들과는 대조적으로 그는 애착의 표현이 정상적이며 특별히 스트레스 상황아래 있는 성인들의 삶에서 필요하다고 간주했다. 따라서 그는 의존에 대한 퇴행을 말하지 않고, "당신 자신의 부분인 아동" 또는 "사랑과 양육을 필요로 하는 당신의 아기"로 언급했다. 치료에 반하는 이와 같은 접근은, 환자에 의해 해석된 경향으로서뿐 아니라 "사랑 받고 돌봄을 받고자 하는 자연적인 욕망을 부인하고자 노력했던, 환자 삶의 초기 불행한 경험 때문이다." 치료적인 작업을 하는 사람들은 자기 심리학에 의해 정보를 얻는다. 이 견해와 아이들에게 이행은 부모들의 태도에 대해 완전하게 알고 있어야 할 것이다.

둘째로, 보울비는 돌봄을 위한 지나친 요구, 죄책감의 동기, 자살의 위협과 같은 자멸적 방식과 기술들은 환자들이 그의 현재 환경(가족, 친구들, 또는 치료사)의 압력아래, 의식적으로 또는 무의식적으로 모방하였던 아동시절 부모로부터 학습된 행위로 구성될지도 모른다고 고려했다. 정신분석 치료에 대한 학습이론의 이 적용은 정통적 정신분석이 설명하도록 했던 자기학대의 개념과는 날카롭게 대조된다.

자기심리학자들은 이 행위들을, 어떤 효과를 위해 정상적인 방법으로 환자들이 주장하는 것에 대하여 환자의 무력감으로서 이해하려는 경향이 있다. 보울비와 모순되는 것으로서 간주할 수 없다. 그러나 오랫동안 절망과 무력감의 근원 즉 그가 또한 특징적인 치료상의 방향으로 간주한 것에 대한 보울비의 설명은, 이 영향들의 기원에 대한 자기 심리학적 이해와 아주 비슷하다고 본다. 보울비는 환자의 취약성을 "그에게 더 많은 시간, 애정, 그리고 이해를 준 부모님들이 영향을 끼치는 것"에 대해서는 유아기와 아동기의 거절과 처벌의 반복적인 경험으로부터 끌어낸 절망과 무력감이 오랫동안 가라앉은 것이라고 이해했다.

애착과 애착행동은 다르다.

1) 보울비는 최근 애착과 애착행동 사이를 좀 더 명확하게 구별함으로 애착이론을 단순히 행동주의 이론으로 단언한 몇몇 임상 의사들에 의해 얻어진 인상을 바로잡는 것을 시도했다. 그는 특별한 사람과의 접촉과 근접을 구하는 것과 특별한 상황아래서 그런 행동을 하는 경향으로서 애착을 정의한다.

2) 보울비는 엄마와 유아 사이에서 구강본능이 그의 정신분석 동기들이 했던 것만큼 중요한 역할이라고 느낀다.

3) 보울비는 애착결합(attachment bond)이 아이가 매우 드물게 제한적인 애착으로 접근했다고 본다. 그는 또한 자신이 애착관계를 형성할 사람과 자신이 애착행동을 보여줄 사람사이를 구별할 수 없는 심각한 혼란의 애착관계가 있다고 단언한다.

심리적으로 병든 아이들에게 깊이 접근

보울비의 애착이론은 20세기 후반부터
아동의 사회정서 발달 연구 분야에
큰 영향을 미쳤다.

또 하나의 미래, 힐빙시대의 도래

그는 정신분석학자로서 훈련을 받았던 만큼, 어렸을 때 애착관계의 초기 경험의 중요성을 강조하였고 비록, 그러한 초기 경험이 후기 발달의 모든 것을 결정하지는 않으나 후기 발달의 가능성을 제한 할 수 있다는 점을 시사하고 있다. 애인스워스가 개발한 하나의 실험은 보울비의 이론에 근거하여 실제로 영아와 어머니간의 애착을 측정해 볼 수 있도록 했기에 애착 관련 연구에 커다란 업적을 남긴 것이다. 자기심리학의 초석을 다질 큰 방향을 제시하였기에 애착관계를 통해 심리적으로 병든 아이의 문제를 깊이 있게 접근하게 되었다.

생명은 얼마나 아름다운가?
조각조각 마음의 안개는 그 안의 아름다움을 담기에 충분하니
탐하고 원망하는 어리석음으로 이를 더럽힐 필요가 있을까?
이런 옛말이 있다.
"하늘의 뜻을 아는 사람은 하늘을 원망하지 않고, 자신을 아는 사람은 남을 원망하지 않는다."
자신을 알고 원망하지 않기란 얼마나 어려운 일인가!

(도덕경)

주의회복이론 : 자연환경의 심리적 혜택

이승훈

▶ 중앙대학교 심리학과 학사, 석·박새(임상심리학 전공)
중앙대학교 심리학과 강사

주요 연구 분야 : 옥상정원, 녹시율 등 urban nature의 심리적 효과에 관한 연구

또 하나의 미래, 힐빙시대의 도래

Kaplan & Kaplan의 주의회복이론
(Attention Restoration Theory; ART)
(Kaplan & Kaplan, 1989; Kaplan, 1995)은
자연환경의 여러 혜택을 설명해 주는
대표적인 이론 중 하나다.

주의회복이론은 환경, 생태, 조경, 건축, 산림, 심리 등 자연환경의 효과에 대해 관심 있는 사람들이라면 한 번쯤 접하게 되는 이론이다. 필자 역시 이 이론에 근거하여 경험적 연구 논문 몇 편을 출판한 사람으로서, 이번 기회에 주의회복이론에 대한 전반적인 소개 및 정리를 해보고자 한다. 나아가 이 이론을 통해 Kaplan & Kaplan이 궁극적으로 추구하고자 하는 것이 무엇인지를 짚어 보고, 이 이론이 힐링에서 어떤 의의를 갖는지를 소개할 것이다.

Rachel Kaplan과 Stephen Kaplan

Rachel Kaplan과 Stephen Kaplan은
인지에 기반하여 자연환경의 회복 효과를 논한
대표적인 학자들이다.

두 사람 모두 University of Michigan에 재직하고 있고 Rachel Kaplan은 자연자원환경학부 교수, Stephen Kaplan은 심리학과 교수이다. Kaplan & Kaplan은 주변 환경이 중요한 정보원으로서의 역할을 하고, 인간은 적극적으로 정보를 탐색하는 존재라고 봄으로써 다분히 인지적인 요소를 강조하고 있다. 즉, 주위 환경이 자신의 목적과 부합되는지를 의식적, 인지적으로 정교하게 판단하여 그 결과에 따라 특정 환경이 회복효과가 있는지 혹은 스트레스를 야기하는지를 평가한다고 보는 것이다. 특히 이들은 Outdoor Challenge Program이라는 원생지(wilderness) 여행 프로그램을 통해서 주의회복이론의 핵심개념인 회복환경의 4요인을 제안하게 되었다. 여기서 원생지는 자연적 구성요소가 지배적으로 등장하고 문명적 요소가 상대적으로 결여되어 있는 환

경, 즉 사람의 손길이 가지 않은 자연환경(untouched nature)을 말한다. 이 프로그램에 2주 동안 참여한 사람들이 기분 및 감정을 비롯하여 주목할 만한 여러 가지 심리적 혜택을 보고하였고, 그 원인을 찾는 과정에서 회복환경의 4요인을 제안하게 된 것이다.

주의회복이론

Rachel Kaplan과 Stephen Kaplan이
1989년에 쓴 「The Experience of Nature :
A Psychological Perspective」

라는 책은 인간이 자연환경에 대해 갖는 선호, 자연으로부터 받는 혜택 및 만족 등을 심리학적 관점에서 저술하고 있는 책이다. 특히 이 책에서는 주의회복이론과, 주의회복이론의 핵심 개념인 회복환경에 대해 한 장(章)을 할애하여 자세히 다루고 있다. Stephen Kaplan이 1995년 「Journal of Environmental Psychology」에 기고한 "The restorative benefits of nature: Toward an integrative framework"라는 논문은 주의회복이론과 회복환경에 대해 다시 한 번 일목요연하게 정리한 논문이다. 이 두 문헌은 주의회복이론에 입각한 연구 논문이나 저서를 쓰고자 할 때 학자들이 반드시 한 번씩은 인용하고 넘어가는, 바이블과도 같은 문헌이라 할 수 있다. 이들 문헌을 참고하여 주의회복이론의 내용을 대략적으로 개관해보고자 한다.

Kaplan & Kaplan이 주의회복이론을 창안해낸 데에는 William James(1842~1910)의 명저 「Principles of Psychology」(1890)의 영향이 컸다. James는 이 책에서 선택적 주의(selective attention)를 수의적(隨意的) 주의(voluntary attention)와 불수의적(不隨意的) 주의(involuntary attention)로 나누었다. 주의회복이론은 바로 이 두 가지 주의에 입각한 이론이다. 우선 Kaplan & Kaplan은 수의적 주의를 '지향적 주의(directed attention)'라는 용어로 새롭게 다듬었는데, 이 주의는 경쟁자극이나 분산자극을 억제하면서 특

또 하나의 미래, 힐빙시대의 도래

정 정보에 주의를 집중하기 위한 정신적 노력(mental effort)을 많이 기울여야 하는 주의 방식이다. 지향적 주의는 일상생활에서 효과적으로 기능하는 데 필수적이다. 우리는 일상생활에서 수많은 자극들에 직면한다. 소음과 같이 물리적 환경에서 비롯된 자극에서부터 타인이 나의 생활에 직간접적으로 끼어들면서 생기는 방해요소, 그리고 내적으로 발생하는 각종 근심이나 걱정 등이 모두 경쟁자극이나 분산자극이 될 수 있다. 이 정보들을 모두 다 처리하려다 보면 정작 본인이 처리하고자 하는 정보에 집중할 수 없기 때문에 이들 자극을 억제하기 위한 정신적 노력을 쏟아야 하는 것이다.

이처럼 지향적 주의는 불필요한 자극을 억제하고 필요한 자극에는 집중하는 두 가지 작업을 동시에 해야 하기 때문에 인간의 주의 용량에 상당한 부담을 준다. 그리고 인간의 주의용량은 무한하지 않고 고갈될 수 있다. 따라서 지향적 주의를 장기간 많이 하게 될 경우 지향적 주의의 용량이 줄어들게 되며, 이 상태를 주의피로(attentional fatigue)라고 부른다. 주의피로가 발생하면 일상생활에서 효과적으로 기능하지 못하게 될 것이다. 즉 주의분산, 과제수행 능력 저하, 문제해결 능력 저하, 성급함, 충동성, 짜증, 흥분, 부정적 정서, 실수 및 사고가능성 증가, 불필요하게 위험을 감수하려는 경향 등을 겪게 되는 것이다. 이런 현상들은 우리가 일상에서 겪는 '스트레스'와도 결부된다. 주의회복이론의 관점에서 스트레스를 정의하자면, 평소 지향적 주의를 너무 많이 함으로써 만성적 주의피로 상태가 된 것이 스트레스로 나타난다고 볼 여지도 있는 것이다.

이러한 만성적인 주의피로에서 회복되려면 어떻게 해야 할까? 그 열쇠는 William James가 밝힌 또 하나의 선택적 주의인 불수의적 주의에서 찾을 수 있다. 앞서 수의적 주의(지향적 주의)가 정신적 노력을 많이 기울여야 하는 주의 방식이라고 말한 바 있는데, 불수의적 주의는 정신적 노력을 별로 필요로 하지 않는 주의 형태이다. 따라서 불수의적 주의는 지향적 주의를 일시적으로 불필요하게 만드는 대안적 주의방식이므로 이를 활용한다면 지향적 주의를 쉽게 할 수 있으며, 그만큼 지향적 주의 능력이 회복될 것이다. 주의회복이론에서는 이러한 회복을 가능하게 해주는 환경을 '회복환경(restorative environment)'이라 부르며, 이는 주의회복이론에서 가장 핵심적인 개념이다. 즉, 회복환경은 불수의적 주의와 밀접한 관련을 갖고 있으며, 불수의적 주의를 활용하여 소진된 지향적 주의 능력을 회복시켜주는 환경인 것이다.

주의회복이론으로 본 도시환경과 자연환경

특히 지향적 주의의 용량을 회복시켜주는 불수의적 주의에서 두 환경이 어떻게 차이가 나는지를 살펴보자. 주변 환경과 상호작용하는 과정에서 매혹적(fascinating) 요소가 발견될 때 이것이 불수의적 주의의 원천이 될 수 있다. 즉, 특정 환경이 매혹적인 요소를 많이 갖추고 있을 경우 별다른 정신적 노력을 기울이지 않아도 자연스럽게 시선이 가게 되고(불수의적 주의), 따라서 지향적 주의를 많이 필요로 하지 않기 때문에 그 환경을 보는 동안 지향적 주의를 회복시킬 수 있게 된다는 것이다. 바로 이 지점에서 도시환경과 자연환경 간의 차이가 나타난다.

도시환경은 저절로 시선이 가는 '매혹적'인 풍경과는 거리가 먼 경우가 많다. 도시인들은 각종 스트레스원에 노출된 상태로 살고 있다. 특히 '배경스트레스원(ambient stressors)'은 소음, 혼잡, 대기오염, 시각공해 등과 같이 물리적 환경에서 비롯된 스트레스원으로, 도시환경 속에서 일상적, 반복적, 지속적으로 마주치게 되는 환경자극들이다. 이들 스트레스원은 한 번에 하나씩 인간에게 영향을 미치기 보다는, 여러 가지가 동시에 작용하는 경우가 많다. 결국 도시인은 쏟아져 들어오는 수많은 경쟁자극들 중에서 필요한 자극만 선별하여 정보처리를 해야 하는 처지다. 이 점을 감안할 때 도시인들은 만성적인 주의피로 상태이며, 도시환경은 지향적 주의 용량을 만성적으로 소진시키는 대표적 환경이라고 할 수 있다. 반면 숲과 같은 자연환경을 볼 때는 정신적 노력을 많이 기울일 필요 없이 자신도 모르게 저절로 눈이 가게 된다. 그 이유는 바로 자연환경이 "매혹적"이기 때문이다. 따라서 자연환경을 볼 때는 지향적 주의를 그다지 필요로 하지 않으며, 이 때문에 이전에 소모된 지향적 주의를 회복할 수 있게 되는 것이다.

또 하나의 미래, 힐빙시대의 도래

앞서 도시환경이 매혹적인 것과는 거리가 멀다고 언급하였는데, 도시에도 매혹적인 요소가 많다고 반론을 제기하는 사람도 있을 것이다. 실제로 도시 생활은 짜릿한 자극들로 넘쳐난다. 컴퓨터나 TV를 통해서 폭력을 비롯한 자극적인 장면들을 얼마든지 볼 수 있다. 스마트폰을 비롯한 각종 디지털 통신기기가 도시인의 손에서 떠날 줄을 모른다. 또한 도시에는 오락적 요소들이 풍부하여 백화점, 쇼핑몰, 영화관, 놀이공원 등에서 무료함을 쉽게 달랠 수 있다. 이처럼 도시환경도 시선을 자동적으로 잡아끄는 매력을 얼마든지 가지고 있다. 그러나 시선을 사로잡는다고 해서 모두 지향적 주의를 회복시킬 수 있는 것은 아니다. 도시환경의 매력물은 너무 강력해서(경성 매력물 hard fascination) 동시에 다른 것을 생각하지 못하게 하는 경우가 많다. 이것은 지향적 주의 회복을 오히려 방해한다. 인간을 편안하게 해주고 치유의 경험으로 이끌기에는 어딘가 부족한 것이다. 바로 이 지점에서 또 한 번 도시환경과 자연환경 간의 차이가 나타난다. 자연환경의 매혹적인 여러 구성요소들은 극적이지 않은 방식으로 부드럽게 주의를 끈다(연성 매력물 soft fascination). 숲을 비롯한 자연환경 속에서 명상이나 사색을 쉽게 할 수 있는 것도 바로 이런 이유 때문이다.

정리하자면 도시환경은 자연환경에 비해 매혹적인 요소가 상대적으로 적고, 설령 있다 하더라도 그 매혹적 요소가 지나치게 강렬하기 때문에(경성 매력물 hard fascination) 지향적 주의 용량을 회복시켜주기에는 충분치 않다. 반면 자연환경은 인간에게 미학적으로 즐거움을 주는 자극을 포함함으로써 매혹적이면서도 부드러운(연성 매력물 soft fascination) 환경이다. 따라서 주의회복이론의 가장 핵심적인 개념인 "회복환경"과 가장 가까운 환경은 자연환경이라고 결론 내릴 수 있겠다. 즉, 자연환경 속에 있으면서 피로와 스트레스가 해소되는 듯한 느낌을 받는 이유는 자연환경이 회복환경적 요소를 많이 갖고 있기 때문이라는 것이다. 도시적 요소가 우세한 환경보다 자연적 요소가 우세한 환경에서 회복환경적 특성이 더 많이 나타나며 주의회복도 더 잘 될 수 있다는 점이 여러 연구들을 통해 입증되었다. 그 한 예로, 이승훈(2011)의 연구에서는 대학생 참가자들에게 도시, 옥상정원, 숲 경관사진들을 보여준 결과, 회복환경 및 주의회복 점수가 도시 〈 옥상정원 〈 숲의 순서로 나타난 바 있다.

회복환경이 갖추어야 할 요소들

이상의 내용을 통해서 볼 때 회복환경이
지향적 주의를 회복시키는 역할을 하는 데는
"매혹감"이라는 요소가 매우 중심적인
역할을 하고 있음을 알 수 있다.

특정 환경이 회복환경이 되기 위해서는 매혹감을 비롯하여 몇 가지 요건들을 더 충족시켜야 하는데, 이 구성요소들에 대하여 설명한다.

Being Away [벗어남; 심리적 탈피]

회복효과가 있으려면 평상시의 생활환경에서 벗어난, 뭔가 다른 환경이어야 한다. 구체적으로 말하자면, 주변에 원치 않는 산만한 요소들이 있을 때 여기에서 도피할 수 있는 곳, 일상적인 일(혹은 일상적인 일을 연상시키는 것)로부터 거리를 둘 수 있는 곳, 목적달성을 잠시 미룰 수 있는 곳을 말한다. 그러나 이 요인이 반드시 물리적 거리가 멀리 떨어진 곳만을 의미하는 것은 아니라는 점에 주의할 필요가 있다. 가까운 곳이라 하더라도, 피로를 유발하는 자신의 평소 생활환경에서 심리적으로 벗어났다는 느낌이 드는 것(psychologically being away)이 더 중요하다고 할 수 있다. 이에 따라 도시에서 멀리 떨어져 있는 산이나 숲뿐만 아니라, 옥상정원과 같이 도시 생활 속에서 쉽게 접근할 수 있는 도시 내 자연(urban nature)도 회복환경이 될 수가 있는 것이다.

Extent [넓이감; 공간 확보]

회복환경이 되려면 보는 이의 마음을 끌고 탐색을 촉진시킬 수 있을 만큼 풍부하고 조리 있어야 한다. 이 요인은 다시 두 가지 구성요소로 나눌 수 있다.

또 하나의 미래, 힐빙시대의 도래

Coherence [짜임새; 응집성]

첫째, 주위를 둘러보면 곧바로 볼 수 있는 환경 내의 여러 요소들이 상호 밀접하게 연관되어 있어서(coherence, connectedness, 혹은 interrelatedness) 하나의 완성된 전체를 이루어야 한다. 환경 내의 여러 구성 요소들이 '짜임새' 있게 구성되어야 한다는 것이다. 이를 통해 마음 속에 자신이 처해 있는 공간을 정신적으로 표상할 수 있어야 한다. 이 요인은 특정 환경이 얼마나 조리가 있는가, 또는 얼마나 응집성 있게 구성되었는가를 의미하는 요인이다.

Scope [규모; 넓이감]

둘째, 정신적 표상활동과 탐색활동을 할 수 있을 만큼 충분한 규모여야 한다. 물론 도시에서 멀리 떨어진 자연환경은 큰 규모라는 조건을 쉽게 충족시킬 수 있다. 그러나 앞서 '벗어남'이 반드시 물리적 거리를 의미하는 것은 아니라고 했던 것처럼, 여기서의 '규모'도 반드시 물리적으로 규모가 큰 것만을 의미하지는 않는다. 도시 내의 그다지 크지 않은 자연환경이라도 이 조건을 달성할 수 있다는 것이다. 작은 공간도 넓은 것처럼 보이게 하는 좋은 예로 일본의 정원을 꼽을 수 있다. 비록 공간은 넓지 않지만 좀 더 공간을 탐색해보면 새로운 정보를 더 얻을 수 있으리라는 단서(예, 구부러진 길)가 존재하기 때문에 그 속에서 공간을 탐색해보고자 하는 욕구를 충분히 충족시켜준다. 결국 여기서 말하는 "규모"라는 것은 주위를 둘러보면 곧바로 볼 수 있는 환경은 말할 것도 없거니와, 곧바로 눈에 보이지는 않아도 상상할 수 있는 환경까지 모두 포괄한다고 하겠다. 이 때문에 좁은 공간 속에서도 "하나의 작은 전체"를 이룰 수 있는 것이다.

Fascination [매혹감]

이 요인은 앞서 충분히 설명하였다. 별다른 주의노력을 기울이지 않고도 자연히 시선이 가고 환경을 이해할 수 있을 만큼 매혹적이어야 한다. 회복환경이 될 수 있으려면 인간에게 미학적으로 즐거움을 주는 자극을 포함함으로써 매혹적이면서도 부드러운 환경이 되어야 한다. 따라서 회복환경의 요소들 중 매혹감은 사실상 연성 매력물(soft fascination)을 지칭하는 것이라고 보아도 무방할 것이다.

　　이 요인은 개인이 하고자 하는 활동, 이 활동을 지원해줄 수 있는 환경 내의 정보, 환경이 개인에게 부과하는 요구가 서로 조화를 이루어야 함을 뜻한다. 따라서 환경이 부과하는 요구와 개인이 하고자 하는 활동이 맞아 떨어지고, 환경이 개인의 활동에 필요한 정보를 제공해준다면 적합성은 달성되는 것이다. 인간은 사냥, 낚시, 하이킹, 정원 가꾸기, 동물 구경 등의 목적을 달성하고자 할 때 도시환경보다는 자연환경을 찾으려고 한다. 이는 자연환경에 있을 때 이런 목적을 달성하기가 더 쉬울 것으로 예상하기 때문이기도 하다. 심지어는 이런 활동을 할 의도가 없었던 사람조차 자연환경에 있으면 자연이 요구하는 방향대로 행동하는 경향을 보인다. 조용히 사색하고자 하는 목적을 가진 사람이 도시의 시끄러운 소음 때문에 사색에 방해를 받는다면, 이 사람이 처한 환경은 적합성이 떨어진다고 할 수 있다. 한 마디로 말해서 '적합성'은 개인이 하고자 하는 일과 환경이 요구 및 지원하는 것이 일치하는 상황을 말하며, 자연환경은 그런 점에서 뛰어나다.

회복환경 관련 측정도구들

회복환경의 구성요소들을
물리적 혹은 객관적 구성요소로
오해해서는 안 된다.

　　같은 경관이라도 위의 요소들에 대해 지각하는 정도는 사람마다 주관적으로 다를 수 있다는 점이 중요하다. 아래에 소개하는 질문지들은 이렇게 개인마다 다른 회복환경 요소 지각에 대해 주관적으로 평정하고자 고안된 측정도구들이다.

한국판 회복환경지각척도
(the Korean Version of the Perceived Restorativeness Scale(PRS))

또 하나의 미래, 힐빙시대의 도래

Hartig, Kaiser, & Bowler(1997)가 개발하고 이승훈과 현명호(2003a)가 번안하였다. 한국판은 신뢰도가 매우 양호하게 나온 것(Cronbach's alpha = .91)이 장점이나, 원판과 요인구조가 다르게 추출된 것이 흠이라고 할 수 있다. 원판은 벗어남, 매혹감, 짜임새, 적합성의 4요인으로 구성되어 있으나, 한국판에서는 요인구조 탐색 결과 매혹감(fascination: 매력적인가), 휴식(repose: 쉴 수 있을 만한 곳인가), 짜임새(coherence: 질서정연하고 조리가 있는가), 이해용이성(legibility: 이해하기 쉬운가)의 4요인으로 나왔다. 원판도 넓이감(extent) 요인을 추출해내고자 했으나 최종으로 확정된 요인은 넓이감의 일부분인 짜임새만이 추출되는 등 요인구조가 다소 불안정한 모습을 보였다. 향후 요인구조에 대한 추가 연구를 실시하여 이 부분을 정리할 필요가 있어 보인다. 총 26문항으로 구성된 7점 Likert (1 = 전혀 그렇지 않다; 7 = 매우 그렇다) 척도로, 26문항의 점수를 모두 합산한 점수를 해당 환경에서의 회복환경 점수로 삼는다. 〈표 1〉에 한국판 회복환경지각척도 문항이 나와 있다.

회복환경지각척도 단축판
(the Short Version of the Perceived Restorativeness Scale(PRS))

Hartig, Kaiser, & Bowler(1997)가 만든 회복환경지각척도에 대한 단축판에 해당한다. Berto(2005)가 회복환경의 요인인 벗어남(being away), 매혹감(fascination), 짜임새(coherence), 넓이감(scope), 적합성(compatibility) 각각에 대해서 1문항씩 총 5문항으로 구성된 단축판을 만들었다. 각 문항마다 11점 척도(0 = 전혀 그렇지 않다; 10 = 매우 그렇다) 상에 체크를 하게 하며, 다섯 문항의 점수를 합산하여 해당 경관에 대한 회복환경 점수를 산출한다. 〈표 2〉에 회복환경지각척도 단축판 문항이 나와 있다.

주의회복척도(Recovery Scale)

위의 두 측정도구는 회복환경의 구성요소들을 특정 환경이 어느 정도로 갖추고 있는지를 주관적으로 측정한 것이다. 반면 주의회복척도는 응답자가 특정 환경 속에 몸담거나 특정 환경을 볼 경우 주의 용량이 회복될 것으로 예상되는 정도를 주관적으로 측정한 것이다. Staats, Kieviet, & Hartig(2003)가 자연경관이나 도시경관 슬라이드를 참가자에게 보여주고 슬라이드 속 장면에 대한 주의회복의 가능성을 묻는 목적으로 사용했던 질문지를 번안하였다. 7문항으로 구성되어 있으며, 각 문항마다 7점 척도(1 = 전혀 그렇지 않다; 7 = 매우 그렇다) 상에 체크를 하게 한다. 일곱 문항의 점수를 합산하여 해당 경관에 대한 주의회복 점수를 산출한다. 〈표 3〉에 회복환경지각척도 단축판 문항이 나와 있다.

1. 이 곳에 있으면 고단한 현실에서 벗어날 수 있다. (Being Away)

2. 이 곳에서 시간을 보내면 지루한 일상에서 벗어날 수 있다. (Being Away)

3. 이 곳에 있으면 모든 것을 잊고 어디론가 떠난 기분이 든다. (Being Away)

4. 이 곳에 있으면 일하느라 지친 머리를 쉬게 할 수 있다. (Being Away)

5. 이 곳에 오면 보기 싫은 걸 안 봐도 된다. (Being Away)

6. 이 곳은 매혹적인 특성을 갖추고 있다. (Fascination)

7. 이 곳은 흥미로운 것들이 많아서 내 시선을 끈다. (Fascination)

8. 이 곳에 대해 더 잘 알고 싶다. (Fascination)

9. 이 곳은 탐색하고 발견할 것이 많다. (Fascination)

10. 이 곳에서 주위를 좀 더 둘러보고 싶다. (Fascination)

11. 이 곳은 지루하다. (역채점 문항) (Fascination)

12. 이 곳은 매혹적이다. (Fascination)

13. 이 곳엔 불만한 것이 없다. (역채점 문항) (Fascination)

14. 이 곳은 너무 번잡하다. (역채점 문항) (Coherence)

15. 이 곳은 혼란스럽다. (역채점 문항) (Coherence)

16. 이 곳은 매우 산만하다. (역채점 문항) (Coherence)

17. 이 곳은 무질서하다. (역채점 문항) (Coherence)

18. 이 곳에 있는 게 내 취향에 맞다. (Compatibility)

19. 이 곳에 있으면 하고 싶은 일을 할 수 있다. (Compatibility)

20. 이 곳에 내가 몸 담고 있는 것 같다. (Compatibility)

21. 이 곳에 있으면 즐거운 시간을 보낼 수 있다. (Compatibility)

22. 이 곳에 있으면 이 곳과 하나가 되는 것 같다. (Compatibility)

23. 이 곳엔 돌아다니는데 길잡이가 될 만한 것이 있다. (Compatibility)

또 하나의 미래, 힐빙시대의 도래

24. 머리 속에 이 곳의 지도를 쉽게 그릴 수 있을 것 같다. (Compatibility)

25. 이 곳은 길찾기가 쉽다. (Compatibility)

26. 이 곳은 알기 쉽게 짜여져 있다. (Compatibility)

〈 표 1 〉 한국판 회복환경지각척도 문항

주: Hartig, Kaiser, & Bowler(1997)의 문항을 저자가 번안하였음.

출처: 이승훈, 현명호 (2003a). 한국판 회복환경지각척도의 요인구조. 한국심리학회지: 건강, 8(2), 229-241.

1. 이곳은 피곤한 일상으로부터 벗어나 긴장을 풀면서 흥미로운 일들을 생각할 수 있는 곳이다. (Being Away)

2. 이곳은 매혹적이다. 즉, 충분히 넓어서 새로운 것을 발견하고 호기심을 가질만한 곳이다. (Fascination)

3. 이곳은 구성요소들이 잘 정돈되어 있다. (Coherence)

4. 이곳은 충분히 넓어서 제약 없이 돌아다닐 수 있다. 즉, 자체적으로 하나의 세계를 이루고 있다. (Scope)

5. 이곳은 방향을 찾고 돌아다니기가 쉬워서 내가 좋아하는 일을 할 수 있다. (Compatibility)

〈 표 2 〉 회복환경지각척도 단축판 문항

주: Berto(2005)의 문항을 저자가 번안하였음.

출처: 이승훈 (2011a). 심리적 지표 평가에 의한 도시와 옥상정원, 숲의 경관 비교. 서울도시연구, 12(3), 53-65.

1. 이곳에 있으면 마음이 차분히 가라앉을 것 같다.

2. 이곳에 있으면 에너지를 회복할 수 있을 것 같다.

3. 이곳에 있으면 나 자신을 다시 찾을 수 있을 것 같다.

4. 이곳에 있으면 모든 긴장이 풀릴 것 같다.

5. 이곳에 있으면 생각을 다시 정리할 수 있을 것 같다.

6. 이곳에 있으면 모든 것을 잊을 수 있을 것 같다.

7. 이곳에 있으면 집중력을 회복할 수 있을 것 같다.

〈 표 3 〉 주의회복척도 문항

일상 속의 자연환경을 지향한다.

현 인류가 오래 전 조상들이 살았던 환경과 똑같이 지금도 자연환경 속에서 살고 있다면 주의회복이론은 나오지 않았을 것이며,

나올 필요도 없었을 것이다. 주의회복이론에서 내세우는 회복의 원리와, 회복환경이 갖추어야 할 각종 구성요소들은 도시인들이 삭막한 도시환경을 떠나 자연환경에 갔을 때의 심리적 반응을 이론화한 것이라고 보아도 무방하다. 도시생활 속에서 만성적으로 지향적 주의 용량이 소진된 상태라고 전제를 하기 때문에 숲을 비롯한 자연환경에 갔을 경우 심리적 혜택을 누린다는 추론도 할 수 있게 되는 것이다. 이런 점에서 주의회복이론은 사실상 도시인과 도시환경을 전제로 한 이론이라고 해도 과언이 아니다.

앞서 말했듯이 Kaplan & Kaplan은 Outward Challenge Program과 같은 원생지 체험 프로그램을 통해 주의회복이론의 기초를 닦았다. 따라서 주의회복이론의 핵심 개념인 회복환경도 자연환경과 밀접한 관련을 가지고 있는 것은 틀림없다. 그러나 Kaplan & Kaplan이 말하는 "자연" 혹은 "자연환경"이 도시에서 멀리 떨어진 "순수한" 자연환경만을 지칭하는 것으로 생각한다면, 주의회복이론의 진정한 취지를 곡해하는 결과를 가져올 것이다. Kaplan & Kaplan은 자연(nature)의 범위에 대해 다음과 같이 진술한 바 있다(Kaplan & Kaplan, 1989, pp. 2-3):

또 하나의 미래, 힐빙시대의 도래

여기서 논하는 자연은 먼 거리에 있고 광활하고 인간의 손길
이 거의 닿지 않은 곳에만 한정되지는 않는다… [중략] 공원,
오픈 스페이스(open space), 초원, 버려진 벌판, 가로수, 정
원도 자연에 해당된다… [중략] 자연에는 식물 및 다양한 형
태의 식생이 포함되며, 식물이 있는 세팅, 경관, 장소 등도
포함된다. 따라서 어떤 공간 내에 식물이 존재하거나 식물을
배치하는 것, 식물과 다른 구성요소를 함께 배치하는 것도
모두 자연에 대한 우리의 논의 범위에 들어가는 것이다…

이상의 진술에 Kaplan & Kaplan이 중요시하는 핵심 가치가 담겨 있다. 그들
은 자연을 거창하게 생각하지 않고 다양한 세팅에 적용 가능한 개념이라고 여
긴다. 자연이 주는 주의회복효과는 멀리 산으로 가면 만날 수 있는 숲은 말할
것도 없거니와, 업무를 보다 잠시 올라가 즐기는 옥상정원을 통해서도 누릴 수
있다. 뿐만 아니라 책상 위에 놓여 있는 작은 화분을 통해서도 가능하며, 심지
어는 도로를 걸으며 보게 되는 가로수의 잎을 통해서도 효과를 볼 수 있다. 실
제로 이승훈(2006, 2007a, 2007b, 2007c, 2012)은 사람의 시계(視界) 내에서
식물의 잎이 점하고 있는 비율을 나타내는 녹시율(綠視率)이 주의회복효과를
통해 긍정적인 영향을 미친다는 연구를 소개한 적도 있다. 주의회복이론은 도
시 속에서 자연환경적 요소를 접했을 때 각종 심리적 혜택을 누릴 수 있는 이
유를 설명하는 데 대단히 유용한 이론인 것이다.

Kaplan과 Kaplan은 1998년 「인간중심적 자연환경의 설계」(With people in
mind: Design and management of everyday nature)라는 또 하나의 명저
를 내놓고 그들의 궁극적인 지향점이 일상생활의 자연환경과 주변의 자연적 장
소라는 점을 재차 강조한 바 있다. 특히 이 책에서는 주변 자연환경을 이용하
는 시민들의 관점에서 자연환경을 설계하고 관리해야 한다는 점을 강조하면서
여러 가지 지침을 제시하였는데, 회복환경도 중요한 지침들 중 하나로 소개하
고 있다. 순수 자연환경에서 회복환경의 구성요소를 감안하여 공간을 꾸미려
면 인위적인 훼손 논란이 생길 수 있지만, 도시 내에 나무, 꽃, 풀 등을 식재하
여 인공적으로 조성할 때는 이들 구성요소를 처음부터 십분 감안할 수 있어 어
떤 면에서는 더 유리하다고 할 수 있다. 예를 들어, Being Away[벗어남; 심리
적 탈피]의 경우, 도시 속 자연환경이 물리적 거리로는 일상에서 벗어나는 정도

가 덜 할지 모르나 번거로운 일상에서 잠시나마 심리적으로 벗어난 느낌은 분명히 가져다 줄 수 있다. 심리학적인 측면에서 보면 이러한 심리적인 탈출감이 더 중요할 수 있기 때문에 도시 속 자연환경은 대단히 큰 가치를 가지는 것이다. Coherence[짜임새; 응집성] 요인은 세심하게 설계한다면 순수 자연환경보다 인공적인 자연환경 조성을 통해 오히려 더 쉽게 달성할 수 있을지도 모른다.

힐링(healing)이라는 말을 들으면 도시에서 멀리 떨어진 외딴 곳으로 가는 것을 떠올리기 십상이지만, 바쁜 도시인들은 먼 자연으로 떠날 시간도, 비용도 충분치 않은 경우가 많다. 이들에게는 바쁜 일상생활 중 잠시 멈춰 서서 여유를 즐길 수 있는 소규모 자연 공간 속의 힐링이 더 절실한 것인지도 모른다. 이러한 일상 속 소박한 힐링의 순간들이 쌓이고 쌓인다면, 돌아와서 되레 녹초가 되어 버리는 장거리 여행보다 더 바람직한 영향을 남길 것이다. Kaplan & Kaplan의 주의회복이론은 일상 속 힐링 공간을 설계하고 관리하는 데 유용한 시사점을 던져주고 있다.

☆ 주의회복이론에 근거한 경험적 연구 논문들:

이승훈, 현명호 (2003a).
한국판 회복환경지각척도의 요인구조.
한국심리학회지: 건강, 8(2), 229-241.

이승훈, 현명호 (2003b).
회복환경의 스트레스 완화효과.
한국심리학회지: 건강, 8(3), 525-545.

이승훈, 현명호 (2004).
자연환경과 회복환경의 스트레스 완화효과 비교.
한국심리학회지: 건강, 9(3), 609-632.

이승훈 (2006).
녹시율(綠視率)의 정서증진효과:
매혹감 모델과 회복환경 모델을 중심으로. 중앙대학교 대학원 박사학위 청구논문.

이승훈 (2007a).

또 하나의 미래, 힐빙시대의 도래

녹시율(綠視率)의 정서증진효과에 대한 모델 비교.
한국심리학회지: 건강, 12(1), 189−217.

이승훈 (2007b).
회복환경 모델에 근거한 녹시율(綠視率) 설정이 정서 증진에 미치는 영향.
한국심리학회지: 건강, 12(2), 439−465.

이승훈 (2007c).
녹시율(綠視率)의 정서증진효과에 대한 맥락 분석:
집과 집 이외의 장소. 한국심리학회지: 건강, 12(4), 997−1017.
이승훈 (2011a).
심리적 지표 평가에 의한 도시와 옥상정원, 숲의 경관 비교.
서울도시연구, 12(3), 53−65.

이승훈 (2012).
녹시율과 회복환경 간의 정적 관계에 대한 배경스트레스원의 가법적 영향 검증.
서울도시연구, 13(2), 187−205.

☆ 주의회복이론 관련 주요 문헌들:

Kaplan, R., & Kaplan, S. (1989).
The Experience of Nature: A Psychological Perspective. New York:
Cambridge University Press.

Kaplan, S. (1995).
The restorative benefits of nature:
Toward an integrative framework. Journal of
Environmental Psychology, 15(3), 169−182.

Kaplan, R., Kaplan, S., & Ryan, R. L. (2001).
인간중심적 자연환경의 설계
[With people in mind: Design and management of everyday nature].
(김봉원과 김유일 역). 서울: 태림문화사. (원전은 1998년에 출판)

또 하나의 미래, 힐빙시대의 도래

책에 수록된 그림들   현고은 作 (초등학교 4학년)
외할아버지의 영향으로 환경에 관심을 가지고, 자연환경과 일상생활에서 느낀것을 그림일기로 표현